东亚国际理解教育
的政策与理论

姜英敏　著

高等教育出版社·北京

内容提要

本书分析了国际理解教育的理论源头，界定了相关的概念和内容，研究了国际意识与民族意识、全球公民与本土公民的关系，阐明了国际理解教育的意义和价值，对中日韩三国实施国际理解教育的政策和实践做了详细的介绍和分析，在国际理解教育的理论研究上具有重要意义，对我国的相关政策实施具有重要现实价值。

图书在版编目（CIP）数据

东亚国际理解教育的政策与理论 / 姜英敏著. -- 北京：高等教育出版社，2017.3
ISBN 978-7-04-047482-4

Ⅰ. ①东… Ⅱ. ①姜… Ⅲ. ①国情教育-研究-东亚 Ⅳ. ①D7310.4

中国版本图书馆CIP数据核字(2017)第039150号

东亚国际理解教育的政策与理论
DONGYA GUOJI LIJIE JIAOYU DE ZHENGCE YU LILUN

策划编辑 梁宝贵 责任编辑 梁宝贵 封面设计 李树龙 版式设计 马 云
插图绘制 杜晓丹 责任校对 陈 杨 责任印制 赵义民

出版发行	高等教育出版社	网　址	http://www.hep.edu.cn
社　址	北京市西城区德外大街4号		http://www.hep.com.cn
邮政编码	100120	网上订购	http://www.hepmall.com.cn
印　刷	北京市联华印刷厂		http://www.hepmall.com
开　本	787 mm×960 mm 1/16		http://www.hepmall.cn
印　张	15		
字　数	250千字	版　次	2017年3月第1版
购书热线	010-58581118	印　次	2017年3月第1次印刷
咨询电话	400-810-0598	定　价	43.80元

本书如有缺页、倒页、脱页等质量问题，请到所购图书销售部门联系调换

物 料 号 47482-00

序

2015年联合国教科文组织发布了一个重要报告《反思教育:向“全球共同利益”的理念转变?》。面对当今世界新的挑战,报告提出教育应负的责任和变革的使命。报告分析了科学技术的迅猛发展所引起的经济和社会变革,以及以上变化所引发的多种社会矛盾,提出了要重新定义知识、学习和教育。报告在导言中说:教育应该以人文主义为基础,以尊重生命和人类尊严、权利平等、社会正义、文化多样性、国际团结等为可持续的未来承担共同责任。在教育和学习方面,要超越狭隘的功利主义和经济主义,将人类生存的多个方面融合起来,采取开放的、灵活的、全方位的学习方法,为所有人提供发挥自身潜能的机会,以实现可持续的发展,过上有尊严的生活。该报告充满了人文主义精神,强调尊重生命、人类尊严以及族群之间的包容和融合。这就是国际理解教育的基础。

当今世界,人们需要理智地对待各种矛盾,多些理解、多些宽容;对未来发展承担责任,人类才能持续发展,这样每个人都能过上有尊严的生活。这就是国际理解教育的责任。

当然,教育不能解决社会的一切矛盾,但教育工作总应该有一个信念:教育下一代能够尊重生命、尊重和平,为人类未来可持续发展承担责任。

在全球化背景下,国际交往日益频繁,世界各国的依存关系更加紧密,国际竞争和合作相互辉映,更需要互相理解。有了理解才能合作。国际理解教育是培养具有国际视野、能够参与国际交往和竞争的人才的必要途径。

国际理解教育实际上是一种跨文化的教育。亨廷顿在《文明的冲突》一书中,把当今世界的冲突说成是文明的冲突,这个观点我并不赞同。但有一点他说得有道理，他说："未来的岁月里……将有许多不同的文化和文明相互并存。"因而他要唤起人们对文明冲突的危险性的注意，促进整个世界上的"文明的对话"。国际理解教育就是进行跨文化的学习和理解，为青年一代"文明的对话"打下教育的基础。

我国对国际理解教育的研究起步较晚，对国际理解教育的概念、内涵、意义及其与本土化的关系等问题缺乏系统的研究。姜英敏是我国研究国际理解教育最早的学者之一，十多年以前就开始奔走于中日韩三国之间，研究这三个国家国际理解教育的理论和实践，积累了丰富的资料和案例。这本书就是她长期研究的结晶。该书分析了国际理解教育的理论源头，做了概念和内容的界定，研究了国际意识与民族意识、全球公民与本土公民的关系，阐明了国际理解教育的意义和价值，对中日韩三国在实施国际理解教育方面的政策和实践做了详细的介绍和分析，在国际理解教育的理论研究上具有重要的理论意义，对我国的教育实践具有重要的现实价值，同时为国际与比较教育学科建设开辟了一条新的研究路径。

本书即将付梓，写此为序。

2017年1月7日

目　　录

表 目 录

图 目 录

绪　论

Ⅰ　本研究的意义

在全球化趋势愈加显明的今天，培养年轻一代形成在全球社会生存的能力是各国教育政策与理论都会关注的问题。不仅如此，使他们具有全球责任感，具备积极参与全球事务的能力，更成为各国教育不可推卸的责任。国际理解教育在这方面的特殊使命使其越来越受到世界各国的关注。随着教育改革与开放的进一步扩大，我国与世界各国不同层次的交往越来越频繁，国际理解教育素养的培养已成为新时期我国教育的重要任务。2010年颁布的《国家中长期教育改革和发展规划纲要(2010—2020年)》中强调实施国际理解教育，2016年由我国学界颁布的《中国学生发展核心素养》也在“责任担当”素养中强调“国际理解”要素，这表明国际理解教育在我国日益受到重视。但到底什么是国际理解教育，怎样建构适于我国的国际理解教育的目标和内容体系等，都是需要进一步探讨的问题。

与蓬勃发展的教育实践相比，我国的国际理解教育相关理论研究相对滞后，无法更好地承担指导和引领实践的作用。由于缺乏深入的理论研究，我国的国际理解教育研究和实践不免出现概念混乱、内容不明等现象，有些做法甚至偏离了国际理解教育的基本原则，建构我国本土化的国际理解教育理论体系时不我待。国际理解教育内容十分庞杂，几乎包括生活在“地球村”中的人应具备的所有能力的培养，有必要进行深入、系统的研究，为我国相关政策决策和实践提供参考。

国际理解教育概念由联合国教科文组织在1946年第一届大会上提出，其宗旨在于通过教育加深国家、民族、人与人之间的彼此理解，以实现世界和平。自提出国际理解教育理念以来，联合国教科文组织一直致力于传播、创新和平文化理念，呼吁世界各国接受和秉承该理念。但是由于各国的制度背景，对国际理解教育必要性的认识、实施目的、内容设定都不尽相同，在本土化过程中不可避免地出现与其相异甚至冲突的现象。因此，探索本土化的国际理解教育理念和政策模式，在全球化渗透至世界各角落的今天就具有十分重要的意义。中国、日本、韩国是世界上为数不多的、至今承袭“国际理解教育”这个称呼的国家,日本和韩国甚至创立了本国的国际理解教育学会。对日本和韩国的国际理解教育的理论体系建构、政策制定和实施过程进行研究,可为我国提供宝贵的参考。

Ⅱ 本研究的理论视角

1. 国际理解教育的概念边界

国际理解教育相关概念纷繁复杂,目前除了国际理解教育(Education for International Understanding)以外,另有全球教育(Global Education)、国际教育(International Education)、跨文化教育(Intercultural Education,Cross-Cultural Education)、多元文化教育(Multicultural Education)、可持续发展教育(Education for Sustainable Development)等。虽然形式、目的和称呼各有不同,但是有一点是共同的,那就是关注由于世界范围内人、财、物的跨境流动所带来的国际、国内问题,思考人与人、人与自然的共存模式,这是全球化时代各类国际理解教育的共性所在。鉴于此,本研究将在对中日韩三国国际理解教育的政策与理论进行梳理之前,界定该国语境中的国际理解教育的概念边界。

2. 本研究的立论视角

全球化背景下的国际理解教育的理论来源主要有以下四个方面:一是来自联合国教科文组织的国际理解教育理论,以“全球公民”为培养目标,以

“世界和平”为实施目的，强调文化间理解、人权、民主、和平、可持续发展等核心价值；二是在国际合作的前提下，来自区域性国际组织，例如经济合作与发展组织（Organization for Economic Co-operation and Development，OECD）或部分国家间合作体的国际理解教育理论，以培养“全球责任感”为目标，旨在解决全球化所带来的人类共同面临的问题，以全球责任意识、区域合作意识为核心价值；三是各国为提高国民的国际竞争力建构的国际理解教育理论，以扩展全球视野，提高国际沟通能力、外语能力、信息处理能力为教育目标；四是各国为解决全球化所带来的国内问题而形成的国际理解教育理论，以促进国内各民族、多元价值和多种处境群体之间的和谐共生为目标，以民族教育、移民教育、海外子女教育等教育为内容。[①]

可见，虽然同属国际理解教育的理论范畴，但这些理论来源在概念、目标上存在较大差异，深刻影响各国国际理解教育的走向。

(1) 联合国教科文组织理念及其本土化过程中的矛盾

在上述四大理论来源中，联合国教科文组织的国际理解教育理论对世界的影响最大。自 1946 年第一次提出国际理解教育概念以来，该组织密切关注世界教育发展的趋势，不断提出适于不同时代的理念，同时以建设国际理解教育合作学校，开展全球范围的教师培训、世界文化年等主题活动，创办各类学刊和杂志等形式传播其理念。在这些不同时代中，联合国教科文组织始终以“人权”“民主”“可持续发展”“文化间理解”等理念贯穿其中，坚持“全球公民”培养下的世界和平教育目标，呼吁学生跨越国家和民族之疆界来实践这些价值。但是这些理想在不同国家的本土化过程中往往受到阻碍。培养合格国民是国家公共教育的使命，尤其是全球化趋势愈加显明的今天，各国都需要面对由于人的跨境流动造成的国民成分复杂化、价值多元化等现象对国家统一性的冲击。因此，任何形态的国际理解教育理论都无法回避“全球公民”和“合格国民”培养目标之间的潜在张力。笔者曾指出，东亚三国国际理解教育的理念虽然都来自联合国教科文组织，但由于三国都是强调国家认同感教育的国家，因此在接纳“全球公民”培养目标时都出现

① 姜英敏．国际理解教育≠对外国、外国文化的了解[J]．人民教育，2016(21)：62-65.

不同程度的排斥反应,[①] 如日本,主张"全球公民"培养的民间立场和强调"合格国民"培养的官方立场之间存在旷日持久的矛盾;[②] 如韩国政府因受殖民历史影响,始终强调在合格国民框架内定位全球公民教育[③],但国际理解教育学会等民间组织秉持相反立场[④],近年因复杂的国内形势又出现相融趋势[⑤]。可以说,这些国家国际理解教育的本土化过程,就是化解上述矛盾的过程。

(2)"全球竞争力"与"全球共生力"素养的融合

受复杂的国际局势影响,一度低迷的国际理解教育重新受到世界各国的关注,这与全球化时代的到来有着密不可分的联系。全球化的持续扩张侵蚀各国经济疆域,使市场竞争逻辑渗入世界各个角落,促使各国教育开始注重培养具有国际竞争力的人才。国际理解教育成为实现这个目标的重要途径和手段。与此同时,环境污染、难民、贫困等全球范围内人类共同面临的危机频出,也使各国感到有必要培养学生对全球共同问题的关注。在这样的背景下,"全球竞争力"和"全球共生力"这对看似矛盾的素养共同融入国际理解教育范畴,在"全球竞争力"培养目标下强调"外语能力""信息处理能力""领导力"等能力,在"全球共生力"的培养目标下则注重"全球责任感""和谐相处能力""对和平、平等的价值追求"等能力。因此,怎样通过国际理解教育培养既有全球责任、共生意识,又能参与全球竞争的人才,成为全球化时代各国国际理解教育的重要任务。例如,我国在 2010 年颁布的《国家中长期教育改革和发展规划纲要(2010—2020 年)》和 2016 年发布的《中国学生发展核心素养》中都提到国际理解教育,而其中分别反映的是"全球竞争力"和"全球共生力"两个方面,力求在国际理解教育中实现两大能力培养。

---

① 姜英敏. 东亚国际理解教育的价值冲突探析[J]. 比较教育研究,2007(5):53-58.

② 姜英敏,于帆. 日本"全球公民教育"模式的理论分析[J]. 比较教育研究,2013(12):72-77.

③ 姜英敏. 韩国"全球公民教育"的发展及其特征[J]. 比较教育研究,2013(10):49-54.

④ 姜淳媛,姜英敏. 后殖民主义视角下的韩国多元文化教育[J]. 比较教育研究,2012(5):68-71,76.

⑤ 姜英敏. "核心素养"成为韩国教改主调[N]. 光明日报,2016-06-05(8).

(3) 内、外向全球化对策间的矛盾

作为国际理解教育实施主体的各国政府，除了应对全球竞争问题外，还需解决本国因全球化所带来的诸多社会问题，因此在政府推行的国际理解教育政策中，"内向全球化"教育一直占据重要地位。那么，为解决全球化所带来的本国国内问题进行的教育是否属于国际理解教育范畴，成为矛盾的焦点。例如，在日本的国际理解教育中，回国人员子女教育、海外人员子女教育、留学生教育等一直是日本国际理解教育政策的主要内容。[①] 韩国的国际理解教育经过20世纪七八十年代的停滞期，20世纪90年代复兴的契机就是教育国际化所带来的留学问题。21世纪随着新移民的增加，以新移民和韩国人之间的矛盾为主题的多元文化教育又成为韩国国际理解教育的主要内容。[②] 佐藤郡卫等学者主张，这些教育内容只是为了解决日本国内的社会问题，而有违国际理解教育初衷，唯有超越国家框架传播全球公民教育才是该追求的目标。[③] 随着全球化的急速推进，这种"内、外向全球化"主张间的张力在近年的国际理解教育理论中表现得尤为明显。

Ⅲ　研究思路

本书基于对国际理解教育坐标的上述定位，在研究过程中将重点梳理以下三个问题。

① 确定在研究对象国语境中的国际理解教育及其相关概念。

② 梳理中日韩三国的国际理解教育政策及实施现状，分析在研究对象国的国际理解教育理论建构与政策制定过程中，受哪些因素影响，形成怎样

---

① 日本国際理解教育学会．国際理解教育ハンドブック—グローバル・シティズンシップを育む［M］．東京：明石書店，2015.

② 姜淳媛，姜英敏．后殖民主义视角下的韩国多元文化教育［J］．比较教育研究，2012(5)：68–71，76.

③ 佐藤郡衛．国際理解教育—多文化共生社会の学校づくり［M］．東京：明石書店，2001：30.

的特点。

③ 分析中日韩三国国际理解教育理论的主要研究语境、脉络和特点。

在这三方面的研究过程中,笔者将试图回答前述三个问题:怎样定位联合国教科文组织理念(“全球公民”培养目标)与本国国民教育理念(“合格国民”培养目标)之间的矛盾?怎样实现“全球竞争力”与“全球共生力”的融合?怎样解决“内、外向全球化”对策间的矛盾?

日本和韩国的国际理解教育的产生和发展都受到联合国教科文组织影响,分为遵循国际组织理念的国际理解教育模式和作为国际化应对政策的国际理解教育模式,两者之间既有交集又各不相同,呈现出两条清晰的主线,中国的国际理解教育发展语境中鲜有联合国教科文组织理念的影响,因此三国的情形存在较大不同,理论脉络的建构和政策制定过程都显示出各自的独特性。因此,本书将以日本、韩国、中国为序分别进行梳理。

第一篇　日本国际理解教育的政策与理论

I 日本国际理解教育的概念边界

1. 国际理解教育

由于日本国际理解教育的实施主体多元且具有不同立场和视角，因此其概念边界较为复杂，日本国际理解教育学会和日本政府对相同概念有不同诠释。据日本国际理解教育学会2015年的定义，国际理解教育是指："培养学生形成在国际化、全球化的现代社会（和世界）生存所必要的资质与能力的教育。"[①] 日本政府则从国民培养角度来定义国际理解教育，认为："在国际社会，重要的是培养学生具有作为日本人的自觉性，具备自主生活所需要的资质与能力。另外，加深对我国历史、文化与传统的理解，培养热爱历史文化传统的态度，同时使其具备广博的视野来理解异文化，与异文化习惯的人们共同生活所必要的资质与能力。从这样的目的出发，目前各学校通过社会科等学科教育、道德、特别活动、综合实践等教育活动实施国际理解教育。"[②] 日本国际理解教育学会与日本政府对国际理解教育的不同诠释代表两种不同的国际理解教育观，形成围绕国际理解教育目标、内容的不同立场。

① 日本国際理解教育学会．国際理解教育ハンドブック—グローバル・シティズンシップを育む［M］．東京：明石書店，2015：96．

② 文部科学省．文部科学白書．第2部第10章国際化・情報化への対応［R/OL］．(2004-02)［2016-02-11］．http://www.mext.go.jp/b_menu/hakusho/html/hpab200301/hpab200301_2_305.html．

2. 和平教育

和平教育是指:“基于对人的生命的尊重思想,反对一切否定人的生命的力量,尤其反对战争,热爱和平,以培养和平之建设者为目标的教育。”① 曾经有过侵略史、战争史以及被核爆经历的日本,和平教育更多是与原子弹爆炸主题、战争主题、和平宪法主题等相关的内容,也包括消除歧视、平等、化解冲突等相关的内容。同时,和平教育又与国际理解教育、同和教育、性教育一起,成为日本人权教育的四大主题。

3. 人权教育

人权教育指的是“所有人享有的、共同的权利”②。日本的人权教育有两大脉络:一是将人权作为联合国教科文组织国际理解教育的理念之一进行的教育,二是根据日本的国内情况从“同和教育等关于少数弱势群体的平等问题的教育”“环境保护、反公害教育”“宪法中的公民权利教育”等角度实施的人权教育。

4. 全球教育

全球教育是20世纪80年代兴起于日本的教育理念,指“培养‘全球公民’的教育,使其学会与‘异质’共存,基于共同创造人类历史的使命意识,摆

---

① 日本国際理解教育学会.国際理解教育ハンドブック—グローバル·シティズンシップを育む[M].東京:明石書店,2015:20.

② 大津和子,溝上泰.国際理解教育重要用語300の基礎知識[M].東京:明治図書出版,2000:225.

脱本国、本民族中心的思维、行动模式，从‘全球利益’出发追求连带与合作，勇于解决全球问题”[①]。

5. 异文化间理解教育

受美国多元文化主义影响，20世纪80年代开始在日本兴起异文化间理解教育的理念。日本异文化间交流学会的代表人物之一江渊一公认为，异文化间理解是“以与异文化的接触与交流为契机，或者在与异文化的接触与相互作用长期存在的结构性环境中展开的、与人格形成相关的文化过程或行为。”[②]

6. 多元文化教育

多元文化教育是指：站在少数群体的视角，从社会公正立场以追求在多元文化社会中多种种族、民族或文化集团间的共存、共生为目标的教育理念，也是为实现该目标的教育实践或教育改革运动。[③]

7. 可持续发展教育

日本文部科学省[④]将可持续发展教育定义为：“通过教育使学生将环境、贫困、人权、和平、发展等现代社会的诸多问题作为与自己息息相关的问题，

① 大津和子，溝上泰．国際理解教育重要用語300の基礎知識[M]．東京：明治図書出版，2000：102.

② 江淵一公．異文化間教育研究入門[M]．玉川大学出版部，1997：16.

③ 松尾知明．多文化教育がわかる事典—ありのままに生きられる社会を目指して—[M]．明石書店，2013：3.

④ 文部科学省：日本中央政府行政机关之一，负责统筹日本国内教育、科学技术、学术、文化及体育等事务。2001年由原文部省及科学技术厅合并而成。

并从我做起,从身边的事做起,为解决这些问题而酿生新的价值观和行为,由此贡献可持续发展的社会建设。”①

8. 回国人员子女教育

回国人员子女教育是指:为缓解那些由于父母在海外工作等原因不得不随父母长期居住在海外的日本人子女回国后所经历的学业、文化及生活的不适应所提供的各类支持性教育活动。②

9. 海外人员子女教育

海外人员子女教育是指:为那些由于父母在海外工作等原因不得不随父母长期居住在海外的日本人子女所设立的教育,使他们即使在海外也能接受与日本国内水平相当的教育,同时在他们回国的时候提供各种援助,使其迅速适应日本学校的学习和生活。③

10. 发展教育

发展教育是指:使每个人了解与发展有关的各种问题,思考理想的发展模式,从而参与使所有人得以共生的地球社会建设为目的的教育活动。④ 日

① 日本国際理解教育学会 . 国際理解教育ハンドブック—グローバル·シティズンシップを育む[M]. 東京:明石書店,2015:21.

② 佐藤郡衛 . 国際理解教育—多文化共生社会の学校づくり[M]. 東京:明石書店,2001:126.

③ 大津和子,溝上泰 . 国際理解教育重要用語 300 の基礎知識[M]. 東京:明治図書出版,2000:90.

④ 日本国際理解教育学会 . 国際理解教育ハンドブック—グローバル·シティズンシップを育む[M]. 東京:明石書店,2015:96.

本发展教育的内容包括对人权的尊重、对贫困及南北差异的了解、对发展与环境破坏之间关系的了解、对发展和自身的关系的了解、培养参与克服开发问题的活动意愿等。

11. 国际教育

文部科学省将“全球教育”与“国际教育”进行了区别,在政策文本中用国际教育替代国际理解教育,认为国际教育是指:“培养学生在国际社会基于全球的视野自主行动所必要的态度和能力基础。其目标在于在培养学生确立自我认同基础上接受他者并与其共生,发出自己的声音并付诸行动的能力。”①

II 日本国际理解教育的政策发展:国际意识与民族意识之间

国际理解教育是联合国教科文组织在1946年第一届大会上提出的,而日本接纳实施国际理解教育是日本政府在民间组织和美国教育使节团的共同推动下为进入国际社会所做的战略选择。这样的实施背景,使日本的国际理解教育在教育目标、教育原则和教育内容等方面,在民间组织和日本政府之间长期存在认识分歧。

① 文部科学省.初等中等教育における国際教育推進検討会報告 ~ 国際社会を生きる人材を育成するために ~ [R/OL].(2005-08-03)[2016-06-11]. http://www.mext.go.jp/b_menu/shingi/chousa/shotou/026/houkoku/05080101/001.htm.

1. 秉持联合国教科文组织理念时期的国际理解教育政策(1946—1974)

(1) 作为步入国际社会敲门砖的国际理解教育

1945 年第二次世界大战结束后,日本受联合国的军事管辖,联合国盟军最高司令部派出教育使节团考察日本的教育并提出改革建议,1946 年的《第一次美国教育使节团报告书》建议日本成为联合国教科文组织成员参与国际事务。该时期受联合国教科文组织影响,民间组织率先开展国际理解教育。1947 年 7 月,作为世界非政府组织先驱的"民间联合国教科文组织团体"在仙台成立,同年 11 月在东京召开了第一届联合国教科文组织运动大会,借此推动全日本的国际理解教育。在民间组织的推动下,同时也在尽快步入国际社会的目标驱使下,日本官方开始推动国际理解教育政策的制定。1949 年 6 月,日本颁布《文部省设置法》,重新设置文部省各部门,新设"涉外联合国教科文组织科",承担与外务省合作的国际事务,还负责与联合国教科文组织驻日代表部的联络调整、联合国教科文组织理念的普及、联合国教科文组织对日决议的执行等职能。文部省中等教育科则于 1950 年新设"国际理解教育"小组,负责日本的国际理解教育政策制定。"关于国际理解教育的实施方法,曾有(盟军)司令部向文部省下达的命令。"① 具体承担国际理解教育内容设计和参考资料编写的是"涉外联合国教科文组织科",该部门曾翻译《美国学校中的国际理解教育》。另外,文部省在《文部省—联合国教科文组织资料》第 51 期刊载《国际理解的教育——1950 年度中等教育研究集会报告》,初等教育科的《初等教育资料》刊物也曾出刊《特集·国际理解的指导》。以上都曾作为日本中小学实施国际理解教育

① 日本ユネスコ国内委員会.日本ユネスコ国内委員会第 25 回会議議事録[J].ユネスコ資料.1961(7):61.

的参考。

正当日本的国际理解教育的发展方兴未艾，1950年朝鲜战争爆发，日本被编入美国的远东战略版图。1950年提交的《第二次美国教育使节团报告书》称日本为“反共壁垒”，将日本纳入冷战格局，而日本教师工会则在“再不能把学生送进战场”口号下积极开展和平教育。自此，以教师工会、大学教师等为代表的民间立场和以文部省为代表的日本政府立场之间围绕国际理解教育开始了长期对立，直至今天。[①]

在国内政治形势紧张的情况下，日本于1951年7月正式加入联合国教科文组织，日本国际理解教育在联合国教科文组织的影响下在全国范围内广泛实施。在两次美国教育使节团报告指导下，负责日本国内教育改革的首相咨询机构——教育刷新委员会[②]于1952年提出建议：“联合国教科文组织的教育目标是使各国互相理解、团结，建立长久的世界和平。……因此，从小学到大学的全部阶段以及与学校教育并行的社会教育有必要推进国际理解教育。”[③]该时期，日本的一些地方教育委员会已开始推行国际理解教育政策。例如，广岛市教育委员会在1952年制作并刊发了《国际理解教育指南》，长野县于1953年开始连续两年在全县学校中进行有关国际理解教育的实践活动。但是，这些偶发、小规模的国际理解教育在教育目标和教育内容方面缺乏系统的设置，需要联合国教科文组织更加具体的指导。

该时期的日本国际理解教育发展有两大特点：一是日本政府实施国际理解教育的目的是尽快进入国际社会，民间组织则是为反省战争，旨在维护世界和平。不同立场之间存在分歧。二是国际理解教育的内容主要是联合国教科文组织引导下的对国外文化的了解。

(2) 以联合国教科文组织合作学校为中心的国际理解教育

20世纪50年代，日本的国际理解教育形成了以联合国教科文组织日本

① 日本国際理解教育学会．国際理解教育ハンドブック—グローバル·シティズンシップを育む［M］．東京：明石書店，2015：54.

② 教育刷新委员会：第二次世界大战以后受联合国盟军最高司令部的邀请，于1946—1952年作为内阁直属机构成立的教育改革委员会，主要负责战后日本教育体系的重建。

③ 日本国際理解教育学会．国際理解教育ハンドブック—グローバル·シティズンシップを育む［M］．東京：明石書店，2015：54.

委员会为主导、合作学校为主干的实施体系。联合国教科文组织日本委员会根据联合国教科文组织精神,制定日本的国际理解教育内容,包括:“尊重基本人权”“促进日本和其他国家的相互理解和合作”“与国际组织的理解与合作”。此时普通学校很少实施国际理解教育,相关教师培训也非常少,联合国教科文组织日本委员会陆续翻译文献、编写资料、发行刊物,出版《学校中的国际理解教育的方向》等,以便普通学校将国际理解教育理念渗透于学校教育中。

1952 年,联合国教科文组织第七届大会正式通过《为在世界共同社会中生存而进行的教育合作实验活动》计划,即联合国教科文组织合作学校计划(UNESCO Associated Schools Project)。该计划的目的是要在世界范围内培养国际理解与和平的态度,并进行为实现这一态度的教育实验,将各国的实验结果进行国际比较。日本的国际理解教育在联合国教科文组织带动下,以联合国教科文组织提出的和平文化理念为基础积极开展相关活动,从内容上、形式上都主动响应联合国教科文组织的相关精神,因此自然积极响应合作学校计划。1953 年,联合国教科文组织第一次选定 33 所合作学校开展国际理解教育,日本就有 6 所:东京教育大学附属初中、东京私立和光学园中学、川崎市立田岛中学、广岛大学教育学院附属初中、东京教育大学附属高中、广岛大学教育学院附属高中。[①] 此后,实验学校的数量不断变化,一些参与热情或积极性不高的学校停止了参与活动,由其他申请学校所代替。例如,1959 年,首批 6 所合作学校中的东京教育大学附属高中被该大学附属驹场高中所取代。但总体来看,联合国教科文组织在日合作学校的数量还是呈增长趋势,1956 年增至 13 所,1960 年一度增加至 25 所。

该时期日本的国际理解教育主要由联合国教科文组织日本委员会负责实施,合作学校计划也在其指导下展开,文部省只提供一些必要的支持和援助。但是,在联合国教科文组织日本委员会的影响下,文部省也开始呼应该委员会的教育活动,陆续颁布相关政策,在普通学校推广国际理解教育。例如,文部省分别于 1958 年、1960 年修改初中、高中学习指导要领,将国际理解教育的内容纳入其中。1960 年,联合国教科文组织日本委员会刊发《学校教育中的国际理解教育手册》,为了在学校教育中全面推行国际理解教育,

① 魚住忠久. 共生の時代を拓く国際理解教育[M]. 名古屋:黎明書房,2000:41.

文部省还规定在社会课程中加入国际理解教育内容,并于1962年、1963年刊发了《为实现国际理解而进行的社会教育的相关手册》和《为实现国际理解而进行的社会教育实验Ⅰ、Ⅱ》。

在20世纪60年代中期之前,日本的国际理解教育主要是通过联合国教科文组织合作学校来实施的。从内容上看,可分为两大阶段。第一阶段为人权教育阶段,1953年刚被选为合作学校之时,因联合国教科文组织合作学校计划的研究主题统一规定为"世界人权宣言""他国理解"和"妇女权利"三个方面,因此日本着重实施"人权"教育,具体包括提高人权意识、消除对在日朝鲜人[①]的偏见、尊重女性的权利和社会地位、与周围人群的关系等。第二阶段为国家间文化理解教育阶段。1956年,联合国教科文组织第九届大会正式通过了《东西文化交流重要事业计划》,文化间的相互理解在世界范围内受到关注。受其影响,日本国内将这三个主题简称为"人权研究""他国研究"和"联合国研究"。1958年,联合国教科文组织及亚洲地区教科书会议在东京召开,会议呼吁世界各国关注"他国理解"的重要性。此后,以"东南亚和东亚相互理解"为主题展开的研究不断增加,有关"他国理解"的研究呈上升趋势,尤其是进入20世纪60年代,合作学校中进行的国际理解教育内容具体涉及中国、朝鲜、印度、巴基斯坦、苏联等国家(见表1.1)。

表1.1 1954—1970年日本合作学校计划研究主题的阶段性变化

	1954—1955年	1959—1961年	1965—1970年
人权研究	19项(56%)	16项(28%)	16项(14%)
他国、他民族研究	13项(38%)	22项(38%)	40项(35%)
联合国研究	2项(6%)	8项(14%)	8项(7%)
综合性主题	0项	12项(20%)	50项(44%)
总计	34项	58项	114项

资料来源:中西晃.国際理解教育の理論的実践的指針の構築に関する総合的研究.平成七年度—平成九年度科学研究費補助金基盤研究(A)(1)研究成果報告書[R].1999:66.

① 在日朝鲜人:1910年《日韩合并条约》以后朝鲜沦为日本殖民地,直至第二次世界大战结束,有不少朝鲜人被强制或自发移民到日本,在日本倍受歧视。

(3) 走入低迷的国际理解教育

20世纪60年代冷战对峙进入高峰时期，随着马歇尔计划、亚洲援助计划的实施，国际社会分裂趋势愈加明显，国际理解教育的重点开始脱离最初所关注的和平教育，政治立场和意识形态对立内容不断增加。在国际形势发生转变的同时，日本国内也出现了政治形势的变化，日本政府积极推行“亲美”政策，不顾国民的反对和抗议，与美国签署了《日美安全保障条约》，成为美国在远东太平洋地区的“盟友”，这也为日本带来了强大的经济支持和政治后盾。在美国的庇护下，日本经济发展速度不断加快，国内民族主义思想也随之不断膨胀。在该时期，受《日美安全保障条约》签署时大学生抗议活动的影响，日本政府也开始重视对教育的控制，并从大学改革开始，在教育领域进行全面改造。在国际理解教育方面，不再秉持以联合国教科文组织精神为核心的国际理解教育模式，提出对世界和平、发展以及日本所处国际地位的新认识。日本政府开始意识到，与确立国际地位相比，培养作为日本人的自觉性更为重要，因此在国际理解教育上关注主权国家应培养具有何种素质国民的问题。这些变化在文部省于1966年颁布的后期中等教育咨询报告《被期待的日本人形象》中体现得尤为充分。[①] 该报告强调，只有成为真正优秀的日本人，才有可能实现作为世界通用人才的梦想。《被期待的日本人形象》中所提出的培养“胸怀世界的日本人”“世界中的日本人”，体现出鲜明的民族主义色彩。这些国际国内环境的变化迅速波及国际理解教育，国际理解教育处在和平文化与民族主义的夹缝中，逐渐被以国家利益优先为前提的国际援助项目所代替。联合国教科文组织日本委员会决定从1966年开始，退出合作学校计划中教师培养项目的实验，另有2所合作学校从合作学校计划中撤出。

20世纪60年代后期，联合国教科文组织日本委员会和文部省围绕国际理解教育的分歧不断，文部省出于国家战略和政治需要，试图控制曾由联合国教科文组织日本委员会掌管的国际理解教育，最终导致日本的联合国教

---

① 文部省．後期中等教育の拡充整備について［R/OL］.(1966-10)［2016-03-11］. http://www.mext.go.jp/b_menu/shingi/chuuou/toushin/661001.htm.

科文组织合作学校活动走向低迷。

2. “内需式国际化教育”时期的国际理解教育政策(1974—2000)

1974年对于日本是矛盾且有重要意义的一年。这一年,联合国教科文组织颁布著名的《关于教育促进国际理解、合作与和平及教育与人权和基本自由相联系的建议》(以下简称《1974年建议》),呼吁世界各国的青少年要关注人类共同的命运;同年,日本中央教育审议会也提交咨询报告,提出要培养“世界中的日本人”。两者的立场虽然不同,但都关注到国际化时代的到来,并从世界和国家两个不同角度指出国际理解教育的不同方向。这两大报告(建议)是日本国际理解教育复兴的契机,却也形成两条难以调和的主线,深刻地影响到国际理解教育在日本的发展,直到日本进入多元文化社会。

(1) 联合国教科文组织建议及其对日本的影响

1974年,联合国教科文组织在第十八届大会上颁布著名的《1974年建议》,联合国教科文组织日本委员会主席曾参与该建议的最终审议和日本政府的回应文,他认为《1974年建议》分解重组国际理解教育概念结构,提出“公民自觉”“对人类共同面临课题的认识”“文化多样性”“实践方式的培训”等多层级概念,并将“国际理解与合作”“和平教育”(并称为“国际教育”)与“人权基本自由相联系的教育”明确区分开来,试图将前者的目标特征和后者的实践特征结合在一起。《1974年建议》颁布以后,联合国教科文组织日本委员会主席曾指出:“在联合国教科文组织的全球出发点和日本的国家出发点之间存在观念的不同,两者应以怎样的形态进行融合并进行本土化推广,是非常大的问题。”[①]通过这次大会,日本国内学界也认识到《1974

---

① 日本国際理解教育学会.国際理解教育ハンドブック—グローバル·シティズンシップを育む[M].東京:明石書店,2015:55.

年建议》所提出的“全球公民教育”（当时被称为“国际教育”）和国家框架内的公民教育之间存在不可调和的鸿沟。

《1974年建议》颁布以后，日本国内对其内容的学习热情高涨，1982年联合国教科文组织日本委员会应各方要求编写了《国际理解教育指导手册》。该手册提出国际理解教育六大目标：培养和平之人；培养人权意识；培养对本国的认识以及国民自觉意识；增进对他国、他文化、他民族的理解；培养国际相互依赖关系与世界共同面临的重要课题的认识、世界连带意识；培养对国际协调、合作的实践性态度。① 从此次教育目标设计中可以看出，与20世纪50年代同联合国教科文组织保持坚定一致的步调不同，这次的国际理解教育目标试图融合国内视角（应对国际化时代的到来）和国际视角（遵循联合国教科文组织理念）。《国际理解教育指导手册》出版以后，日本国内有诸多批判的声音，认为其与《1974年建议》相隔8年，时间太长，这也表明日本正在背离联合国教科文组织的国际理解教育理念。《1974年建议》颁布至1982年《国际理解教育指导手册》出版的8年间，日本曾再度出现复兴联合国教科文组织合作学校活动的动向，但受联合国教科文组织日本委员会和文部省之间的观念分歧的影响，很难再大规模进行推广。另外，美国和英国分别于1984年、1985年退出联合国教科文组织，也影响到了日本。总之，受国际国内局势影响，日本的联合国教科文组织合作学校活动自1984年以后进入停滞期，取而代之的是以“应对国际化带来的国内问题”为目标的国际理解教育。

(2)“应对国际化”国家战略下与联合国教科文组织理念的疏远

自1974年开始至20世纪末期的20多年间是日本政府为应对国际化趋势的到来以及世界格局的变化制定战略发展构想的时期。这期间日本政府提出若干关于教育国际化的政策咨询报告，并将国际理解教育纳入其中，背离了联合国教科文组织《1974年建议》的宗旨，大大改变了前20多年来的国际理解教育发展方向。

① 大津和子，溝上泰．国際理解教育重要用語300の基礎知識[M]．東京：明治図書出版，2000：30．转引自：日本ユネスコ国内委員会．国際理解教育手引き[M]．東京：東京法令出版，1982.

① 中央教育审议会 1974 年咨询报告——“国际社会中的日本人”

20 世纪 70 年代,日本一举成为仅次于美国的世界第二大经济强国,经济的高速发展和频繁的贸易往来为日本带来了国际化发展契机,日本企业大规模地拓展海外市场,促进了国内外人员的相互流动。1970 年进入日本的外国人达 775 061 人,出国的日本人为 936 205 人,其数量分别是 1965 年的近 3 倍和 4 倍。[①] 在成功进入世界先进工业强国行列的同时,日本希望进一步加强与世界各国的交往和合作,提高其国际地位。为此,提高本国国民素质,培养与外国人沟通和交流的本领,就成为日本社会关注的焦点。在这样的社会背景下,日本中央教育审议会接受文部省“应对国际化时代的基本方针”咨询,并于 1974 年提交了题为《关于教育、学术、文化中的国际交流》的咨询报告。该报告在第六章中引用了联合国教科文组织的前言,但是明确提出要培养“世界中的日本人”,强调在国际化带来的国际国内环境以及国际交流框架下讨论国际理解问题的必要性。“随着经济的迅速发展,我国的国际地位日益提高,在国际社会中所发挥的作用也越来越显著。但是,过去我们只关注对欧美诸国知识和技术的个别吸收,欠缺综合理解各国文化以及加深外国对我国理解的尝试和努力。这直接导致国民缺少一般性的国际理解和国际合作精神,产生出闭锁的行动方式,特别是随着近年来国际交流活动的频繁进行,国外对我国出现了一些误解和不信任。”[②] 报告展望经济急速增长、国际化进程不断加速的国际国内形势,提出未来教育政策的三大基本方向:推广国际理解教育;充实和完善外语教育;促进大学国际化。其中,对国际理解教育的重视程度尤为明显,将“对本国的认识”“培养国民自觉性”“对异文化的理解”作为国际理解教育内容,而在具体实践中更关注的是促进国际交流和加强外语教育。此外,报告还对国际理解教育提出了四项政策建议,包括:改善教学内容和教学方法,复兴中小学国际理解教育;加大社会教育领域的国际理解内容,开展具有国际合作精神的教育活动;加大教师的海外派遣机会,增强教师和教育部门负责人的国际化意识;将海外人员子女教育放在国际化战略高度,改善和扩充国际理解。[③]

---

① 日本法务省 . 出国入国者統計——1970 [R/OL]. (2016-10-12) [2016-10-12]. http://www.e-stat.go.jp/SG1/estat.

② 天野正治 . 多文化共生社会の教育[M]. 東京:玉川大学出版社,2001:93.

③ 西村公孝,等 . 国際理解教育への道[M]. 名古屋:中部日本教育文化会,2002:26.

咨询报告提交以后很快就反映在政府政策中。1974 年外务省、文部省机构进行调整,废止了联合国教科文组织日本委员会办公室,将其人员合并到文部省学术国际局,专门致力于海外人员子女教育、回国人员子女教育、教师的海外派遣等事务。自 1975 年开始,学术国际局主持召开每年一度的“国际理解的学校教育协议会”,呼吁中小学从身边的议题,即回国人员子女教育、海外人员子女教育、留学生等角度开展国际理解教育,并不言及联合国教科文组织,导致合作学校的国际理解教育活动剧减。

1974 年咨询报告提出“培养国际社会中的日本人”目标,并在异文化间理解、国际理解框架下提出以“外国教育”“国际交流”“回国人员子女教育”等国际化政策为主线的具体内容,表明日本正式背离联合国教科文组织国际理解教育理念,探索“教育国际化”视角下的本土化发展道路。

② 临时教育审议会 1987 年咨询报告——“国际化对策教育”

20 世纪 80 年代是国际化的社会变革初露端倪的时期。在海外生活或从海外回国定居的人数激增,外籍人士子女以及外国留学生数量也迅速增加,造成日本国内受教育人群的成分愈加复杂化,从而促发了“国内教育的国际化”的局面。特别是 1983 年日本实施“引进十万留学生”计划,提出在 21 世纪初引进 10 万名留学生,而当时日本国内接收的外国留学生人数仅有 1 万人,与制定的目标相距甚远。日本政府充分认识到,通过引进大批留学生可以提高日本大学的国际化水平,增加本国学生与外国留学生之间的异文化间交流,从而加深对外国的理解。对这些生活在国外国内的国民以及出入日本的留学生进行教育,成为日本教育政策的重要内容。1984—1987 年,日本政府汇集各界人士组成临时教育审议会,咨询新时代下日本教育的政策走向。临时教育审议会提交了四次咨询报告,在第一次报告《改革的基本构想》中提出“迎接国际化时代,站在国际化的视点实施教育改革是关系到我国存亡和发展的重要问题”,表示咨询报告将对“留学生政策、外国高等教育机构的交流、学术研究方面的国际合作、国际理解教育、语言(外语)教育、海外人员子女、回国人员子女教育”的政策模式进行探讨。但是,在第四次最终报告的“国际化对策改革”部分只提出海外人员子女教育、回国人员子女教育、留学生教育、外语教育、日语教育等,把国际理解教育排除在外。

该时期,联合国教科文组织合作学校活动已基本停止,国际理解教育一词也在政府的政策文本中消失,被散入留学生教育、海外人员子女教育等内容中。

临时教育审议会在1987年8月提交的最终咨询报告中指出，必须培养“世界中的日本人”，并具体强调以下三点：(1)“世界中的日本人”必须具备广阔的国际视野，保持日本文化的个性，并能深入理解不同文化的优秀之处。(2)在爱国的同时，不能仅仅凭借狭隘的爱国心去判断利弊，而是要在广阔的国际世界和人类视野中形成鲜明的性格。同时，要深刻理解国旗、国歌的意义，并能在学校教育中适当地体现出来。(3)深刻理解多样的异文化背景，培养国际交流能力。为了适应国际化的发展，日本国际理解教育的具体改革措施中应包括：建设适应海外、归国人员子女教育的学校，充实和完善留学生引入体制，改善外语教学和加强日语教育，并进一步加速高等教育国际化的改革。① 根据该报告，1987年召开的教育课程审议会从“培养在国际社会中生存的日本人”的观点出发，将“加深国际理解，培养尊重我国文化和传统的态度”作为改善教育课程的方针之一。② 这与中央教育审议会1974年咨询报告以及临时教育审议会报告相比，更加强调“日本人的自觉”“尊重日本文化和传统”。

这份著名的临时教育审议会咨询报告甚至被认为是继明治维新和第二次世界大战以后的第三次教育改革，意味着对日本教育方向的根本性调整。咨询报告颁布以后，文部省于1989年修订了学习指导要领，进一步强调“培养能够活跃于国际舞台的优秀日本人”。学习指导要领的变化主要体现在历史、地理等社会课程中，比如在高中阶段以“现代社会”代替原有的“伦理与社会”和“政治与经济”，重点围绕“现代社会的基本问题”和“现代社会与人类生活方式”两大内容开展教育，使学生思考世界各国在世界事务中的地位与作用，思考日本在国际事务中应负的责任③；对地理科内容也进行了调整，把世界地理作为了解日本历史和地理的基础，改变了世界地理和日本地理的并列关系，突出对日本地理的重视。④ 与此同时，日本还进一步加强海外人员子女教育和回国人员子女教育。海外人员子女是指随海外赴任的父母

① 嶺井明子．国際理解教育の理念に関する一考察（その一）——ユネスコ一九七四年勧告と国内教育政策の対比をとうして［J］．筑波大学比較·国際教育学研究室比較国際教育，1994(2)：9–10.

② 中西晃．国際教育論［M］．東京：創友社，1993：341.

③ 太田满．20世纪90年代以来日本教育国际化的动向——以国际理解教育为中心［J］．外国教育研究，2003(8)：22.

④ 杨丽宁．国际理解教育——学会理解和共存的教育［J］．基础教育参考，2003(1)：11.

一起在海外有短期或长期居住经历的学生,与1975年时的约14万人相比,1989年时海外工作人员已近38万人,生活在海外的义务教育适龄儿童的数量也不断增加,1975年至1992年,日本海外义务教育适龄儿童的数量由1.6万增加至5.1万。[①] 这些学生主要在当地的日本人学校或补习学校中接受教育。日本人学校一般以当地的日本人会为主体设立,由日本人会、社会企业、该校校长、日本驻外使馆职员、家长代表等组成的学校管理委员会负责具体运营。它以实行相当于日本国内中小学同等教育水平的全日制教育为主,课程设置也按照文部省所制定的国内中小学课程标准进行。补习学校是以在当地上学的学生为对象,利用周末或放学后的时间(平均每年35天以上)学习日本国内小学及初中部分课程的日语教学机构。为了使海外的日本人的子女能有学习日本语言和文化的机会,回国后能更快地适应国内的学校生活,日本在国外建立了大量的日本人学校和补习学校。1983年时,全世界已有74所全日制日本人学校,95所补习授课学校。[②]

除了海外人员子女教育以外,回国人员子女教育也成为20世纪80年代以后日本的重要教育问题。第二次世界大战结束后,因战争等原因暂时无法回国的日本儿童在政府安排下陆续回国。20世纪60年代以来,回国人员子女数量开始明显增加,他们的教育问题不断凸显。为此,文部省在东京学艺大学附属大泉中学专门设立“归国人员子女教育班”,此后还在多所国立大学的附属学校设置这样的班级,专门进行归国人员子女教育。20世纪70年代以后从海外陆续回国的日本职员子女数量增加,由1971年的1 544人增加到1992年的13 219人。[③] 在数量增加的同时,归国人员子女接收地的范围也更广泛,情况也更加多样化。这些人由于长期生活在国外,没有系统学习过日语,不能很快适应日本社会及学校的传统习俗,因此他们成了日本社会中的特殊群体。

总之,加强海外人员子女和回国人员子女教育,使他们尽快适应日本国内的学习和生活,是以培养“优秀日本人”为目标的教育国际化政策的重要内容。可见,日本的国际理解教育从20世纪80年代开始呈现出多样化的发

---

① 中西晃.国際教育論[M].創友社,1993:66.

② 石緦平,张倩苇.战后日本中小学德育课程的改革及其特色[J].比较教育研究,1995(5):8.

③ 佐藤郡衛.国際化と教育－日本の異文化間教育を考える[M].東京:放送大学教育振興会,1999:61.

展态势。除了原有的以联合国教科文组织理念为核心的国际理解教育形式以外,还出现海外人员子女教育、回国人员子女教育、留学生教育、外国人子女教育等,基本完成了从联合国教科文组织国际理解教育理念到国际化对策的国家教育战略的方向性转换。

③ 中央教育审议会 1996 年咨询报告——"教育国际化"语境下国际理解教育的复兴

20 世纪 90 年代,随着苏联解体以及世界范围内冷战局面的结束,国际社会出现诸多变化。交通愈加发达,技术进步日新月异,经济、社会、文化各方面的国际交流出现蓬勃发展的态势,各国间环境、能源、人口等方面的相互依赖也变得越来越明显,需要世界联动去解决的问题也逐渐增多,当然国家间的竞争趋势也越来越明显。在这样的形势下,培养具有国际交往、沟通、解决问题的能力的人才就显得十分重要。1996 年 7 月,日本文部省中央教育审议会提交了咨询报告——《关于 21 世纪我国教育的实施模式》,指出面向 21 世纪、应对国际化时代的教育改革方向。该报告重新启用"国际理解教育"一词,强调培养学生国际意识和素养的重要性。而这次再提出的"国际理解教育",其内涵完全是基于本土化的理念。报告第三部第二章的标题为"应对国际化、信息化、科技发展等社会变化的教育",其中特别指出为应对社会变化,在教育上应注意三大能力的培养:"教育学生具有广博的视野,理解异文化的同时尊重异文化,拥有与具有异文化背景的人们共同生存的资质与能力;为了更好地国际理解,确立作为日本人、作为个人的自我认同意识;在国际社会中,为了在尊重对方立场的同时能够清楚地表达自己的想法和意图,加强外语基础知识、表达等交流能力的培养。"①

在第二章第二部分"丰富完善国际理解教育"中,特别强调在实施国际理解的同时加强对本国传统的学习,确立对本国文化的认同感:"……为了教育学生具有广博的视野,理解异文化的同时尊重异文化,与具有异文化背景的人们共同生存的态度,重要的是加深学生对我国历史和传统文化的理解。让学生认识到祖先经历的历史,了解现代社会是怎样被建构的,通过祖先的努力创造了怎样的艺术、文化,被生活在现代的我们所继承,使我们的

① 文部省中央教育審議会.21 世紀を展望した我が国の教育の在り方について(第 1 次答申)[R].文部科学省報告書,1996(7):34.

生活变得更加丰富。使学生在广阔的世界历史背景下切实理解到上述内容,是我们这些成人极为重要的使命。"[①] 从该报告内容中可以看出,日本政府在国际化时代的洪流中,试图确立国际理解教育的地位与作用,用其解决国际化所带来的诸多社会问题,并培养学生在国际社会中的生存能力。

根据该咨询报告精神,文部省于 1998 年修订、2000 年开始分阶段陆续实施的新学习指导要领,新设了跨学科、综合性、符合学生兴趣的"综合学习时间"。"综合学习时间"的学习内容包括国际理解、信息、环境、福利和健康,从小学三年级开始在各学年实施,每年有 105 节课时。在综合课中实施国际理解教育,与过去在联合国教科文组织合作学校实施、其他学校以学校活动形式实施的情形不同,此为全国的中小学全方位实施提供了政策依据。

除了综合实践活动,其他课程里的国际理解教育理念的渗透也颇具特点。首先,为提高学生英语水平,加强各类与英语学习有关的教育活动。文部科学省在 2002 年和 2003 年先后实施的初中、高中学习指导要领中都突出英语语言的交际性、实用性。在初中、高中阶段特别设置开设"综合英语课""听说交际课""写作""阅读"供学生自由选择,并要求达到一定学分标准。为了提高一线教师的英语水平,文部科学省实施"英语教师海外研修"制度,增进教师的国际体验机会和国际交流机会,派遣英语教师到美国和英国访问、学习和研修。从 2001 年起,英语教师可申请"海外大学研究生院脱产进修",到海外的研究生院进修,提高英语水平。此外,文部科学省规定的高中生国外游学活动项目可使高中生在异国文化学习中加深国际理解,更好地适应国际化发展,培养国际意识,轻松地掌握地道的英语。其次,在历史、地理等课程中加强国际理解教育的同时,增强民族认同教育。日本 1998 年的新学习指导要领一改以往地理课本中"先世界后日本"的思路,把日本与世界分别进行内容安排的做法,开始重视日本与世界的联系,在世界地理的内容体系中安排日本部分。1998 年学习指导要领规定初中地理科目的基本目标为:"提高学生对日本及世界地理的关心程度,使其从广泛的角度出发来考察、理解日本本国国土的地域特色。通过地理学习,了解日本及世界地域的各个事项、了解人类生存与地理环境条件的联系。将由不同地域构

① 文部省中央教育審議会.21 世紀を展望した我が国の教育の在り方について(第 1 次答申)[R].文部科学省 1996(7):35.

成的日本与世界各地域比较联系起来考察，让学生理解地域之间的关联性，各个地域的特殊性和‘共通性’。通过比较的、关联的学习，培养学生对地理的多方面、多角度的分析能力，锻炼思维方法和判断能力。”[①] 为达到教育目标，新学习指导要领对地理课程设置、教育目标和教学内容做了调整。例如，1999 年颁布、2003 年开始实施的《高中学习指导要领》在教育目标上强调培养学生从地理的角度观察、思考问题的方法，以及作为日本人生存于国际社会的意识。在历史课方面，1998 年学习指导要领小学六年级社会科的历史教学目标中就包括国际理解教育内容：“使学生能够理解日常生活中的政治变化和我国的政治主张，与我国关系密切的国家的人民生活，以及在国际社会中我国的角色，能够做一个珍视和平，并与世界各国人民共同生活的日本人。”[②] 而初中历史教学的目标则是：“以与日本有关的世界历史作为背景，以日本史为重点，使学生在宽广的视野基础上思考日本的文化和历史；提高学生对历史事实的关心，使学生理解世界历史背景中本国历史的大的演变及各时代的特色，使学生思考本国文化和传统的特色，加深对本国历史的热爱和培养作为国民所应有的自觉，同时使学生理解那些促进国家和社会发展、提高人民生活方面有贡献的历史人物，培养他们对现存的文化遗产的尊重态度。此外，要使学生理解现代国际关系及文化交流的概况，加深对本国与其他国家在历史与文化方面联系的认识，使他们关心其他民族的文化与生活，培养国际合作精神。”[③] 从 2003 年开始，高中世界史分为世界史 A 和世界史 B，世界史 A 提出的目标是“养成主体地生存于国际社会的日本人必备的自觉和素质”，世界史 B 的目标是“着眼加强国际理解、日本文化的特色、世界中的日本的立场、我国扩大的国际贡献等内容，让学生考察现代世界的发展趋向以及日本的课题及国际角色。”[④]

1996 年中央教育审议会咨询报告及其影响下的学习指导要领，使日本国际理解教育不再只是联合国教科文组织的活动或学校的个别活动，而是作为学校教育的正式内容得到普遍实施。但是其方向性表现出转换趋势，从以世界和平、国际胸怀为目标的联合国教科文组织国际理解教育理念，变成

① 兰婷. 日本高中地理科目课程改革前后的比较[J]. 外国教育研究，2001(8):20.
② 文部省编 . 日本最新历史教学大纲[J]. 赵亚夫，译 . 中学历史教学参考，2002(4):15.
③ 文部省编 . 日本最新历史教学大纲[J]. 赵亚夫，译 . 中学历史教学参考，2002(4):15.
④ 文部省编 . 日本最新历史教学大纲[J]. 赵亚夫，译 . 中学历史教学参考，2002(4):15.

应对国际化发展需要的“内需式”国际理解教育。

3. 全球化、多元化背景下向国际理解教育的转型(2000年至今)

21世纪是人、财、物、资本、信息空前迅速移动的时期，其移动形态也变得异常复杂、多元，世界规模的相互依存与社会的国际化特征更加鲜明。进入21世纪以后，环境、能源、人口、和平等问题都不再是某一个国家内部的问题，而成为世界各国共同关注和合作解决的问题。在这样的时代背景下，联合国教科文组织等国际组织在教育方面的作用变得越来越突出，世界各国围绕教育问题的合作交流也变得越来越密切。联合国教科文组织多次颁布关于教育的宣言、建议和计划，对日本教育也产生了巨大影响。与此同时，日本也以1999年松浦晃一郎担任联合国教科文组织第八任总干事为契机积极融入国际社会，参与国际事务，借此恢复了联合国教科文组织合作学校，并加强了培养以“国际社会一员”为目标的国际理解教育。

(1) 文部省机构调整下国际理解教育主管部门的复设

1999年松蒲晃一郎担任联合国教科文组织总干事以后，也受全球化大趋势和日本国际国内环境驱使，日本开始在国际理解教育中大力增加国际社会理解要素。2001年1月，日本行政机构结构调整，将文部省与科学省合并为文部科学省。在这次改组之际，日本加强了国际教育和国际理解教育的行政力量。在初等中等教育局新设“国际教育科”，将分散在文部省内的各项应对国际化相关的职能合并在一起。为此，在国际教育科内部设“国际理解教育专员”“海外子女教育专员”“外国儿童教育专员”“日语指导调查专员”，另设“外语教育普及室”。同时，设立与初等中等教育局平级的“国际统括官”专门应对联合国教科文组织活动等国际教育事务。沉寂多年的联合国教科文组织日本委员会国际理解教育工作重新启动，于2001年提出要复兴联合国教科文组织合作学校，向联合国教科文组织提出了《可持续发展教育10年计划(2005—2014)》并被采纳,在世界范围内实施,日本国内也选定了800多所联合国教科文组织合作学校来开展可持续发展教育。日本政府分别在内阁官方长官室[①]和长官官房[②]设立国际科,负责国家、政府层面的国际合作与交流事务。

这次的机构调整对国际理解教育有两个重要影响,一是为应对国内的国际化效应,在初等中等教育局内设置国际教育科,并下设国际理解教育专员,意味着日本将大力加强国际理解教育,同时将国际理解教育定位在国际教育——应对本国国际化的教育范畴;二是联合国教科文组织合作学校虽然恢复活动并迅速扩大规模,但与20世纪五六十年代与联合国教科文组织保持紧密联系不同,这一时期的很多活动由日本独立、有选择地展开,主要围绕环境主题的可持续发展教育,并不完全接纳联合国教科文组织"全球公民"目标下的国际理解教育理念。

(2) 全面推进国际化政策下的国际理解教育发展

在文部科学省机构调整后,日本国内出现了以"国际教育"代替"国际理解教育"的倾向。此后,在文部科学省公布的政策报告中,也将国际理解教育纳入"国际教育"范畴。例如2004年颁布的《我国的文教政策》报告书在"应对国际化趋势"一章中分别从实施国际理解教育、充实外国语教育、加强海外人员子女教育和海外归国人员子女教育四个方面,对过去几年的文教政策做出总结。在此基础上,该报告还围绕国际理解教育的发展指出:"目前,我们的一项重要任务就是培养那些具有作为'日本人的自觉性',具备在国际社会上生存的必要资质和能力的儿童。他们要在深刻理解和热爱我国的历史和文化传统的同时,理解那些范围更为广阔的异文化知识,掌握与具有异文化背景的人共同生存的资质和能力。"[③]2004年文部科学省公布的《文部科学白皮书》中又进一步将外国学生教育纳入对应国际化趋势的教育中,

① 内阁官方长官室:相当于政府秘书室,代表首相与内阁各部门进行协调并代表政府出任新闻发言人。

② 长官官房:文化厅的部门。文化厅隶属于文部科学省,负责文化、宗教、文化国际交流等事务,长官官房相当于秘书室。

③ 文部科学省.我が国の文教施策[R/OL].(2004-06)[2015-11-10]. http://www.mext.go.j/b_menu/hakusho/html/had200001/index.html.

其目标还是要培养“能在国际社会中生存的人才”[①]。由此可见,这一时期日本国际理解教育政策又发生了一定的转变,开始以培养在国际社会上生存的日本人为目标,并将其纳入国民教育的框架内进行。

此外,每年文部科学省都会以全国各都道府县、指定城市的教育委员会的指导主管为对象,召开“国际理解教育指导主管联络协议会”,积极推动国际理解教育的发展。1999 年编定小学版《国际理解教育事例集》分发给各地教育委员会后,2006 年继续编定初中、高中版,并在 2007 年对小学版进行全面的修订。2005 年 8 月,文部科学省在听取国际教育专家意见的基础上,颁布《初中等教育国际教育实施研讨会报告——培养国际社会中生存的人才》,用国际教育取代了一直使用的国际理解教育的名称。在该研讨会报告的基础上,2006 年日本开始实施新的“国际教育推进计划”。“国际教育推进计划”要求在各地区设立国际教育重点学校,并以此为中心与非政府组织合作,为促进国际教育的发展进行课程开发和参与型培训,培养适应地区国际化和国际社会发展的积极活跃的人才。

(3)《初中等教育国际教育实施研讨会报告——培养国际社会中生存的人才》

文部科学省于 2005 年颁布的政策报告《初中等教育国际教育实施研讨会报告——培养国际社会中生存的人才》是近年来日本国际理解教育政策制定的依据,也是日本中小学开展国际理解教育的参考性理念。报告分为“国际教育的意义与实施模式”“国际教育面临的现状与课题”“国际教育具体政策方案”三部分。在关于国际教育实施意义方面指出:“在国际化进一步加剧的社会中,不只意味着需要理解国际关系和不同文化,而且有必要更清楚地认识和形成自己作为国际社会的一员怎样生活的主体意识,在初中等教育阶段,应使所有学生能够形成:①接纳异文化与具有异文化背景的人们,并与其共生的态度、能力;②扎根本国传统、文化基础上的自我认同感;③能够发出自己的声音,表达自己的想法与意见,并付诸具体行动的态度和

① 文部科学省 . 文部科学白書[R/OL].(2004-02)[2015-11-10]. http://www.mext.go.j/b_menu/hakusho/html/hab200401/hab200401_2_260.html.

能力。"[①] 为此，"应将和平、人权、环境、发展等全球规模的课题和今天人类随时面临的课题作为学生身边熟知的主题纳入学校教育活动中，通过调查、体验、交流等活动让学生在自身的交流过程中体验这些主题，加深学习深度与学生的参与度。"[②] 该报告还建议，要在各学科、道德时间、综合活动时间、学校特别活动等教育活动全方位实施国际教育；为了使新时代下的国际教育更加有效、丰富，应加强综合实践课与各科目教学内容之间的有机联系，增加信息技术的应用和加强语言教育。

(4) 价值多元化社会中的国际理解教育

文部科学省的内需式国际理解教育随着日本国民结构的多元化和世界范围内的经济全球化趋势的到来产生了渐进式变化。除了积极开展可持续发展教育，增加联合国教科文组织合作学校活动以外，日本在近年来的文教政策中开始注重与全球社会的"接轨"。2015 年发布的《文部科学白皮书》在"完善丰富国际交流与合作"部分中鲜明体现出这一特点。2016 年 5 月 14—15 日，七国首脑会议[③] 在冈山县仓敷市召开，由日本文部科学大臣提出议案，会议最后通过《仓敷宣言》。其中，有关国际理解教育的内容如下（见表 1.2）。

表 1.2 《仓敷宣言》要义

	主题	内容
1	实现"社会包容、对共同价值的尊重"	● 教育必须促进"社会包容"与"对共同价值的尊重"，以应对今天的世界共同面临的贫困、难民、移民、青年人失业、暴力升级等问题 ● 认识到教育在支撑社会变革过程中的作用，即促使所有人最大限度地发挥其潜能，培养在社会生存所需要的能力，同时积极贡献社会建设和本地区环境创新，并从中感到生命价值

① 文部科学省．初等中等教育における国際教育推進検討会報告 ~ 国際社会を生きる人材を育成するために ~［R］．文部科学省 .2005-8-3：2.

② 文部科学省．初等中等教育における国際教育推進検討会報告 ~ 国際社会を生きる人材を育成するために ~［R］．文部科学省 .2005-8-3：4.

③ 七国集团首脑会议：七个国家为研究经济形势、协调政策而定期举行的首脑会议，始于 1975 年，其成员国包括：加拿大、法国、德国、英国、意大利、日本、美国。

续表

	主题	内容
1	实现“社会包容、对共同价值的尊重”	● 特别是通过教育阻止所有损害人类尊严的暴力,阻止歧视,为实现共生社会,基于共同价值(生命尊重、自由、宽容、民主主义、多元共生、人权尊重等)来培养公民性;强调有必要通过教育实现文化间对话、促进相互理解、酿生道德意识
2	培养新时代所需要的资质与能力	● 强调通过教育培养新时代所必要的素养和能力,包括自主提出新问题以及为解决问题与他人合作、创造新价值的能力 ● 以教育实践为基础,强调三个视点的重要性:我知道什么? 应怎样应用所知? 怎样与社会、世界保持联系度过美好人生
3	为彰显教育的新作用加强国际合作	● 强调在各层面的教育领域促进国际合作的重要性。再次强调通过国际合作可以培养对不同想法和价值观的宽容精神,培养建构多元文化共生社会所需要的重要且广博的能力。为完善各国教育实践,加强七国间的相互学习

资料来源:文部科学省 . 文部科学白書 2015. 第 2 部 文教科学技術施策の動向と展開 . 第 10 章 国際交流·協力の充実[R]. 文部科学省 . 2016:357.

《仓敷宣言》中再三强调国际合作以及传播普遍性价值的重要性,指出要培养学生“解决全球共同面临的问题”的能力。在2016年度的文教政策中,多年坚持的“国际理解教育”一词被“可持续发展”与“联合国教科文组织合作学校活动”所替代,并提出将可持续发展教育作为联合国教科文组织合作学校活动的主要教育内容。这就不难理解为什么日本联合国教科文组织合作学校近年出现急速增加的情况。文部科学省不仅编写了《可持续发展教育手册》,而且要对全国的可持续发展教育活动进行总体布局和指导。

日本国际理解教育政策自 20 世纪 40 年代开始,第一阶段遵循联合国教科文组织理念,第二阶段因冷战格局造成前进停滞,第三阶段因国际化的内需引发国际理解教育的复兴以及对国际理解教育本土模式的探讨,第四阶段在价值多元化状态下力求探索出本土模式的国际理解教育发展道路——既尊重国际组织理念,也实现培养“国际社会中的日本人”目标。这个发展过程,是日本通过 50 多年的实践逐步形成的,也是导致日本的国际理解教育理念至今出现价值多元化现象的原因,这样的矛盾直接造成不同主体设计出不同目标和内容并将其适用于中小学教育的现象,形成日本特殊的国际理解教育的理论与实践背景。

Ⅲ 日本国际理解教育的实施现状:多元、混沌、融合

目前,日本国际理解教育的实施形式包括:联合国教科文组织合作学校教育活动、文部科学省的学习指导要领中的国际教育内容、日本国际理解教育学会等民间组织的国际理解教育活动等。由于这三大类型主体对国际理解教育出发点、立论视角和内容体系的观点不尽相同,方法也各具特征,因此形成了多元、复杂的国际理解教育实施现状。

1. 联合国教科文组织合作学校教育活动

如前所述,日本的国际理解教育始于联合国教科文组织合作学校。1953年第一次选出6所学校参加合作学校活动,20世纪60—80年代经历一度低迷的过程,2001年重启后发展至今,联合国教科文组织合作学校经历了颇为坎坷的发展道路。

(1) 日本联合国教科文组织合作学校的发展历史

20世纪50年代的联合国教科文组织合作学校的国际理解教育活动基本是围绕对其他国家的研究各自展开的。当时的国际理解教育有三大内容,包括“人权”“妇女教育”“对其他国家的理解”,实施国际理解教育的32个国家106所学校中,研究“人权”的占20%,研究“妇女教育”的占10%,研究

"对其他国家的理解"占70%。[1] 在交通不便、通信不发达、国际交往也不密切的20世纪50年代,日本对国际理解教育内容的学习主要采用知识学习方式,尤其是"对其他国的理解",基本没有超出知识掌握的范围。由于无法出国,学生一方面通过阅读获取相关知识,另一方面用自己的认识图示去理解他国文化,从而形成刻板印象式文化理解。20世纪60年代以后,联合国教科文组织合作学校形成联盟,通过统一规划、统一制定教育内容和统一进行活动的方式,力求达到各国教育内容和水平的一致性。但是,该时期日本被卷入美苏冷战格局,联合国教科文组织合作学校活动难免受到冷战思维影响举步维艰,更面临文部省、外务省的机构调整,原有负责国际理解教育相关事务的联合国教科文组织日本委员会无法完成其职能,导致国际理解教育有名无实。当然除此以外,联合国教科文组织的教育内容脱离实际、无法找到实践意义、师生缺乏可资借鉴的教材、对峙紧张的国际环境等也都阻碍了联合国教科文组织合作学校的活动热情,合作学校活动一直停滞到2001年文部省机构调整。在该时期不止日本,冷战体系中属于美国阵营的不少西方国家也都停止了国际理解教育,致使国际理解教育发展遭受重创。但是,部分地区的合作项目取得了令人瞩目的成绩,其中最为著名的就是联合国教科文组织波罗的海地区联系学校项目(简称波罗的海项目)。1989年4月,联合国教科文组织呼吁波罗的海周边多个国家参与讨论"波罗的海地域环境教育项目"的国际提案。这是世界上最早的由多个国家参与的联合国教科文组织合作学校的联合项目,开创时期参与的国家包括丹麦、芬兰、德国、波兰、苏联、瑞典,后续有更多波罗的海沿岸国家陆续参与。当时位于波罗的海北端的芬兰国立教育委员会高级顾问深刻认识到位于其国境内的波罗的海污染问题的严重性,认为有必要呼吁波罗的海沿岸的各个国家合作建立共同的教育项目来推动波罗的海的环境改善。该项目实施不久,1992年在里约热内卢召开的可持续发展峰会上提出"21世纪议程"(21 Agenda)之时,上述参与国另外"签署"了《波罗的海21世纪议程》,根据可持续发展理念修改课程目标和内容体系。波罗的海项目的目的是:"培养波罗的海地区学生的环境保护意识,使人与自然能够形成相互依存的关系,形成科学的、社会

① 日本国際理解教育学会.国際理解教育ハンドブック—グローバル·シティズンシップを育む[M].東京:明石書店,2015:61.

的、文化的理解;培养学生适应社会环境变化的能力;让学生参与可持续发展发展目标的实践过程。”① 在共同教育目的的驱动下,相关国家的项目校紧密合作推动该项目的实施。学生通过对大气及水质等的测量、观察和分析等科学检验,提出解决问题的相关措施。“波罗的海项目”的顺利实施,在提高学生合作意识的同时,也加深了学生对人与自然之间相互依存关系的理解,进而在实施可持续性开发的同时培养学生的能力。“波罗的海项目”在可持续发展教育中意义重大,带动了其他地区性合作项目,包括1991年开始由欧洲10个国家参加的“蓝色多瑙河项目”(Blue Danube River Project)、1998年开始由23个国家参与的“反思大西洋奴隶贸易史项目”(Transatlantic Slave Trade Project)、1994年开始由8个国家参与的“西地中海工程”(The Western Mediterranean Sea Project)、1999年开始由41个国家的中小学校参加的“三明治项目”(Sandwich Project)、2002年开始由伏尔加河流域18个国家参加的“大伏尔加河路项目”(Great Volga River Route Project)、2006年开始由阿拉伯8个国家开始的“阿拉伯国家水教育项目”(Water Education in Arab States Project)等。②

21世纪以后全球化带来的影响凸显,联合国教科文组织合作学校的教育内容也因此变得愈加复杂,除了原有的“和平”“人权”等经典主题以外,还包括“移民”“难民”“消除差异”等方面的主题。2003年8月在新西兰召开的联合国教科文组织合作学校50周年纪念大会上,提出国际理解教育的领域为:“国际联合分工和国际关系”“人权”“民主主义”“宽容”“异文化间学习”“环境保护”等。而联合国教科文组织提出的可持续发展教育学习领域也包括“贫困”“性别平等”“身心健康”“环境保护”“地方发展”“人权”“文化间的理解”“和平”“可持续发展的生产和消费”“文化的多样性”“生物的多样性”“信息通信技术”等。日本的联合国教科文组织合作学校开始复兴之际,这些教育内容对合作学校的教育活动产生了持续性的影响。

---

① 日本国際理解教育学会.国際理解教育ハンドブック—グローバル·シティズンシップを育む[M].東京:明石書店,2015:63.

② 日本国際理解教育学会.国際理解教育ハンドブック—グローバル·シティズンシップを育む[M].東京:明石書店,2015:64.

(2) 日本联合国教科文组织合作学校教育活动

直至2016年10月,日本国内的联合国教科文组织合作学校共有929所[①],主要分为五方面的教育内容:①联合国对解决全球问题的贡献方面:贫困、饥饿、失业、艾滋病、环境污染、气候变化、识字、文化、性别平等、童工等联合国以及联合国教科文组织职能相关主题;②促进人权、民主主义理想方面:以"世界人权宣言""儿童权利宣言"等为出发点,着眼学生的生活,传播与其有关的他人的权利、责任、义务、种族歧视、偏见、民主主义、相互尊重、公民责任、宽容、非暴力纷争等与人权相关的主题;③与他国的学生及其家族、本国人、移民集团以及使馆或其他国家文化中心保持联系,增加对不同习惯、传统、价值观的理解;④环境教育方面:针对地球所面临的环境问题——污染、能源紧缺、森林保护、海洋与大气研究、土壤侵蚀、天然资源保护、沙漠化、温室效应、可持续发展等问题,思考解决方法,同时思考科学发展对人类未来的作用;⑤可持续发展教育方面:关注人格发展、自律、判断能力、责任心等人性的发展,培养学生能够正确理解与他人、与社会、与自然环境的关系,尊重其连带与交往。

日本今天的联合国教科文组织合作学校项目大多被可持续发展教育相关内容所替代。如前文所述,作为2001年重启联合国教科文组织合作学校活动的第一步,联合国教科文组织日本委员会于2002年向联合国提交了关于将2005—2015年作为"联合国可持续发展教育十年计划"。该计划被采纳以后,联合国教科文组织日本委员会与各有关部门省厅合作进行可持续发展教育活动。

2. 中小学学习指导要领中的国际理解教育内容

文部科学省于2005年颁布政策报告《初中等教育国际教育实施研讨会

① 日本ユネスコ共同学校 . ユネスコ共同学校について [R/OL]. (2016-11-10) [2016-11-10]. http://www.unesco-school.mext.go.jp.

报告——培养国际社会中生存的人才》以后，积极在中小学学习指导要领中纳入国际理解教育要素。由于国际理解教育是跨学科教育活动，因此在实施过程中更多采取综合实践活动或其他课程渗透的方式。文部省在1998年颁布新的学习指导要领时就已设置跨学科、综合性、针对学生兴趣学习的“综合学习时间”，并指定综合学习时间的学习主题为：①国际理解、信息、环境、福利、健康等跨学科、综合性主题学习活动；②基于学生兴趣的主题学习活动；③体现本地区或学校特色的主题学习活动；④职业及未来选择相关的主题学习活动等。综合学习时间在小学三年级开始在各学年实施，每年有105课时。2005年日本进行国际理解教育实施状况调查时已有85.9%的小学选择跨学科、综合性主题，其中国际理解教育相关内容达到62.6%，初中则有66.7%的学校选择了跨学科、综合性主题（其实施情况见表1.3、表1.4、表1.5、表1.6）。

表1.3 小学“综合学习时间”主题活动内容（可多选）

学习活动	跨学科、综合性主题	基于学生兴趣的主题	符合社区、学校需要的主题	其他
三年级	84%	58.8%	87.6%	6.1%
四年级	86.4%	59.0%	82.0%	5.4%
五年级	87.5%	61.8%	81.0%	7.2%
六年级	88.4%	65.0%	78.1%	6.9%
平均	86.6%	61.1%	82.2%	6.4%

资料来源：文部科学省．初等中等教育における国際教育推進検討会報告～国際社会を生きる人材を育成するために～［R］．文部科学省．2005：23.

表1.4 小学“跨学科、综合性主题活动”的具体内容（可多选）

学习活动	国际理解	外语会话	信息	环境	福利、健康	其他
三年级	58.6%	48.8%	57.4%	42.4%	39.6%	15.5%
四年级	59.3%	49.6%	58.0%	60.2%	50.6%	11.7%
五年级	63.1%	51.5%	61.7%	55.7%	46.8%	14.9%
六年级	69.4%	54.1%	61.6%	40.0%	48.8%	18.7%
平均	62.6%	51.0%	59.7%	49.6%	46.5%	15.2%

资料来源：文部科学省．初等中等教育における国際教育推進検討会報告～国際社会を生きる人材を育成するために～［R］．文部科学省．2005：23.

表 1.5 初中“综合学习时间”主题活动内容（可多选）

学习活动	跨学科、综合性主题	基于学生兴趣的主题	符合社区、学校需要的主题	其他
一年级	66.6%	45.7%	70.9%	5.6%
二年级	65.7%	50.7%	66.5%	6.7%
三年级	67.9%	54.7%	60.7%	6.5%
平均	66.7%	50.4%	66.0%	6.3%

资料来源：文部科学省．初等中等教育における国際教育推進検討会報告～国際社会を生きる人材を育成するために～［R］．文部科学省．2005：23.

表 1.6 高中“综合学习时间”主题活动内容（可多选）

学习活动	国际理解、信息、环境、福利、健康等跨学科、综合性学习活动	基于学生兴趣、升学等设定的主题，旨在知识技能的深化、综合化学习	与思考自己的生活方式和升学相关的学习活动	探究式学习
普通高中	55.2%	57.6%	76.7%	—
专业高中	18.4%	21.7%	31.2%	53.4%
综合高中	53.6%	76.5%	69.8%	—

资料来源：文部科学省．初等中等教育における国際教育推進検討会報告～国際社会を生きる人材を育成するために～［R］．文部科学省．2005：23.

除了“综合学习时间”以外，国际理解教育的内容也渗透学校各科目中。例如，在小学课程体系中相关内容主要体现在“道德时间”①、社会科、综合学习时间。“道德时间”的相关规定是：“基于《教育基本法》与《学校教育法》中的教育之根本精神，培养学生将尊重人的精神与对生命的敬畏之念体现在家庭、学校、社会的具体生活之中，并具有丰富的感性，尊重传统与文化，热爱我国国土与家乡，创建丰富个性的文化，奉行公共之精神，致力于发展民主社会及国家，尊重他国，贡献国际社会的和平、发展与环境保护，从而成为开拓未来的具有主体性的日本人，形成作为其基础的道德性。”社会科规定：“理解社会生活，培养对我国国土与历史的理解与爱，培养作为在国际社

① 道德时间：日本的中小学不设正式的道德课，只设每年 35 节的“道德时间”。

会中生活的、和平民主国家(社会)之成员所必要的资质与基础。”小学六年级的社会科更强调国际理解教育为:“使学生理解日常生活中的政治动向与我国的政治方针,理解与我国具有密切关系的国家人们的生活方式,理解国际社会中的我国的作用,认识到作为热爱和平的日本人与世界各国人民共同生活的重要性。”综合学习时间的相关目标规定:“在国际理解相关学习活动中,应通过开展解决问题或探究活动,使学生体验或调查国外人们的生活与文化。”① 在初中,除了规定与小学一样的“道德时间”总目标外,另有初中分目标规定:“具有作为‘世界中的日本人’的自觉意识,基于国际视野贡献世界和平与人类幸福。社会科除了总目标以外,另在地理、历史、公民三大领域目标中都设有与国际理解教育有关的内容”。社会科总目标规定:“基于广博的视野,加深对社会的关心,根据多种资料多角度、多方面考察社会,加深对我国国土与历史的理解与热爱,培养作为公民的基础,培养在国际社会生存的、和平且民主的国家社会之成员所必要的公民资质基础。”地理领域目标规定:“对世界各地区进行调查;摘取能够使学生正确把握世界各地人们生活状态的地理现象,选取反映各地区或国家特色的主题并进行探究,加深学生对世界地理的认识,同时使学生形成与世界各地或国家进行调查或探究时的视点和方法。”历史领域目标规定:“提高对历史现象的关心,在世界历史背景中,根据各时代的特色理解我国历史的走向,并站在更加广博的视野思考我国传统与文化之特色,加深学生对我国历史的热爱,培养作为国民的自觉意识。……理解在历史发展过程中的国际关系与文化交流的大致形成过程,使学生认识到我国历史与国外诸国的历史、文化深入相关,加深学生对其他民族文化、生活的兴趣,培养国际和谐的精神。”公民领域目标规定:“在国际相互依存关系加深的状况下,认识到为实现世界和平与人类福祉最大化,各国间相互尊重主权,各国国民之间彼此合作的重要性,认识到热爱本国,实现本国和平与繁荣的重要性。”②

---

① 文部科学省.学習指導要領(小学校篇)[S/OL].(2012-01-17)[2016-03-11].http://www.mext.go.jp/a_menu/shotou/new-cs/information/1290361.htm.

② 文部科学省.学習指導要領(中学校篇)[S/OL].(2013-02-01)[2016-03-11].http://www.mext.go.jp/a_menu/shotou/new-cs/information/1290361.htm.

3. 国际理解教育学会的课程理论体系

1991年成立的日本国际理解教育学会从联合国教科文组织“和平文化”理念下的“全球公民”(原文为“地球市民”)培养目标出发,一直从事国际理解教育的研究和课程开发。该学会于2011年出版的《全球化时代的国际理解教育——连接实践与理论》和2015年出版的《国际理解教育手册——培养全球公民性》中都使用了其课程理论体系的脉络,可以说代表了日本国际理解教育学会的立场。

(1) 国际理解教育的目标

在日本国际理解教育学会看来,“国际理解教育是为了培育能够在国际化、全球化的现代社会和世界中生存所必需的资质和能力的教育。”[①] 为实现该目标,国际理解教育致力于培养“在人权尊重前提下,深刻认识到作为现代世界的基本特质为文化多样性和相互依存性,同时对异文化抱有宽容态度,有着作为地区、国家、地球社会一员的自觉性,为解决地球性的课题在不同程度上参与到社会生活中,并能与他人合作之人。与此同时,培养他们能在信息化社会中进行准确的判断,具备处在不同文化下也可以与他人进行交流的能力”[②]。

国际理解教育的课程目标分为“知识、技能、态度”三大部分。

“知识、理解目标”中设了“文化多样性”与“相互依赖性”两个知识性目标。“文化多样性”方面,使学生掌握国际理解教育的基本知识,认识到“世界上存在各种文化”,理解“文化通过与异文化的交流不断地发生变化,同时被创造出新文化”,学会“避免文化摩擦和文化的对立,认可和接纳不同文

① 日本国際理解教育学会.国際理解教育ハンドブック—グローバル・シティズンシップを育む[M].東京:明石書店,2015:96.

② 日本国際理解教育学会.国際理解教育ハンドブック—グローバル・シティズンシップを育む[M].東京:明石書店,2015:96.

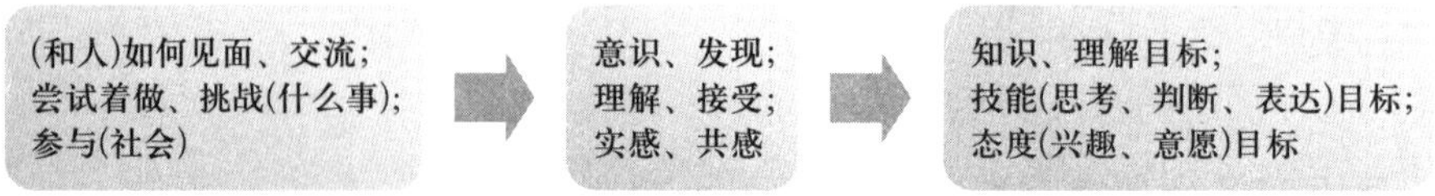

图 1.1　学校课程中的国际理解教育体验目标

资料来源:日本国際理解教育学会.国際理解教育ハンドブック—グローバル·シティズンシップを育む[M].東京:明石書店,2015:96.

化”的重要性。在“相互依赖性”方面,使学生形成对人的敬畏以及对相互依赖性状态的认可和接纳,学会用平等、非歧视的解决冲突的方法,而不是不平等、暴力,使学生了解直接性的暴力(战争、纷争等)、结构性的暴力(贫困、压抑、环境破坏等)及其影响。

“技能目标”分为“思考、判断、表达”三个方面的核心技能。其中国际理解教育最为重视的就是交往能力、交流能力和解决问题的能力,即使用语言交流的能力和在复杂的现代社会中准确把握问题和解决问题的能力。

“态度目标”体现出“兴趣”和“意愿”两个方面的目标,使学生学会尊重他人和自己,理解和包容他人。

详细内容见表 1.7。

表 1.7　国际理解教育的课程目标

知识、理解目标	文化多样性	● 在世界中存在着各种各样的文化,也有人们共同拥有的文化 ● 文化通过与异文化的交流不断地发生变化,同时创造出新文化 ● 理解不同的文化很不容易,有时会产生文化摩擦和文化对立,不同文化之间的相互认同、和谐共生是十分重要的
	相互依赖性	● 我们在生活中会以各种形式与世界中的人们发生联系 ● 世界中发生的事情对于我们的生活产生影响,我们的生活也影响着世界中人们的生活 ● 由于交通和通信技术的发达,我们被庞大的信息资源所包围,所以对信息进行合适的选择和判断是十分重要的
	安全、和平、共生	● 在地区和世界中因为直接性的暴力(战争、纷争等)和结构性的暴力(贫困、压抑、环境破坏等),安全和人权受到威胁的大有人在

续表

知识、理解目标	安全、和平、共生	● 为了建立一个人人都能尊重彼此的尊严、能够安全幸福地生活的社会,需要探索各种各样的方法
技能目标	沟通交流能力	● 在多元文化的社会中,能够利用语言与有着不同思考方式和文化背景的当地和世界中的人们进行沟通交流
	问题解决能力	● 为了准确把握复杂的现代社会中的各种课题,能够选择最好的解决方法,并对理论依据进行逻辑性的思考
态度目标	人之尊严	● 在地区和社会之中能够尊重作为个体的自己以及他人的人格和尊严
	宽容、共感	● 在多文化社会中,认识到有异文化的人和不同状况的人的存在,理解他们、向他们学习
	参与、合作	● 为了让地区和社会朝着更好的方向发展而作为社会的一员为之努力、与人合作

资料来源:日本国際理解教育学会.グローバル時代の国際理解教育－実践と理論をつなぐ[M].東京:明石書店,2011:29–31。

(2) 国际理解教育的学习内容

日本国际理解教育学会的前会长大津和子设计国际理解教育的学习内容体系(见表1.8),是为了使一线教师不再对国际理解教育的课程开发感到无所适从。在大津和子的体系中,国际理解教育被划分为四大领域:“A.多文化社会”“B.全球化社会”“C.全球性课题”“D.对未来的选择”,然后在以上每个领域中设置明确的关键词,供不同学习阶段的学习者迅速理解课程目标与意图。

表1.8 国际理解教育的学习内容体系

学习领域	主要学习内容	关键词		
		小学中、低学年以上	小学高学年、初中以上	高中以上
A.多文化社会	文化理解	生活文化; 传统文化; 文化的多样性和共通性	文化尊重; 文化宽容	整体文化(上位文化)和部分文化(下位文化)、对抗文化; 自文化中心主义

续表

学习领域	主要学习内容	关键词		
		小学中、低学年以上	小学高学年、初中以上	高中以上
A. 多文化社会	文化交流	异文化体验(饮食文化、旅游、歌曲等)	在文化交流中文化历史的形成	文化摩擦、文化对立、文化演变、文化控制、文化创造
	多元文化共生	和当地各种人见面	沟通技巧; 少数群体和多数群体	多元文化共生和两难境地
B. 全球化社会	相互依存	通过事物(食物等)和人产生的联系	通过人(移动、移居、外出务工、难民等)和事情(音乐、运动等)产生的联系	事情(纷争、核泄漏、全球变暖等)的影响; 全球化
	信息化	身边的信息和信息源	大众传媒; 媒体素养、读写能力	信息差; 信息处理
C. 全球性课题	人权	自尊心、自我主张; 对人权的尊重; 意识到先入为主的观念和偏见问题	世界中的孩子; 孩子的权利条约; 地区和国内的少数群体	民族、性别、性问题等相关的歧视问题和当事人之间的斗争
	环境	地区的环境问题; 对生活的审视	地球环境问题、生态系统; 环境的保护	与资源相关的南北对立(发达国家和发展中国家的对立); 世界环境会议; 资源的有限性和欲望的无限性
	和平	吵架和对立的原因及其解决方法	战争和孩子; 难民和孩子; 裁军、和平的举措	积极性和平、构造性暴力; 人类的安全保障; 和平文化(联合国教科文组织)
	发展	发展中国家的孩子	健康、教育、南北差距; 政府间发展援助①、非政府组织②等的措施	人类发展; 可持续性发展

① 政府间发展援助:Official Development Assistant,ODA。
② 非政府组织:Non-Governmental Organization,NGO。

续表

学习领域	主要学习内容	关键词		
		小学中、低学年以上	小学高学年、初中以上	高中以上
D. 对未来的选择	历史认识	地区的历史认识	地区的国际性历史认识; 亚洲的历史认识	克服自我中心史观、欧洲中心史观; 把握地区史、国家史、世界史的统一性
	市民意识	地区之间人与人的联系	作为地区一员的意识; 作为亚洲一员的意识	作为民主主义社会一员的意识; 社会性正义、当事人意识
	社会参与	在当地的宣传	在当地的活动; 志愿活动	形形色色的国际援助活动

注:A、B、C 三大学习领域之间的内容实际上很难区分,存在相互渗透的可能性。小学中低学年段、小学高学年段、中学和高中之间的划分基本上是大致的阶段划分,实际上中学阶段可能含有小学阶段的内容,而高中阶段也可能含有小学和初中阶段的内容。

资料来源:日本国際理解教育学会.グローバル時代の国際理解教育―実践と理論をつなぐ[M].東京:明石書店,2011:37.

"A. 多文化社会"的主要学习内容为"文化理解""文化交流""多元文化共生",设计目的主要是为了使学生认识到文化的复杂性和普遍性,学会将自己所属的文化群体放在大的人类文化背景中进行理解,以此消除对自己或他人的偏见;让学生学习到文化多样性造成的文化摩擦和冲突,不断尝试去理解其他的文化,真正实现不同文化间的和平共处。"B. 全球化社会"的主要学习内容包括"相互依存""信息化",目的在于使学生认识到当今的世界不是简单的国家集合体,而是具有相互依存关系的整体,学会正确认识人类的相互连接和依赖造成的正反结果。"C. 全球性课题"是一个将人类所面临的诸多问题从地区、国家、全球的层面探索解决方法的学习领域,主要学习内容包括"人权""环境""和平""发展"四大主题。"D. 对未来的选择"设定为三个部分,分别是"历史认识""市民意识""社会参与"。"历史认识"让学生了解在日本也有包括阿伊努族、在日朝鲜人等不同种族人群,使学生通过各种机会体验其文化,同时使学生思考作为亚洲地区一员的日本怎样与亚洲人民建立和平友好的连接关系。"市民意识"方面,要培养每个学生作为家庭、学校、地区中的一员的意识。"社会参加"方面,要让学生学习社会参与和国际合作的重要性,从而有意愿积极参与志愿者活动。

为了让教师开发课程时更有针对性,大津和子另外设计出课程开发主题表供一线教师参考(见表1.9)。

表1.9 国际理解教育课程的开发主题

学习领域	1	2	3	4
A. 多文化社会	文化理解	文化交流	多元文化共生	—
B. 全球化社会	相互依存	信息化	—	—
C. 全球性课题	人权	环境	和平	开发
D. 对未来的选择	历史认识	市民意识	社会参与	—

资料来源:日本国際理解教育学会.グローバル時代の国際理解教育—実践と理論をつなぐ[M].東京:明石書店,2011:60.

4. 国际理解教育的评价方法

(1) 用评估代替评价

日本国际理解教育注重的是能力和态度的培养而不是知识的掌握,而怎样判断课程的有效性,估量学生意识、态度的变化和能力的提高程度,是日本国际理解教育的难题之一。石森广美主张应用教师的描述、诊断等主观评价为主的评估(Assessment)代替客观评价(Evaluation)。① 为此教师应多角度地获得学生学习的相关信息,以便做出准确的判断。国际理解教育中的妥当评价,不是进行评定和排名,而是辅助和把握学生的学习过程。

(2) 形成性评价

所谓形成性评价,就是与实践同时进行的数据收集行为,通过收集证

① 日本国際理解教育学会.国際理解教育ハンドブック—グローバル・シティズンシップを育む[M].東京:明石書店,2015:106-109.

据、解释过程，指引学生将来期望的发展方向的评价概念。形成性评价的形式非常多（见表 1.10），除了语言（口头、笔记）、数据、表现、作品、自评、互评等形式之外，还有小论文、答题卡、问卷、访谈、班级讨论、小组项目、海报、家庭作业、电脑、观察记录、学习日志和日记、档案袋制作等各种各样的形式。形成性评价的目的在于测量学生的学习状况，用来改善教师的教学。

表 1.10 高中与“国际理解”相关形成性评价案例

评价方法	
定期测试（笔试）……	70%
小论文（每年 5~6 次）……	10%
单元笔记（每年 2 次）……	10%
汇报展示……	5%
参加的态度……	5%
（形成性评价的视角）	
• 单元笔记的检查和反馈	
• 针对讨论采取的措施	
• 展示和汇报的检查	
• 自我评价	
• 工作表	
• 课堂观察	

资料来源：日本国際理解教育学会．国際理解教育ハンドブック―グローバル·シティズンシップを育む［M］．東京：明石書店，2015：107.

(3) 表演、表达式评价

在多样性的评价方法中，表演、表达式评价适用于问题解决能力、思考能力、表达能力、判断能力的评价。学习者在采取措施解决现实课题的过程中，不能像平时测试那样检测知识掌握程度，而要看学习者在现实情景中知识的整合、应用能力、理解能力、思考能力。表演、表达式评价可通过作品、小论文等成果（小论文和报告、图表和坐标图、绘画等）、技巧、演练、汇报、展示（口头展示、说明、角色扮演、表演、实验操作等）等实现。这时，量规评价可作为质性评价的手段。表 1.11 为石森广美于 2010 年实施的全球公民教育实践案例，是关于学习状况的口头表达评价表，学习者基于学到的知识，对于所关心的全球化问题进行深入探究，各自确立研究课题，并对问题的背景和原因、与自己生活的关系等进行调查,找出自己思考的解决方法,通过海报和 PPT 等进行汇报。

表 1.11 口头发表的评价量表案例

5	学生能对探究的课题进行准确的论述,并提出其重要性的理由。有能够支持结论的具体信息。汇报展示的方法有说服力,汇报的结构有逻辑性。能够使用视觉性的辅助资料增加展示的效果,引导听众。能够看到其精心准备和对研究问题饶有兴趣地开展研究的证据。能够感受到其作为地球市民的自觉性和责任感,能充分表明今后的意愿。
4	学生能够论述其研究的课题及其重要性。能够提出支持其结论的适量的信息。还能在其展示的方法上下工夫,展示的内容构成十分恰当。使用视觉性的辅助材料。能够认真准备、积极参与研究,并标明今后的意愿。
3	学生能够论述其探究的课题及其重要性和结论,但是支持其论点的信息和逻辑不能像 4、5 程度那样富有说服力。展示的方法和内容构成大体恰当。也能涉及视觉性的辅助资料。可以看出是经过准备的。
2	学生能够论述其探究的课题,但是得出的结论不够充分。展示内容和展示方法方面下的工夫不足。不能看出是经过准备开展的工作。在今后继续深入探究意愿方面也有些不足。
1	学生对于设定的课题没有进行探究就进行汇报。不能得出合适的结论,汇报的内容论点不明确、难以理解。不像经过准备的样子,汇报的内容构成也不恰当。
0	没有进行汇报展示。

注:5= 优秀(拔尖),4= 特别好,3= 好,2= 需要努力,1= 不充分(差)。

资料来源:日本国際理解教育学会 . 国際理解教育ハンドブック—グローバル·シティズンシップを育む[M]. 東京:明石書店,2015:108.

此外,近年来“我能清单式评价”(can-do)也备受瞩目,就是通过明确列出学习要达成的结果以及学生力所能及的目标,使学生清晰地掌握学习节奏和进度以及自己努力的方向。

(4) 自我评价

人们对于评价的一般印象都是授课者(教师)对学习者(学生)进行判断和诊断(评价),但是评价并不是单向度的,而是有着以学习者为主体的特征。自我评价是让学生自己找到学习过程中的问题,然后再去给他们设定一定的标准进行自我评价和互相评价。自我评价的主要方法有,根据结构型的设问记述自己所学内容的工作表和调查问卷、有学习记录的档案袋、遵照目标和评价项目的自我检查表、记载丰富学习过程的刊物、文章(见表 1.12)。

表 1.12 自我评价案例

你能清楚地明白你学过的东西吗?【 】
写下你学到的最重要的事情。
在今天的课堂中你学到新知识了吗?【 】
写下一些关键词。
你能与别人合作吗?【 】
举出一个例子。
你听老师和其他人的话吗?【 】
举出一个例子。
你能够表达和判断你的观点吗?【 】
举出一个例子。
这项工作、学习让你在看待事物的时候有所不同吗?【 】
举出一个例子。
这种学习现在或者将来在某些方面对你有帮助吗?【 】
举出一个例子。

E= 很棒;S= 满意;N= 需要提高

资料来源:日本国際理解教育学会.国際理解教育ハンドブック—グローバル·シティズンシップを育む[M].東京:明石書店,2015:109.

Ⅳ 日本国际理解教育的理论发展:与政策的冲突与融合

日本关于国际理解教育理论的研究始于20世纪50年代,因此深受联合国教科文组织以“世界和平”为主旨的国际理解教育理论的影响。另外,当时由于信息闭塞,对国际理解教育了解的学者数量不多,有条件“接触”联合国教科文组织理念并进行国际理解教育研究的大多是从事与政治、外交、国际组织有关工作的人员。直至20世纪70年代,日本经历了由联合国教科文组织日本委员会主导的“和平文化”理念向文部省“国际化对策”主导的、以解决国内问题(包括海外人员子女教育、回国人员子女教育、留学生教育、国际教育援助等)为主线的国际理解教育转型的局面。这些政策动向在日本民间的研究学者之中产生很大反响,甚至形成小林哲也所称“国际理解教育的混沌·徘徊”情势。[①] 进入20世纪90年代以后,日本国际理解教育学会、全球教育学会相继成立,开始探讨全球化趋势下的国际国内相关问题。因此,分析日本国际理解教育学会、全球教育学会、异文化间教育学会等民间研究机构的观点和主张,有利于总体把握日本国际理解教育的理论脉络。

1. 国际理解教育相关学会

(1) 日本国际理解教育学会

专门从事国际理解教育相关研究、课程开发、教师培训的民间机构——

① 姜英敏. 别具一格的国际理解教育[J]. 教育,2007(6):49.

日本国际理解教育学会是为数不多的,至今承袭联合国教科文组织国际理解教育名称,高举和平文化大旗,以培养“全球公民”作为其教育目标的学会。

① 学会的创立背景

如前所述,直至20世纪80年代,日本的国际理解教育经历了一系列转型,政策动向的变化在日本民间的研究学者之间产生很大反响。当时进行国际理解教育研究的大学教师、研究人员、中小学教师感到有必要重新梳理国际理解教育理念,使中小学的教育实践有理论可依。进入20世纪90年代以后,异文化间教育学会、全球教育学会等纷纷成立,开始探讨全球化趋势下的国际国内相关问题,造成日本的国际理解教育概念进入混乱时期,出现了国际教育、国际化对策教育、异文化间教育、全球教育等不同的教育概念,亟待对国际理解教育概念范畴、观点、主张进行系统研究和梳理。[①]

1991年1月26日,以第一任会长天城熏为首的41名各界人士创建国际理解教育学会,首届会员人数达290人,足见日本学界对该问题的重视程度。日本国际理解教育学会从1991年成立之初就以秉承联合国教科文组织倡导的世界和平理念作为学会主旨。但是,该学会成立的目的虽然是指明国际理解教育的发展方向,但受前述背景的影响,形成了以联合国教科文组织理念为基干、国际化带来的国内问题为内容的奇特局面,其研究的外延边界广泛,包括异文化间理解、发展教育、环境教育、和平教育等。

② 学会的宗旨

日本国际理解教育学会的创立宗旨是传播和平文化理念。该学会把创立宗旨解释为:“21世纪随着东西冷战局面的缓和,世界开始有意识地摸索构建新秩序。人、财、物以及信息的跨境交流越发频繁,世界各国之间以及一国国民之间的相互依存关系也在进一步增强。另一方面,因民族、传统、文化、语言等的不同,竞争、对立、误解、摩擦也随之日常化,各国国民之间的理解交流显示出其重要性。在人们心中构筑起和平堡垒的精神指引下,联合国教科文组织常年提倡的以和平与异文化间理解为轴心的国际教育空前高涨。国际教育是囊括知识、技术、思考能力、价值观、态度形成的教育,应在终身学习的场域,充分利用学校、家庭、地区、社会的所有机会建立相关人员之

① 姜英敏.别具一格的国际理解教育[J].教育,2007(6):49.

间的联系和合作机制来实施国际教育。作为伫立在世界的东方太平洋上的我国,面向21世纪在连接东西方、促进南北交流的同时,为了与世界各国国民和平共生,必须向人们心中诉诸国际教育之重要性。我们在此聚合学者、教育实践者、其他有关人员创立日本国际理解教育学会,立志通过国际教育的研究与实践以及与国民之交流,贡献我国国际教育的促进和发展。"①

日本国际理解教育学会创建初期形成了以下特点:首先,该学会是一个民间机构,但又与官方尤其是联合国教科文组织日本委员会有着密切联系。第一任会长天城熏曾任文部省次官(相当于中国教育部副部长)、联合国教科文组织日本委员会主席等职,当时设在文部省下的联合国教科文组织日本委员会多位委员均成为国际理解教育学会会员。从这个意义上讲,该学会自然具有浓厚的联合国教科文组织色彩,在研究立场和观点上深受联合国教科文组织和平文化理念影响。其次,学会成立之初,正值1987年临时教育审议会报告影响尚未消退,国内由于国际化出现包括回国人员子女教育问题、海外人员子女教育问题、留学生教育问题等,出现将国际理解教育内容看作上述教育问题的倾向。因此国际理解教育学会成立以后,致力于对中小学教师"启蒙",通过教师培训以及各类教育资料集的刊发使教师、学生了解国际理解教育。因此,学会倾力撰写关于国际理解教育的报告、书籍的传统保留至今。最后,学会基于弘扬和平文化的立场,政府则是以国际化对策教育为主线,二者之间一直存在对立和紧张,直到21世纪,政府开始注重包括可持续发展、联合国教科文组织合作学校活动等在内的教育,学会与政府的观点才逐渐趋于融合。

③ 学会的运行机制

日本国际理解教育学会创立至今,采用的是理事会管理模式。2016年,该学会的运行机制包括1名会长、2名副会长、6名常务理事和14名理事、2名监事,负责学会的发展方向、决策和具体事务;秘书处负责每年一次年会的联络以及学会其他有关工作;研究实践委员会负责代表学会的课题研究和实践指导;国际委员会负责与周边及其他国家的联络、合作研究;学刊编辑委员会负责出版每年一辑的《国际理解教育》会刊;宣传委员会负责向外

① 日本国際理解教育学会.日本国际理解教育学会设立宗旨[R/OL].(1991-01-26)[2015-12-28].http://www.kokusairikai.com/jsetsuritu10.php.2016-01-09.

界定期宣传学会动向;博物馆事业负责人负责与博物馆联络开发国际理解教育的教育项目;出版事业负责人则负责学会共同编写的学术著作出版等事务(见图 1.2)。

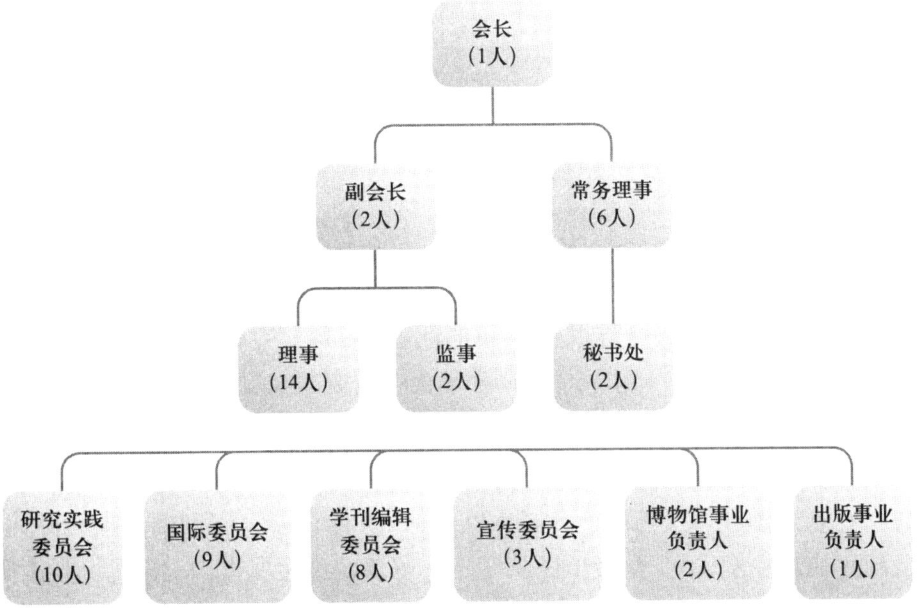

图 1.2 日本国际理解教育学会运行机制图

资料来源:日本国際理解教育学会ホームページ . 組織及び現状[EB/OL].(2016-04-01)[2016-10-01]. http://www.kokusairikai.com.

日本国际理解教育学会多年来坚持研究与实践的结合。例如,研究实践委员会定期梳理学会的发展,集结学会力量出版了《全球化时代的国际理解教育——连接理论与实践》《国际理解教育辞典》《国际理解教育手册——培养全球公民性》等具有时代意义的图书,也与中国、韩国的学者及一线教师联合进行合作课程开发,并出版了《日韩中制作的国际理解教育》等图书。2015 年开始,研究实践委员会还在日本关西地区开展全球公民教育的公开课活动。再如日本国际理解教育学会自 2004 年以来与国立民族博物馆共同举办"博学联合教师研讨会"年度活动。此项活动的举办已超过十年,除了民族博物馆的研究者、日本国际理解教育学会的成员参加活动,当地的市民志愿者也积极参与其中。这些研究、实践活动开发出多种多样的研究报告、活动总结等，成为国际理解教育实践研究以及开发全球公民教育课程的宝贵资源。

④ 会刊

《国际理解教育》是由日本国际理解教育学会主办的刊物，相关研究成果也集中发表于此。该刊物原则上一年出版发行一次，自 1995 年 1 月首次发行后，截至 2015 年 6 月共发行了 21 册。《国际理解教育》主要收录与国际理解教育相关的研究论文。

(2) 日本全球教育学会

日本全球教育学会伴随着“应对全球化”的社会发展需要应运而生，声称致力于应对和解决全球共同面临的问题，培养学生“全球公民”(地球市民)的资质。该学会与国际理解教育学会在研究对象和内容上有诸多交集，当然也有本质上的分歧。

① 学会的创立背景

在联合国教科文组织活动陷入低迷的 20 世纪七八十年代，随着国际化、全球化初露端倪，不少学者试图从学术上解读全球化所带来的问题。学者既认识到进行全球相关教育的重要性，又不认同文部省推行的、以国家公民培养为前提的国际理解教育。而联合国教科文组织以和平文化为中心的国际理解所具有的局限也逐渐显露出来，使学者开始讨论专门针对“解决全球共同面临的问题”为主要目标的全球教育研究会的成立问题。1993 年 8 月 24 日，81 名关注全球化问题的发起人在国立教育研究所(现为国立教育政策研究所)召开了日本全球教育研究会的创立会议暨第一届大会，大会主题就是“培养全球公民”[①]。时隔两年，1995 年 8 月 12 日，在神户大学召开以“开创和展开地球环境·防灾为核心的全球教育”为主题的第三届大会上，呼吁人们关注 1995 年 1 月 17 日发生的神户大地震，主张生存在地球社会的人们应正视并协力应对自然灾害的威胁，关注解决发展中国家人口激增、环境污染等

① 参考石坂和夫．研究会から学会へ—学会誌創刊のことば—［M］// 日本グローバル教育学会紀要編集委員会．グローバル教育創刊号．京都：日本グローバル教育学会，1998：2；石坂和夫．21 世紀の多次元のグローバル教育—欧州評議会(CE)の動向を踏まえて—［M］// 日本グローバル教育学会紀要編集委員会．グローバル教育 VOL.6. 京都：日本グローバル教育学会，2004：62.

全球共同面临的问题。1996 年 8 月 8 日,在上智大学召开第四届大会,参会人数众多,发表主题也更为多样化,标志着成立学会的时机已成熟。1997 年 8 月 8 日,以“全球社会里的‘生存力’与教育的课题”为主题的学术大会召开为标志,日本全球教育学会正式成立。[①] 岐阜圣德学园大学石坂和夫教授出任首任会长,从首届大会开始,就明确提出以培养“全球公民”为学会的教育目标。

② 学会的宗旨

在学会的创立大会上,现任日本全球教育学会顾问之一的宫本光雄做了题为《全球社会与教育的再建构》的纪念演讲。宫本在演讲中说道:“全球规模下影响关系不断增强的全球社会里,从教育的角度来说必须确立以全球性民主主义为目的的教育,要从培养国民的教育蜕变为培养全球公民的教育。在这个急剧变化的时代里,不能再空等这个理想。正因为是理想才更应该将其变为现实,否则人类将会面临灭绝的危险。地球迎来了‘决定性的瞬间’。”[②] 石坂和夫在学会主办刊物《全球教育》的创刊寄语中说:“希望大家不忘创立的初心,把‘地球已经迎来了决定性瞬间’始终铭记于心,为把前述理想变为现实,各学会成员自当协力共进。”[③] 现任会长金子邦秀在会长寄语中也明确提到要继续秉承“与异质共存,开发与人类历史相依存的精神财富,从以本国本民族为中心的思考行动中脱离出来,寻求基于全球利益视角的自觉与责任的团结协作,培养志向于解决问题的全球公民”的学会主旨。[④] 总之,日本全球教育学会关注如何应对全球化带来的影响,主张培养具备解决全球性问题能力的“全球公民”,以实现解决全球性问题之最终目的。

③ 学会的运行机制

日本全球教育学会由顾问团(12 人)、常务理事团(13 人)、理事团(31 人)、会计监事(2 人)组成。其中常务理事团包括会长(1 人)、副会长兼会刊编辑委员会主任(1 人)、副会长兼秘书长(1 人)、秘书长助理(1 人),理事团则包括秘书处委员(3 人)、会计(1 人)。(见图 1.3)。

---

① 石坂和夫 . 研究会から学会へ—学会誌創刊のことば— [M]// 日本グローバル教育学会紀要編集委員会 . グローバル教育 創刊号 . 京都:日本グローバル教育学会,1998:3–4.

② 石坂和夫 . 研究会から学会へ—学会誌創刊のことば— [M]// 日本グローバル教育学会紀要編集委員会 . グローバル教育 創刊号 . 京都:日本グローバル教育学会,1998:4.

③ 石坂和夫 . 研究会から学会へ—学会誌創刊のことば— [M]// 日本グローバル教育学会紀要編集委員会 . グローバル教育 創刊号 . 京都:日本グローバル教育学会,1998:4.

④ 日本全球教育学会会长寄语[EB/OL]. [2016-01-09].http://www.global-educa.org/? page_id=10.

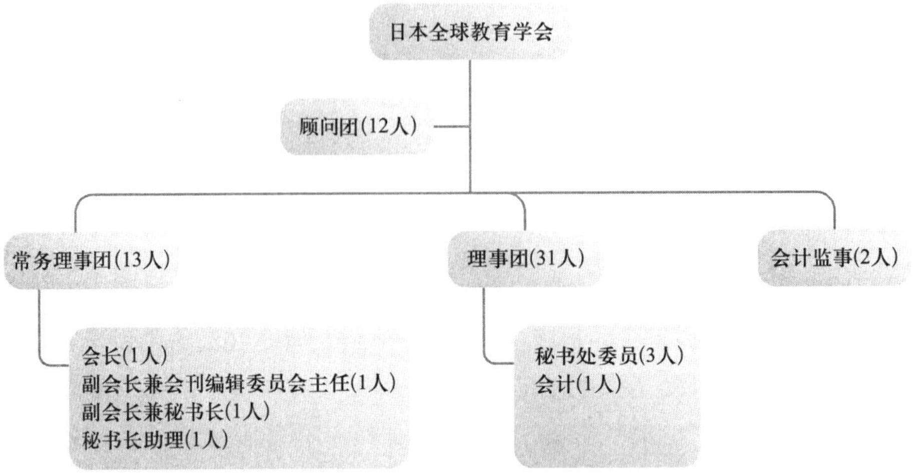

图 1.3　日本全球教育学会运行机制图

资料来源:根据日本全球教育学会干部名单由本文整理。グローバル教育学会第 7 期役員名簿 . 日本グローバル教育学会ホームページ [EB/OL]. (2013-03-01) [2016-09-12]. http://www.global-educa.org/wp-content/uploads/.

④ 会刊

日本全球教育学会于 1998 年 3 月正式发行《全球教育》创刊号,《全球教育》是当时全球教育研究的唯一专业期刊。该刊物原则上一年发行一次,截至 2015 年 3 月,《全球教育》已刊发 17 册(2002 年未发行)。该刊物收录的研究论文和实践报告中,每期均涉及至少一个以上全球公民教育相关主题,包括全球公民教育的内涵、全球公民教育理念形成的背景、全球公民教育内容等。

(3) 异文化间教育学会

异文化间教育学会创立时间较早,主要研究两个或两个以上不同文化背景的人群之间进行接触而产生的各种性质的摩擦及其解决办法和途径。异文化间教育学会与国际理解教育学会、全球教育学会的交集在于文化理解和该学会宣称的"全球公民"培养。

① 学会的创立背景

异文化间教育学会始创于 20 世纪 80 年代,与文部省探索国际化带来的海外人员子女教育、回国人员子女教育、留学生教育等问题的时机比较契合。大量具有不同文化背景的人进入日本,打破长期植入的单一民族均质文化的平衡。20 世纪 70 年代,海外、回国人员子女的文化适应与教育问题引起了官方和学界的广泛关注。文部省多次投入专门研究经费以支持各高校不同学科研究者在该领域进行综合研究。其中一次综合课题研究成为异文化间教育学会创立的契机。1978 年,为进一步深化海外、回国人员子女问题研究,来自东京、京都、岐阜、大阪、神户、广岛、福冈等地区的高校及研究所的比较教育学、文化人类学、教育社会学、临床心理学、教育方法学等多学科的 46 名研究者开展了“文化在教育中的同化与多样化——多文化教育的研究”的课题研究,为期 3 年。该课题组围绕研究主题召开了多次研讨会,“创立异文化间教育学会”也在这些研讨会的讨论中由倡议变为现实。1978 年 9 月于京都大学召开的首次研讨会上,小林哲也提出“扩大研讨会规模”“定期刊发研究纪要”的倡议得到大多数课题组成员的附议,为创建异文化间教育学会拉开了序幕。1980 年 9 月于国际文化会馆召开的第 12 次研讨会上,课题组讨论并明确了“异文化间教育学会名称及创立大会事宜”。在这样的背景下,1981 年 1 月 15 日异文化间教育学会正式成立,首任会长是小林哲也,会员数为 92 人。

② 学会主旨

异文化间教育学会将学会主旨确立为:“致力于围绕因异文化间接触所产生的各种教育问题的跨学科研究,为实践性领域做出贡献。”[①] 在这一主旨的指引下,该学会会员基于各自学科领域,围绕以海外、回国人员子女的教育问题为中心的因异质文化产生的诸多教育现象和问题进行多学科、多角度的研究,以寻求促进异质文化间交流和共生之途径。全球公民教育理念也在围绕实现学会主旨的研究中萌芽、发展。

③ 学会的运行机制

异文化间教育学会采用理事会管理模式,学会的具体设置及成员分布见图 1.4。异文化间教育学会在三个教育学会组织中成立时间早,已经形成一套较为规范、成熟的管理体系。与另外两个教育学会组织相比,异文化间教育学会更注重学会自身的成长以及理论的深化研究。首先,在学会会员身份

① 異文化間教育学会の趣旨[EB/OL].(1981-01-15)[2016-01-09].http://www.intercultural.jp/.

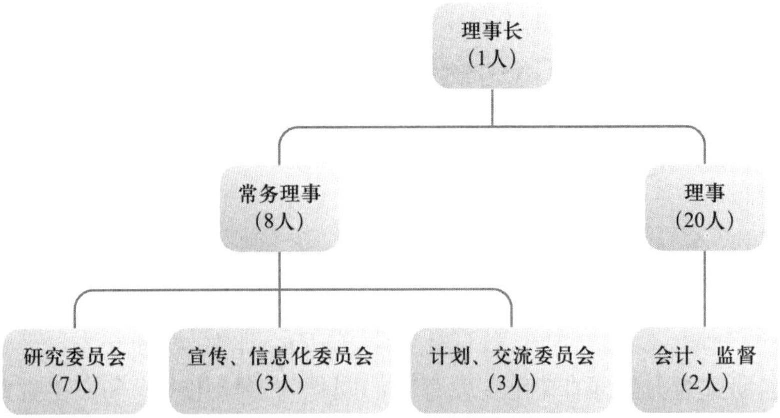

图 1.4 异文化间教育学会运行机制图

资料来源：根据日本文化间教育学会网站内容由本文整理。異文化間教育学会構造図.異文化間教育学会ホームページ[EB/OL].[2016-09-16]. http://www.intercultural.jp/about/yakuin.html.

的设置上，除了与另外两个学会相同的正式会员、学生会员和单位会员以外，异文化间教育学会还设置了通讯会员和名誉会员。名誉会员是由理事会提名对本会做出突出贡献的正式会员并获得会员代表大会批准的人员。其次，为了进一步促进学会的发展，第六任会长小岛胜在任期间设置了以青年研究者为主要对象的"研究鼓励经费"，旨在促进异文化间教育研究的长足发展。①

④ 会刊

异文化间教育学会的主办刊物是《异文化间教育》，于 1987 年开始出版发行，原则上一年发行一次，自 2003 年开始将其转为半年刊，截至 2015 年 3 月，已刊发 42 期。该主办刊物主要收录围绕每期特定主题的研究论文、调查报告、实践研究和研究报告。这些特定主题主要与异文化相关，例如："异文化间教育与交流""异文化间教育研究与'日本人性'""多文化共生社会"等。

这三个学会在研究对象上有不少交集，主要集中在国际理解教育上。这说明三个问题：一是三个学会都试图从不同角度诠释由于全球化所带来的各类问题；二是三个学会之间存在根本性分歧，以至于同一时期成立不同

① 小島勝.在任期間の活動と本学会の特長·課題[M]// 異文化間教育学会.異文化間教育，No.27.京都：アカデミア出版会，2008：35.

的学会来体现这些分歧。三是随着全球化的渗透,三个学会为解决共同问题的合作也令人关注。例如,三个学会的理事、会员经常互相兼任,尤其是国际理解教育学会和全球教育学会。全球教育学会的顾问米田伸次为国际理解教育学会的第三任会长,而常任理事中的多田孝志、藤原孝章分别是国际理解教育学会的前任和现任会长,森茂岳雄为国际理解教育学会的副会长,作为理事的石森广美、中山京子都是国际理解教育学会的委员。出于以上三点考虑,本书在下面的国际理解教育理论框架的讨论中不按照学会来进行划分,只是按照理论内容来进行陈述。但是,也希望读者理解这只是为了更加简明地勾勒出日本国际理解教育的理论研究状况,而事实上三个学会除了在"培养全球化社会中生存之人"和培养"全球公民"的目标上有共性以外,是有各自的研究主体、研究语境和独有理论框架体系的。

2. 国际理解教育的理论谱系

与政府的国际理解教育政策一直并行的是民间的理论研究和中小学的教育实践。应怎样确定国际理解教育理论发展的时期,在日本学界有诸多不同观点。例如,岭井明子将1974年作为分水岭,把国际理解教育理论发展阶段与政府的文教政策紧密联系在一起进行划分,将其分为"与国际化接轨的发展时期"(1974—2001)和"对应国际化、全球化时期"(2001年至今)的时期。[①] 而更多从日本国际理解教育学会的研究阵容和内容作为时期划分依据的多田孝志,则分为创设期(1991—1995)、黎明期(1995—2001)、扩大期(2001—2006)、扩充期(2006—2010)。[②] 从日本国际理解教育学会的创立开始每十年作为一个发展阶段的渡部淳则将理论研究探索分为第一期(1991—2000)、第二期(2001—2010)、第三期(2011年至今)。鉴于上述分期,本书集中以国际理解教育理论研究的规模与性质作为划分依据,将第一阶段划定

① 日本国際理解教育学会.国際理解教育ハンドブックーグローバル・シティズンシップを育む[M].東京:明石書店,2015:52-59.

② 日本国際理解教育学会.グローバル時代の国際理解教育一実践と理論をつなぐ[M].東京:明石書店,2010:10-15.

为20世纪50年代至1974年;第二阶段划定为1974年至20世纪80年代末;第三阶段划定为20世纪90年代初至2000年;第四阶段划定为2000年至今。

(1) 20世纪50年代至1974年以前的国际理解教育研究:联合国教科文组织理念的承袭

关于日本国际理解教育理论的发端几乎可以得出没有异议的共识——20世纪50年代至1974年以前的联合国教科文组织合作学校计划。永井滋郎曾对该时期再次进行阶段划分,认为第一期为1953—1955年,是注重态度形成的教育内容研究开发时期;第二期为1955—1963年,根据联合国教科文组织合作学校活动重视普及联合国教科文组织理念的时期;第三期为1963—1973年,出现本土发展动向的时期。[①]而正当日本总结联合国教科文组织合作学校计划20年的成果并进行反思,开始追求新的发展阶段的时候,偏逢1974年中央教育审议会咨询报告和联合国教科文组织日本委员会的机构调整,导致整个20世纪70年代中后期国际理解教育合作学校研究的低迷,以及与之相对的教育国际化研究的高扬。特别是1974年中央教育审议会咨询报告强调国际交流、外语教育和回国人员子女教育以后,这个趋势就更加明显。在该时期,包括日本国际理解教育学会第一任会长天城勲在内,有诸多与国际理解教育相关领域的学者从不同角度为国际理解教育研究进行了指引性的探索,包括川靖末人(国际政治学)、中西昊(海外归国人员子女教育)、千叶果弘(联合国教科文组织研究)、米田伸次(国际理解教育)、天野正治(比较教育学)、新井郁男(教育社会学)、岛久代(经济学)等。

(2) 1974年至20世纪80年代末:重新定位联合国教科文组织理念与内需式国际理解教育之间的关系

1974年对国际理解教育的理论研究来说是非常特殊的一年,联合国教科文组织颁布著名的《1974年建议》,呼吁各国培养具有国际胸怀的青年一代,而日本国内中央教育审议会同时发布咨询报告,强调"国际化对策"的重

① 永井滋郎.国際理解教育—地球的な協力のために[M].広島:第一学習社,1989:51-52.

要性。在国际理解教育中怎样诠释和定位这两个立场相反、内容相悖的理论，是该时期重要的课题。难题带来解决问题的动力，从 1974 年开始，诸多学者试图对二者进行双解，或强调二者的不可调和性，或呼吁将二者聚合在一起。

内海岩早在 1975 年就对联合国教科文组织的《1974 年建议》表示了困惑，指出其“把不相关的要素绑定在一起”①。1982 年，联合国教科文组织日本委员会出版《国际理解教育指导手册》，将国际理解、国际合作、和平、人权等在《1974 年建议》中出现的概念进行了介绍，认为这些概念是不可分割的整体。《国际理解教育指导手册》使人们认识到，国际理解教育不仅包括文化理解，还包括世界纷争(战争、和平、人权、人口、环境、开发、饥饿、贫困、粮食等问题)等更广范围的课题；教育不应仅是学习知识，更应重视技能、价值、意识、态度相关的实践学习；努力将国际化以及全球化的视点应用于所有阶段和形态的教育，这是今后国际理解教育的发展趋势。但是，由于在《国际理解教育指导手册》的撰写过程中遇到文部省机构调整，联合国教科文组织办公室被废止，因此《国际理解教育指导手册》的发行和后续的应用都受到了很大影响。永井滋郎接着试图对国际理解教育理论进行解读，在 1984 年提出著名的“雨伞形概念论”，试图对《1974 年建议》进行诠释。在永井滋郎看来，国际理解教育是以培养和平之人、人权意识为基础，将国民自觉性、他国、他民族的理解和世界连带意识作为其立柱，以对国际合作的实践型态度为伞盖而形成的复合型概念。永井滋郎试图用这个无所不包的伞形将联合国教科文组织理念和内需式国际理解教育理念结合在一起，认为只要以“和平”“人权”作为底座，“国际合作”作为顶部，那么中间加入其他“内需式”概念并不影响其性质。②

正当学界围绕联合国教科文组织理念与国内“国际化”带来的问题进行博弈式讨论时，异文化间教育学会悄然成立，开辟了以“不同文化间理解”为宗旨的另一个研究领域，用来解决日本的回国人员子女、海外人员子女、留学生等群体的文化不适应问题，以及由此造成的对日本社会的冲击。值得关注的是，异文化间教育学会强调异文化间理解的目的是“地球人意识”的培

① 유네스코아시아•태평양국제이해교육원. 국제이해교육의 동향 - 미국, 일본, 호주, 한국 - [M]. 서울: 정민사, 2003:78.

② 永井滋郎. 国際理解教育に関する研究—国際的協同研究を通して— [M]. 広島:第一学習社, 1985:37.

养，在这一点上与国际理解教育理论存在终极目标上的一致性。1984年4月，异文化间教育学会第三任会长江渊一公在第四届异文化间教育大会论坛上首次提及“地球人意识”概念，他认为教育国际化就是“地球人意识”不断发展的过程。[①]

1987年临时教育审议会咨询报告发布以后，日本政府的“国际化对策政策”也开始得到大力推行，包括回国人员子女教育、拥有国际化特色的高校、学科和课程设置、教员的海外研修、加强外语教育、中小学海外留学和海外修学旅行的大力推广、与外国学校的协定校[②]建设、公立学校接收外国人员子女等。这些政策的实施，使内需式教育问题浮出水面，迫切需要从理论角度进行梳理和对应。

从1974年到20世纪80年代，表面上看是国际理解教育理论发展的暂缓期，但酝酿了诸多关键的问题，并在政府政策的大力推行和联合国教科文组织合作学校活动的停滞过程中发酵、成熟，催生了20世纪90年代日本国际理解教育一派繁荣景象。

(3) 20世纪90年代初至2000年：国际理解教育的发展、混沌、徘徊期

1991年日本国际理解教育学会和1993年日本全球教育学会的相继成立并不是偶然现象，是日本诸多学者试图共同探索本土化发展道路的结果。日本学界希望能够更精准地诠释这纷繁复杂的国际理解教育现象并共同讨论，群策群力准确定位概念，梳理出本土化的理论体系和框架。因此，这两个学会一经成立，便产出诸多令人瞩目的成果。日本国际理解教育学会会长藤原孝章将20世纪90年代关于国际理解教育的出版成果归纳如表1.13所示，众多的研究正是国际理解教育学会、全球教育学会集结力量群策群力的结果。但是也正因为这样，导致三大学会和政府这四大主体之间围绕国际理解教育概念、目标和内容产生的分歧也就愈加明显，国际理解教育进入了小林哲也所说的“徘徊、困顿”时期。关于四大主题的分歧，本书下篇将会专门探讨。

---

① 江淵一公．異文化間教育学の可能性一学会十五年の回顧と展望[M]// 異文化間教育学会．異文化間教育 No.10．京都：アカデミア出版会，1996：14.

② 协定校：指签署交流协议的学校。

表 1.13 日本 20 世纪 90 年代国际理解教育相关成果

年度	成果名称
1973	• 内海巌『国際理解教育の研究—ユネスコ国際理解教育協同学校計画を中心として』第一法規(《国际理解教育研究——联合国教科文组织合作学校计划为中心》)
1984	• 大野連太郎·鴨川小学校『開かれた社会科教育を求めて—グローバル教育への挑戦』中教出版(《追求开放的社会科教育——向全球教育挑战》)
1985	• 永井滋郎『国際理解教育に関する研究—国際的協同研究を通して—』第一学習社(《国际理解教育相关研究——基于国际合作研究》)
开发、人权、多元文化、全球化等多种主题的学习方法、教授方法、参与型学习的介绍	
1987	• 大津和子『社会科 = 一本のバナナから』国土社(《社会科 = 从一根香蕉说起》) • 魚住忠久『グローバル教育の理論と展開—21 世紀を拓く社会科教育』黎明書房(全球教育的理论及其展开——开拓 21 世纪的社会科教育)
1989	• 永井滋郎『国際理解教育—地球的な協力のために』第一学習社(《国际理解教育——为了全球合作》)
1990	• 川端末人·多田孝志『世界に子どもひらく』創友社(《向世界绽放孩童》) • 田渕五十生『国際理解·人権を考える社会科授業』明石書店(《思考国际理解 / 人权的社会科教学》)
1991	• サイモンフィッシャー,デーヴィド·ヒックス著(国際理解教育·資料情報センター編訳)『ワールド·スタディズ—学び方·教え方ハンドブック』めこん(《学习世界——学习、教授方法手册》)
1992	• 大津和子『国際理解教育—地球市民を育てる授業と構想—』国土社(《国际理解教育——培养地球市民的课堂及其构想》)
1993	• 石板和夫編『国際理解教育事典』創友社(《国际理解教育事典》) • グラハム·ぱイク,デーヴィッド·セルビー著(平岡昌樹訳)『ヒューマン·ライツ—楽しい活動事例集』明石書店(《人权——快乐的活动个案集》) • 佐藤照雄編『国際理解教育大系(全 12 巻)』教育出版センター(《国际理解教育大系》)
1994	• 田中治彦『南北問題と開発教育—地球市民として生きるために』亜紀書房(《南北问题与发展教育——为了作为地球市民的生活》) • 天野正治他監修『国際理解教育と教育実践(全 23 巻)』エムテイ出版(《国际理解教育与教育实践》) • 藤原孝章『外国人労働者問題をどうおしえるか—グローバル時代の国際理解教育』明石書店(《怎样教育外国劳动者问题——全球化时代的国际理解教育》) • スーザン·ファウンテン著(国際理解教育·資料情報センター編訳)『一緒に学ぼう』国際理解教育·資料情報センター出版部(《一起学习》)

续表

年度	成果名称
1995	• 魚住忠久『グローバル教育—地球人·地球市民を育てる』黎明書房(《全球教育——培养地球人、地球市民》) • 開発教育推進セミナー編『新しい開発教育のすすめ方—地球市民を育てる現場から』古今書院(《新发展教育的实施方式——来自培养地球市民的一线的声音》)
1996	• 西岡尚也『開発教育のすすめ』かもがわ出版(《发展教育建议》)
1997	• ユネスコ編(天城勲監訳)『学習:秘められた宝』ぎょうせい(《学习:财富蕴藏其中》) • グラハム·ばイク,デーヴィッド·セルビー著(中川喜代子監修·阿久澤麻里子訳)『地球市民を育む学習』明石書店(《孕育地球市民的学习》) • デーヴィド·ヒックス,ミリアム·スタイナー著(岩﨑裕保監訳)『地球市民教育のすすめ方—ワールド·スタディーズ·ワークブック』明石書店(《地球市民教育的讲授方式——世界学习工作坊》) • 米田伸次·大津和子·田渕五十生·藤原孝章·田中義信『テキスト国際理解』国土社(《国际理解教科书》) • 小学校多田孝志編,中学校:金沢孝·渡辺弘編『ユニセフよる地球学習の手引き』教育出版(原版は1992年)(《联合国儿童基金会地球学习手册》)
1998	• 佐藤郡衛·林英和編『国際理解教育の授業づくり』教育出版(《国际理解教育的课堂设计》)
2000	• 開発教育研究会編『新しい開発教育のすすめ方Ⅱ—未来を感じる総合学習』古今書院(《新发展教育的实施方式Ⅱ——感知未来的综合学习》) • 大津和子·溝上泰編『国際理解教育重要用語300の基礎知識』明治図書出版(《国际理解教育300个重要用词的基础知识》) • 藤原孝章『ひょうたん島問題—多文化共生社会ニッポンの学習課題』テジタルマジック(《瓶胆岛问题——多元文化共生社会日本的学习课题》)
2001	• 佐藤郡衛『国際理解教育—多文化共生社会の学校づくり』明石書店(《国际理解教育——多元文化共生社会的课堂设计》) • 魚住忠久·深草正博編『21世紀地球市民の育成』黎明書房(《21世纪地球市民培养》) • 文部科学省『国際理解教育指導事例集』(小学校編)東洋館出版社(《国际理解教育指导个案集》) • (財)国際協力推進会(APIC)『開発教育·国際理解教育ハンドブック』(《发展教育、国际理解教育书册》)(未公开出版)

续表

年度	成果名称
2003	• 稲垣有一『国際理解と人権』開放出版社(《国际理解与人权》) • 魚住忠久『グローバル教育の新地平—[グローバル社会]から[グローバル市民社会]へ』黎明書房(《全球化教育的新地平——从"全球化社会"到"全球市民社会"》)

资料来源:藤原孝章.グローバル教育の内容編成に関する研究—グローバルシティズンシップの育成を目指して[M].風間書房,2016:30-31.

该时期,日本国际理解教育学会除了支持对国际理解教育有研究造诣的学者持续发表本人观点之外,还成立研究实践委员会,将分散的学者力量集中起来讨论国际理解教育的相关理论问题,并以研究报告、调查、实践指导等形式确立国际理解教育研究领域中的地位。国际理解教育学会的理论贡献有以下几个特点:①一直秉承联合国教科文组织《1974 年建议》、1995 年《为和平、人权和民主的教育综合行动纲领》的国际理解教育理念,将基于和平文化基础上的"全球公民"培养作为其根本宗旨;②国际化教育、发展教育、环境教育、可持续发展教育等新的理论进入国际理解教育理论框架内,丰富了日本国际理解教育学会的研究范围,同时也促使其对发展方向进行更深入的思考;③以解决国际化所带来的国内问题为目的的学术研究升级,导致"联合国教科文组织型"和"内需型"国际理解教育理论的紧张;④学习方法革新方面的研究越来越丰富,编写出各种国际理解教育的个案集、资料集,供一线教师参考。全球教育学会、异文化间教育学会的研究在 20 世纪 90 年代中期也迅速兴起,三者之间围绕国际理解教育的本质特性与"日本内需"前提下的"特殊价值"进行了旷日持久的争论。三个学会在国际理解教育的教育目标—— "全球公民"培养问题上的分歧可谓最有代表性的。

20 世纪 90 年代后,"全球公民"教育理念在全球公民教育学会、异文化间教育学会得到更多认可,成为学会的发展宗旨。异文化间教育学会会长江渊一公认为,异文化间教育的目的在于以"构建不只局限于考虑国家利益,而是优先考虑旨在增进全人类福祉的人类利益的共同社会秩序"作为基本价值来培养具有这样的价值理念的"全球公民"。[①] 小林哲也也明确提出

① 江淵一公.在日留学生と異文化間教育[M]// 異文化間教育学会.異文化間教育 No5.京都:アカデミア出版会,1991:9.

异文化间教育研究的边界应进一步扩大:“为了更好地应对教育国际化的问题,应该对现存的学校公共教育进行新的探索,包括异文化间教育,包含人权、和平、开发、环境等问题的国际理解教育等,特别是要从居于‘全球教育’名下的培养全球公民的意识开始。”① 该时期异文化间理解教育学会开始提出“网状”理论,主张异文化间教育应扩展成为一门学科。江渊一公于1995年在异文化间教育学会15周年大会上发表了《异文化间教育的可能性——问题提出》的报告,指出异文化间教育学会已开始进入新老交替时期,出现了要把异文化间教育学发展成为独立学科的势头。该学会第五任会长佐藤郡卫将自己担任会长期间所为比喻成衔接学会“第一代”和“第二代”的桥梁。他认可异文化间教育学需要进行改革,提出异文化间教育学会应该从集合多样性学科领域的跨学科性中跳脱出来,有必要超越原本的研究界限,构建一门新的学科,这也是“第二代”的重要课题。②

(4) 2000年至今:与政府政策的冲突与融合

1999年以松蒲晃一郎担任联合国教科文组织总干事为契机,也以全球化大趋势和日本国际国内环境变化为契机,日本政府的国际理解教育在“国际教育”的背景下大力推行。文部省首先进行机构调整,加强了国际事务部门的人员配置,重新启动了联合国教科文组织合作学校并以飞快的速度将其增加至900多所,这在全世界都是罕见的。日本政府还在2001年向联合国教科文组织提出了《可持续发展教育10年计划(2005—2014)》并被采纳,积极推动可持续发展教育。2016年的七国集团首脑会议上通过《仓敷宣言》,再三强调国际合作以及普遍性价值的重要性,并承诺培养日本学生“解决全球共同面临的问题”的能力。

2000年至今政府的这些变化,是政府全球化战略选择的一部分。文部科学省改变过去将国际化单独作为一个领域内的问题——回国人员子女、海外人员子女、留学生等,而将其看作每个日本人面对全球化都应具备的

① 小林哲也.国際化と教育—日本の教育の国際化を考える—[M].東京:日本放送出版協会,1995:201.

② 佐藤郡衛.私と異文化間教育学とのかかわり[M]//異文化間教育学会.異文化間教育No.27.京都:アカデミア出版会,2008:23.

"全球意识"。但是,政府对国际理解教育采取了打散渗透的措施。国际理解教育在《我国的文教政策》《文部科学白皮书》等文部科学省政策文献中一直作为一个独立的词汇存在,拥有独立的内容,今天则被可持续发展教育和国际化对策教育所替代。

政府的方向转轨也使得日本三大学会的研究方向悄然产生变化。首先,学界与政府之间围绕"日本特殊性"与"普遍价值"长年持有的"相克论"[①]变得不那么尖锐,出现鱼住忠久曾建议的"日本特殊性"与"地球普遍性"整合[②]的局面。但是,又使国际理解教育以往的立论依据受到震动,需要重新建构其理论框架。为了呼应教育一线需要,也为了在这样的背景下确定理论经纬,日本国际理解教育学会举全学会之力在2003—2006年实施了"特定课题研究"——"关于开发适应全球化时代国际理解教育教学计划的理论性、实践性研究"。该计划历经三年,笔者曾作为"海外篇"的撰写者参与全程研究,在此过程中学会围绕国际理解教育的定义、目标、方法的探讨一直没有停止,足见当时社会的复杂性与国际理解教育理论转型的必要性。该课题在研究过程中确立了国际理解教育知识、理解目标、技术目标、态度目标,并在学会内部达成一定共识,重新达成了国际理解教育必要性的认识;将"多文化社会""全球化社会""地球的课题""面向未来的选择"等新的概念纳入国际理解教育内容框架,在每个学习领域都设置了关键词(参见前文的课程体系部分内容)。另外,值得一提的是该课题总结报告里收集、介绍了28个关于"教学计划的开发与实践的模板",其内容多是"多文化社会""人权""和平"等从全球化角度出发选定的主题,旨在为一线教师提供更多案例参考。

课题结束后,日本国际理解教育学会的研究实践委员会改变了过去全部骨干成员一起做课题的"攻坚式"研究模式,采用灵活、精干却体现效率、理论与实践相结合的"项目式"实施模式。例如山西优二主持的"语言和国际理解教育"项目、岭井明子主持的"全球化时代的公民性和国际理解教育"、永田佳之主持的"可持续发展教育和国际理解教育"、横田和子主持的"文化多样性和国际理解教育"、藤原孝章主持的"海外研修、修学旅行和国

① 佐藤郡衛.国際理解教育—多文化共生社会の学校づくり[M].東京:明石書店,2001:26.
② 佐藤郡衛.国際理解教育—多文化共生社会の学校づくり[M].東京:明石書店,2001:28.

际理解教育”等项目。该时期,面对更加纷繁复杂的全球、日本社会局势,日本国际理解教育学会却逐渐找到理论框架和体系,甚至提出“磁场理论”代替过去的“雨伞形概念论”,认为过去的“雨伞形概念论”(即国际理解教育位于雨伞的顶端覆盖如环境教育、回国人员子女教育、人权教育等的形式)并不适应现在的状况。渡部淳在担任日本国际理解教育学会研究委员会主任时期,提出与“雨伞”概念相反的“磁场”概念。渡部淳认为“磁场”概念下的国际理解教育有三大特征,即“多种多样的研究议题不断涌现、聚集的场域”“呼应时代需求,与新出现的问题格斗不已的场域”“永远向未来的课题敞开的场域”[①]。

总之,在复杂、变动的社会中,与20世纪50年代相比,国际理解教育已经发生了翻天覆地的变化。但是在这些变化当中,总有一以贯之的共性,使其有别于其他教育领域。首先,无论国际理解教育的内容有多少变化,以和平文化的传播为基干的核心理念却始终没有变化。其次,始终强调文化理解、文化间对话前提下的文化共生。最后,坚持和平文化理念下的公正、正义理念,为防止右翼极端民族势力渗透教育起到了屏风作用,这也是国际理解教育在没有固定教科、甚至得不到政府支持的情况下仍能保持旺盛生命力的原因。

3. 国际理解教育课程论体系

课程,是国际理解教育的重要实施途径。由于文部科学省从未将国际理解教育作为正式课程,只将其在综合学习时间中作为一个活动领域,因此中小学教师开发此种类课程是具有非常大的难度。为此,日本不少学者从自己的研究领域和对国际理解教育的认识出发,设计出各自的国际理解教育课程体系。

① 日本国際理解教育学会.国際理解教育ハンドブック―グローバル·シティズンシップを育む[M].東京:明石書店,2015:82.

(1) 大津和子的全球化教育课程构想

大津和子关于全球教育的课程构想创建始自20世纪90年代。课程分为“文化”“相互依存”“稀缺性”“纷争”“变化”“公正”六大要素,每个要素又从“全球”与“国家”两大角度进行相对概念的课程内容设计(见表1.14)。例如,从表1.14来看,“文化”概念分为全球视角的文化,即“独立价值观、信念、习惯、传统、语言、技术、制度等在内的文化要素在世界各地呈现出多元特点”;与其相对的则是国家视角的文化,即在日本国内存在驻日外国人、原住民等所谓“少数人群”的文化。

表1.14 国际理解教育课程开发核心概念

中心概念	基于全球视角的概念理解	国家(地域)内部的概念理解
文化	包括独立价值观、信念、习惯、传统、语言、技术、制度等在内的文化要素在世界各地呈现出多元特点	在日本国内存在驻日外国人、原住民等所谓“少数人群”的文化
相互依存	地球上的人类多种多样互相依存生活在一起,是彼此影响的关系。人类共同面临的问题如果没有世界的共同合作是难以克服的	日本人的生活构建在世界人民相互依存关系的基础上。在解决全球性课题方面日本人应当承担一定的义务
稀缺性	人类的欲求是无限的,但是满足欲求的资源却是有限的	我们对资源的过度使用导致了环境问题的产生
纷争	价值观的不同会引起对立和纷争,要把握其中的原因解决问题	日本国内以及日本和亚洲各国之间存在着需要解决的各种问题
变化	一切时代和社会都是在变化的,要看到变化的原因。通过积极地参与社会活动能够带来希望的变化	日本社会正逐步发生着巨大的变化。作为学校、地区的一员应该努力让社会向着更好的方向发展
公正	为了让世界更加公正,要尊重所有人的权利,必须保障人们的最低生活水平	在各国和各地区有一些人的基本人权得不到充分的保障

资料来源:日本国際理解教育学会.国際理解教育ハンドブック—グローバル·シティズンシップを育む[M].東京:明石書店,2015:89.

在核心概念基础上,转到学习领域需要再次确立框架体系(见表1.15)。大津和子所设立的是“生活和文化”“全球化社会”“全球性课题——开发问题、人权问题、和平问题、环境问题”“面向未来”的学习领域，并在此基础上提出了中心概念和相关概念。

表 1.15 学习领域和单元

学习领域	焦点	单元案例	中心概念	相关概念
① 生活和文化	物	世界上的生活	文化	价值·生活方式
	人	世界上的家庭	文化	角色·价值
	事	世界上的礼节	文化	价值·规范
② 全球化社会	物	食物的起源	相互依存·稀缺性	需要·供给·机会成本
	人	外国劳工	相互依存·稀缺性·文化·纷争	权利·原因·结果
	事	日本企业入驻海外	相互依存·稀缺性·公正	利益·纷争
③ 全球性课题——开发问题	物	世界上的饮食(粮食问题)	稀缺性·公正	权利
	人	街头流浪儿	稀缺性·公正	权利·政策
	事	国际协力——政府间发展援助和非政府组织	相互依存·公正·纷争	合作
人权问题	物	儿童权利条约	公正·纷争	权利·政策
	人	日本和世界的少数派	公正·相互依存·纷争	权利·政策·歧视
	事	种族隔离政策现状	公正·相互依存·纷争	权利·政策·歧视
和平问题	物	亚洲教科书中提到的战争	纷争·公正	原因·结果
	人	世界上的难民	纷争·公正·稀缺性	权利·原因·结果
	事	海湾战争之所见	纷争·公正·变化	原因·结果·利益
环境问题	物	亚洲热带雨林	稀缺性·相互依存·纷争	生态系统·机会成本
	人	切尔诺贝利的孩子们	稀缺性·相互依存	生态系统·机会成本·安全
	事	过度消费的后果	稀缺性·相互依存	资源·机会成本·生态系统
④ 面向未来	物	媒体的过去现在和将来(信息化的发展)	变化·文化	技术·信息化

续表

学习领域	焦点	单元案例	中心概念	相关概念
④ 面向未来	人	亲子三代的国际比较(50 年前、30 年前、10 年后的日本和世界)	变化·文化	价值·规范·生活方式
	事	制定共生的法律	变化·公正·相互依存	权力·价值·规范

资料来源:日本国際理解教育学会.国際理解教育ハンドブック—グローバル·シティズンシップを育む[M].東京:明石書店,2015:89.

下面是各个单元的学习目标在知识、技能、态度方面的设定。知识目标是以前面提到的中心概念和相关概念为核心来进行设定的。技能目标分成“信息应用”“意思传达”“批判性思考”“决策能力”四个方面。而态度目标则分成“人之尊严”“兴趣、关注点”“异文化间共情理解”“社会参与”四个方面。这些技能目标和态度目标主要从两个视点来设定,一个是基于“世界研究”(World Studies)的理论框架,另一个是基于全球教育中普遍要求的技能、态度目标强调了学生应达成的一些目标(见表 1.16、表 1.17)。

表 1.16 技 能 目 标

信息应用	能够从各种各样的信息源收集信息进行活用
意思传达	能够与包含不同意见、拥有不同文化的、多样的人们进行交流
批判性思考	能够把握相应的问题,基于非常确凿的根据进行更为妥善的思考
决策能力	能对不同的方案进行探讨,做出最佳的选择

日本国際理解教育学会.国際理解教育ハンドブック—グローバル·シティズンシップを育む[M].東京:明石書店,2015:90.

表 1.17 态 度 目 标

人之尊严	使学习者意识到自己的个人价值,尊重其他人的价值观,考虑其社会和文化背景
兴趣、关注点	使学习者对社会和他人充满兴趣和关注,主动地去了解、思考、行动
异文化间共情理解	使学习者能够想象有着不同文化、处在不同状况中的人们的感情和视角,理解不同的文化
社会参与	使学习者能够作为社会的成员积极工作,努力让社会朝着更好的方向发展变化

日本国際理解教育学会.国際理解教育ハンドブック—グローバル·シティズンシップを育む[M].東京:明石書店,2015:90.

在大津和子的课程开发理论中，首先设定构建课程的“核心概念”和“相关概念”，在此基础上设计“单元”和“各单元的学习目标”，是其理论建构的特征。

(2) 藤原孝章的课程开发论

1989 年，藤原孝章在其所任职的高中设置了“国际课程”，作为特别选修科目——“国际理解”课程(高中二、三年级，各 2 学分)。他以库尼布(Willard M. Kniep)等的美国全球化教育论和鱼住忠久的全球教育体系化理论作为参考，构建了五大学习领域，分别是“地球的各种问题”主题下的“Ⅰ发展与合作”“Ⅱ环境及资源”“Ⅲ异文化理解”，“全球化体系”主题下的“Ⅳ世界经济”“Ⅴ世界政治”。然后在这五大学习领域中分别设置了具体的学习主题(见表 1.18)。每一个主题有 10 个学时，设想让学生在高二和高三的每学期[①]学习两大主题、共计 9~10 个主题。由于各类条件所限，最后真正实施的有如下主题：“外国劳工问题”(高二第 1 学期)、“援助与合作”(高二第 2 学期)、“地球环境问题”(高三第 3 学期)、“社会的演变和其发展方向”(高三第 1 学期)、“亚洲太平洋时代和相互依存”(高三第 2 学期)。在这些主题实施的过程中，通过讨论、发表小论文等形式要求高中生对全世界共同面临的问题进行讨论(见表 1.18)。

表 1.18 “国际理解”课程的内容构成

<table>
<tr><th></th><th colspan="2">领域</th><th>主要的学习主题(例)</th><th>知识</th></tr>
<tr><td>Ⅰ</td><td rowspan="2">地球的各种问题</td><td>发展与合作</td><td>• 外国劳动问题
• 援助与合作——政府间发展援助和非政府组织
• 发展中国家及食品——香蕉和虾</td><td>发达国家的生活和发展中国家
南北经济差距
发展中国家的贫困和开发问题</td></tr>
<tr><td>Ⅱ</td><td>环境及资源</td><td>• 地球环境问题——热带雨林破坏、酸雨、地球污染、全球变暖
• 资源、能源问题
• 粮食分配、人口问题</td><td>有限的资源、环境、人口(地球号宇宙飞船、有限的地球)
发展中国家的开发和环境
发达国家的消费文明及环境、资源的分配</td></tr>
<tr><td>Ⅲ</td><td colspan="2">异文化理解</td><td>• 传统和近代文化的比较
• 文化摩擦(文化认识的差距)
• 少数民族的生活和文化
• 观光开发</td><td>文化的交流和摩擦
文化的多样性和共通性(宗教、价值观、生活方式)
传统文化和近代(欧美)文化</td></tr>
</table>

① 日本的中小学每学年分为 3 学期。

续表

	领域		主要的学习主题(例)	知识
Ⅳ	全球化体系	世界经济	• 欧洲联合 • 亚洲太平洋时代和相互依存——亚洲日本国立环境研究所(NIES)的成长和日本社会的演变和其发展方向 • 日美摩擦——先进国家经济的相互依存 • 多国籍企业	世界经济(历史性背景和动向) 亚洲日本国立环境研究所(发展中国家的工业开发模式) 市场经济(资本主义经济) 经济融合和经济摩擦 社会主义经济(计划经济)
Ⅴ		世界政治	• 海外战争(冷战后的世界) • 苏联解体和东北亚 • 核与国际纷争(和平与安全) • 人权问题 • 民族纷争和难民	世界政治(历史性背景和动向) 民主主义、自由和国家 政治融合和国家 联合国的结构和职能

日本国際理解教育学会.国際理解教育ハンドブック—グローバル·シティズンシップを育む[M].東京:明石書店,2015:91.

(3) 森茂岳雄的课程开发论

除了提出适用各学段课程论的学者外,多年从事移民研究的森茂岳雄提出了小学社会科的课程论。该课程主要针对小学生设计,使学生从社会科角度思考人的跨境移动带给世界的变化、怎样理解这种变化等。课程分为“异文化理解”“网络社会”“地球性课题”三大学习领域,分别为低学年、中学年和高学年来设计不同的教育内容。例如,在“异文化理解”领域中,低学年主要安排“世界人们的衣食住行”“世界的学校、家庭”“在当地居住的外国人”;中学年则与“土地”即地理概念相结合,讨论不同土地上生活的人们的不同样态,以及在日本生活的“外来人”的生活样态;高学年安排“世界人们的生活”“不断增加的外国劳动者”主题,让学生思考应怎样去理解文化的共同性和差异性,怎样理解移民问题等。①

森茂岳雄与铃木克彦合作提出适于小学生活科、社会科中贯穿所有学年段的国际理解教育的课程体系(见表1.19)。

① 日本国際理解教育学会.グローバル時代の国際理解教育—実践と理論をつなぐ[M].東京:明石書店,2010:94.

表 1.19 小学生活科、社会科中的国际理解教育内容构成案例

学习领域 \ 内容		低学年	中学年	高学年
异文化理解		• 世界人们的衣食住行 通过世界各地人们的衣食住行的体验，了解世界上存在拥有与自己不同文化的人。 • 世界的学校、家庭 理解世界上几乎所有的地域都有着各自的学校、世界上孩子大多数都在家庭中生活	• 各种土地上的生活 了解日本的土地上有温暖的地方和寒冷的地方，盆地和平原，都市和农村、渔村、山村等各种有特色的地域，在这些不同的土地上人们过着不同的生活，意识到世界存在各种有特色的地方	• 世界人们的生活 能够举出与日本在文化和经济上有着深厚联系的国家的例子，学习在那里居住的人们的生活和该国家的产业的同时，能够与日本进行比较，理解其共同性和差异性
		• 在当地居住的外国人 加强与在身边地区居住的外国人之间的交流、体验他们的语言和生活习惯（衣食住行、歌曲等）	• 日本存在的异文化 了解在日本各地有阿伊奴族等原住民，有在日韩国人、朝鲜人等在日外国人，意识到与他们在日本社会中共同生活的重要性	• 不断增加的外国劳动者 知道很多的外国劳动者来到日本的现状，理解其劳动的内容、来日本的理由、在日本生活的辛劳
网络社会	相互依存	• 从外国来的动物和植物 通过在动物园和植物园的观察，意识到在我们身边的动物和植物中，有很多都是从国外引进的	• 地区和外国之间的联系 知道地区的生产活动和消费活动与国内的其他区域和国外是相互联系的	• 世界和日本的联系 以食材和工业原料的进口为代表，了解各种产业中使用的各种贸易品，理解日本离开其他国家是不能生存的现状
	信息化	• 从外国来的邮件 知道世界各国向日本输送邮件、日本也向世界各国输送邮件。调查世界上的邮票和邮箱，给外国的朋友写信，意识到日本是跟世界联系在一起的	• 世界的新闻 认识到当世界上发生大事和灾难的时候会立即传到日本，要对世界上发生的事情感兴趣 • 交通上世界的联系 意识到身边地区的港口和飞机场是连接着世界的	• 运输、通信、信息网的发达 了解由于电视节目、报纸、电信、电话、电脑等构建的通信信息网和交通的发达，世界连成了一个整体

续表

学习领域 \ 内容		低学年	中学年	高学年
地球性课题	环境	• 蔬菜和在水中生活的生物 意识到水对于生物的重要性。精心培育生物 • 重要的水 知道对于人类来说水是尤其重要的	• 上水道、下水道的去向 调查清楚我们居住的地球的水资源是从哪里来的、怎样被净化的、怎样被运输的 • 难以得到的水资源 以发展中国家为代表，世界各国与日本相比，有很多地区难以得到水资源，思考为了获得水资源人们付出的辛苦劳动	• 水污染 知道日本和世界上的海、河、湖的污染现状 • 作为地球生态系统一部分的水资源 了解地球上的水资源如何循环，知道其如何对生物有利，思考水作为一种资源的重要性，为了保护水资源进行力所能及的思考和行动
		• 花木的培育 在精心培育学校和身边地区的花木的同时，意识到这些花木滋润着我们的生活	• 作为身边环境的森林 调查作为身边的自然环境的森林，了解森林如何守护水资源，为了守护森林人们所需要的努力和工夫	• 有限型资源——森林 了解对热带雨林的砍伐导致的沙漠化、工厂汽车排放的废气造成的酸雨现象、全球变暖的现状，与此同时，为了解决这些问题能够进行力所能及的思考和行动
	人权	• 意识到人之间的差异 要理解我们每一个人在有着不同的外貌和身型的同时，也有着不同的思考方式，要尊重别人的思考方式	• 地区中的歧视和人权 能够明白日本的地区中生活着的原住民和在日外国人在很大的差异中相互理解，能够让他们和睦相处	• 世界上的歧视和人权 了解在世界上，有各种各样的由于皮肤颜色、民族和性别造成的差异和歧视，要能和有差异的人处好关系
	和平	• 对和平的祈愿 从世界上孩子的绘画和作文中了解他们和我们一样，祈求有一个和平美好的社会	• 童工、挨饿的儿童 知道在地球上，有很多儿童虽然年纪小但已经开始工作，理解和平的重要性	• 为创建和平世界而努力 关于战争的历史，要通过几个案例进行学习，与此同时要思考为了消灭战争、构建和平的世界联合国采取的行动和日本的义务

资料来源：日本国際理解教育学会．国際理解教育ハンドブック—グローバル·シティズンシップを育む［M］．東京：明石書店，2015：93.

V 日本国际理解教育的论争:“全球公民”培养,何以可能?

1. 学科边界之争:你中有我,我中有你?

国际理解教育的研究边界存在旷日持久的争论,持续至今尚无定论。在日本,与国际理解教育主题相关的三大学会——日本国际理解教育学会、全球教育学会、异文化间教育学会,由于其研究对象的重叠性,一直存在三者关系方面的争论。此外,三大学会同时提出“全球公民”作为本学会的教育目标,近年来又有发展教育协会也开始出现并入国际理解教育范畴提出“全球公民”培养目标的趋势。在梳理日本国际理解教育理论脉络之际,对不同学会的研究边界进行梳理,分析共同宣称的“全球公民教育”的异同点,是十分必要的。

(1) 国际理解教育学会:不变内核前提下的“磁场式”边界

秉承联合国教科文组织“和平文化”理念,是日本国际理解教育学会一直以来的理论来源和核心价值。正由于秉承这样的价值,日本的国际理解教育才能在政府推进的以“培养合格国民”为前提的国际理解教育在全国范围内推行的时候保持其学术独立性,并对政府一味强调国家利益的政策主张起到理性阻拦的作用。但是从20世纪80年代开始,日本国内除了联合国教科文组织理念的国际理解教育以外,还出现教育援助、可持续发展教育等新的教育方向,以及政府国际化政策框架下的海外人员子女教育、回国人员子女教育等问题。怎样诠释这些新概念,处理与原有概念之间关系,成为国际理解教育学会的重要任务。日本国际理解教育学会前会长米田伸次认为,国际理解教育的疆域内已包括全球教育、多元文化教育、异文化间教育、发展教育、可持续发展教育,而这些教育的终极目的都是指向“全球公民”的培养,无须截然分开。① 渡边淳也试图梳理国际理解教育的理论边界,指出自20世纪80年代开始,发展教育、环境教育、全球教育、和平教育、人权教育等新理念不断涌现在国际理解教育的研究视野中,有必要关注这种多元化的趋势,但是提醒大家不要忘记,无论外延如何多元,国际理解教育学会独有的研究对象就是联合国教科文组织理念,而且作为国际理解教育核心内容一成不变延续下来的是人类共同关注的价值——“人权、和平、民主主义”。对于全球化时代各种不同概念进入国际理解教育的现象,渡边认为国际理解教育的研究边界从永井滋郎提出的“雨伞型”转向“磁场型”,吸纳大量适于时代发展特点的新的研究主题,使研究内容变得愈加丰富,方法更加多样,而这并不影响国际理解教育学会对国际理解教育原有价值的定位和追求。②

永井滋郎试图将这些多样化的概念归为“解决现实问题模式”和“文化理解模式”两大类,并试图用“全球教育”概念定位新时代的国际理解教育。自此以后,日本国际理解教育学会、日本全球教育学会的许多学者都在自己的理论中启用“全球教育”概念。例如米田伸次、大津和子、藤原孝章作为日本国际理解教育学会的历任会长,都曾在“全球教育”框架内试图重构国际理解教育理论体系。

由此可见,日本国际理解教育学会的研究边界包括:以联合国教科文组织“人类和平”为核心,不断纳入新生成的时代概念,其中包括全球教育、异文化理解教育、发展教育。

(2) 全球教育学会:冲破疆域的融合论

与力求在固守研究内核基础上图谋多样化圈定边界的国际理解教育不

① 유네스코아시아•태평양국제이해교육원. 국제이해교육의 동향-미국,일본,호주,한국-[M]. 서울:정민사,2003:78.

② 日本国際理解教育学会.グローバル時代の国際理解教育—実践と理論をつなぐ[M].東京:明石書店,2011:22.

同,日本全球教育学会把全球化看作一个破除疆域的过程,主张采用超越国家的全球性视角寻求亟待解决的全球性问题。日本教育学会前会长加藤幸次概括出三种与价值观越发多元化的现代社会相契合的思考方式,具体是同心圆式思维(见图 1.5)、跨文化 / 跨国家式思维(见图 1.6)和全球性思维(见图 1.7)。简单来说,同心圆式思维是一种以自我为中心的思考方式,将自己放在圆中央,由近及远地看待世界。"欧洲中心主义""基督教中心主义"等都属于这类范畴。[①] 全球化思维前提下的跨文化 / 跨国家式思维是一种横跨式的思维方式,把各种不同的文化或国家置于同一条地平线上,横向进行观察和思考。[②] 全球性思维则是直接把地球看成一个整体的思考方式,这样的视角正如乘坐宇宙飞船的乘务员所能概览到的视野,这样的所见思考的就不是每个国家各自的问题,而是"地球号"宇宙飞船这个整体的问题。[③] 加藤幸次本人倾向于第三种思考方式。

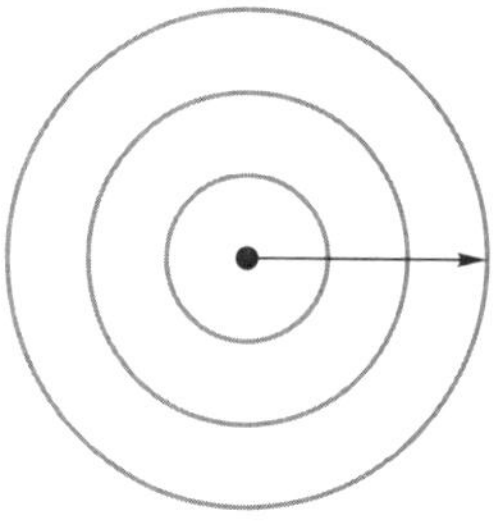

图 1.5　同心圆式思维

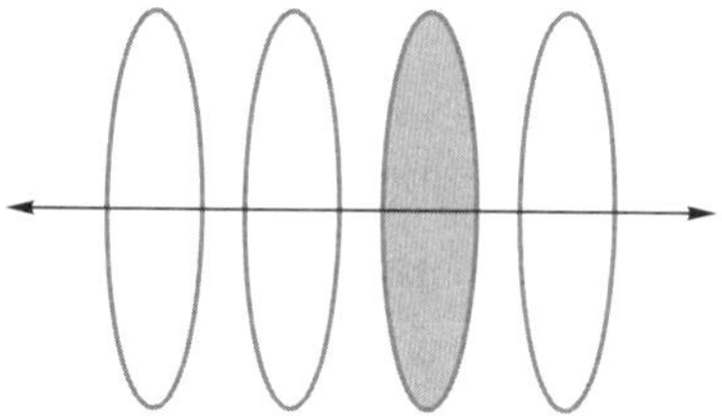

图 1.6　跨文化 / 跨国家式思维

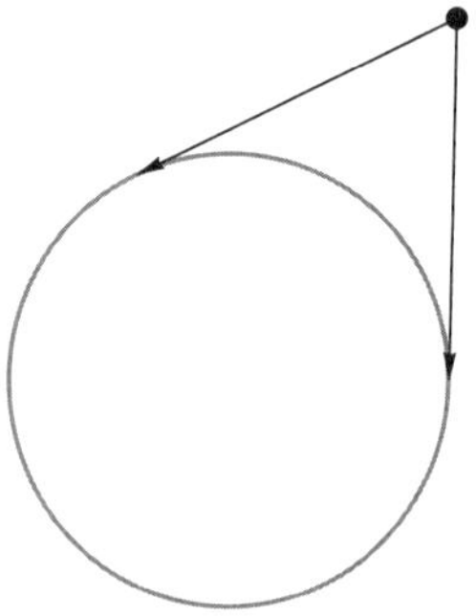

图 1.7　全球性思维

资料来源:加藤幸次,浅沼茂 . 国際理解教育をめざした総合学習[M]. 名古屋:黎明書房,1999:25.

从打破疆域的角度出发,日本全球教育学会的学者主张把与全球化有关的教育问题统合于全球教育之下。日本全球教育学会第二任会长鱼住忠久指出国际理解教育的局限性,认为国际理解教育是"将国际社会看作主权国家的集合体,通过他国理解、异文化间理解、国际关系理解的相关学习,达到各个国家及国民之间的和平、友好、合作以及从国际角度保障人权的教

① 加藤幸次,浅沼茂 . 国際理解教育をめざした総合学習[M]. 名古屋:黎明書房,1999:21.
② 加藤幸次,浅沼茂 . 国際理解教育をめざした総合学習[M]. 名古屋:黎明書房,1999:22–23.
③ 加藤幸次,浅沼茂 . 国際理解教育をめざした総合学習[M]. 名古屋:黎明書房,1999:24.

育”,而全球教育则是以“全球化、相互依赖性愈加明显的世界为前提,培养重视全球的视角、全球的价值,在遇到问题做出决定时能够采取超国家行动的全球公民性为其目的”[①]。鱼住忠久因此强调,有必要在全球教育框架内把国际理解教育的诸问题统合起来。鱼住忠久曾就日本学者对当时的类似概念——“环境教育”(可持续发展教育)、“国际理解教育”和“全球教育”的不同诠释进行过分类:“第一种是把全球教育、国际理解教育、可持续发展教育看作平行并存关系的‘并存论’;第二种是主张把全球教育、国际理解教育、可持续发展教育三者共有部分相融合的‘融合论’;第三种则是把国际理解教育、可持续发展教育囊括于全球教育之下的‘统合论’。”鱼住忠久本人主张第三种观点。[②]

日本全球教育学会的顾问之一宫本光雄认为,全球教育是培养在全球化时代生存于全球社会的同时能够积极创建全球公民社会的“全球公民”。而以全球公民为培养目标的教育还有国际理解教育、异文化间理解教育、多元文化教育、发展教育和国际教育等。宫本光雄主张把上述教育都统归于“全球教育”的名下,为培养“全球公民”发挥上述教育各自的独特性。也就是去除各自教育的屏障,充分发挥不同教育的优势,使其成为全球教育发展的沃土。[③]

总而观之,日本全球教育学会的学者从破除疆域论角度出发,主张用“全球教育”的大框架囊括国际理解教育的诸问题,其中包括可持续发展教育、国际理解教育、发展教育、异文化间理解教育等。

(3) 异文化间教育学会:超越民族国家框架的整合

异文化间教育学会的成立虽然始于20世纪80年代,但真正作为独立“学科”探索研究边界是始于20世纪90年代。异文化间教育学会第一任会长小林哲也在1982年学会成立时,将异文化间教育定义为“与其说是全球化酿生出的特定教育领域,不如说是对该问题的某些观点,旨在解决问题的

① 佐藤郡衛.国際理解教育—多文化共生社会の学校づくり[M].東京:明石書店,2001:24.

② 佐藤郡衛.国際化と教育－日本の異文化間教育を考える－[M].東京:放送大学教育振興会,1999:161.

③ 宮本光雄.グローバル教育のめざすもの[M]// 日本グローバル教育学会紀要編集委員会.グローバル教育VOL2.京都:日本グローバル教育学会,1999:11.

一种努力”,更强调“现实问题解决式特征”而非其作为学术领域的认同。[①]进入 20 世纪 90 年代以后,随着国际理解教育学会、全球教育学会的相继成立,与这些学会的研究领域之间的研究对象的重叠,迫使异文化间教育学会不得不考虑本身的学科定位。时任会长江渊一公在 1996 年正式提出将“异文化间教育研究”改为“异文化间教育学”的想法,理由有三:首先,异文化间理解教育学会的成立源于日本国际化初见端倪的 20 世纪 80 年代,对“海外人员子女教育”“回国人员子女教育”感兴趣的各领域学者(比较教育学、教育学、文化及社会心理学、语言学、外语教育、日语教育等)聚在一起从跨学科角度进行异文化间教育相关问题的研究,可以说是由外部力量从各自的视角去诠释分解异文化教育,也正因为如此,始终未能确立其作为独立学科领域的定位。今天,则有必要重新定位其研究对象和理论体系,使其具有明确的视角和话语体系。其次,随着全球化发展,国际国内形式发生诸多变化,异文化间教育的相关问题逐渐浮出水面成为社会问题,在诸多教育词典、相关研究领域中,异文化间教育成为一个独立的教育内容,有必要从异文化间教育学会的角度,结合目前的研究成果进行更为系统的理论梳理。最后,异文化间教育学会研究对象是移民、难民、再留民(具有居留权的外国人)及留学生、海外人员子女、回国人员子女,这些人的教育最终可以归结为“人格形成过程中怎样定位本文化及他文化问题,思考怎样与他文化的人们共生的过程”[②]。

在此基础上,江渊一公认为小林哲也的定义太狭义而不符合现时代特点,试图重新定义异文化间教育概念:“异文化间教育,是指通过异文化的接触和交流,或者在异文化接触和相互作用作为恒常的结构性条件存在的状况下展开的,与人格形成相关的文化或教育过程。”[③]把全球化时代与人格形成有关的文化及教育活动纳入异文化教育的范畴,江渊一公主张应跳出民族国家框架和国际国内政治藩篱,思考形成怎样的人格的问题。从这个意义上来说,异文化间教育学概念的最核心外延包括“回国人员子女教育”“国际理解教育”“异文化理解教育”“外语教育”等。

---

① 小林哲也 . 異文化間教育学会の設立を回顧して[M]// 異文化間教育学会 . 異文化間教育 No.27. 京都:アカデミア出版会,2008:9.

② 江淵一公 . 異文化間教育学の可能性—学会十五年の回顧と展望[M]// 異文化間教育学会 . 異文化間教育 No.10. 京都:アカデミア出版会,1996:4–13.

③ 江淵一公 . 異文化間教育学の可能性—学会十五年の回顧と展望[M]// 異文化間教育学会 . 異文化間教育 No.10. 京都:アカデミア出版会,1996:14.

江渊一公的该理论对"异文化间教育学"的诞生起到了重要作用。江渊一公描绘新生事物"异文化间教育学",认为它将改变不同学科的研究视角,异文化教育领域用自己的视角分解异文化间教育的原有状况,使异文化间教育得以用自己独特的理论体系去诠释和辐射其他教育领域(见图1.8)。

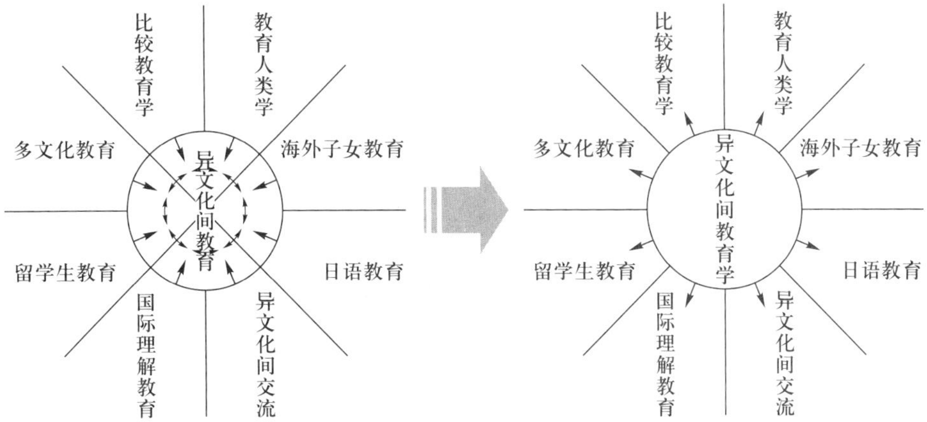

图1.8　江渊一公的"异文化间教育学"立论特征

资料来源:江淵一公.異文化間教育学の可能性—学会十五年の回顧と展望[M]// 異文化間教育学会.異文化間教育 No.10.京都:アカデミア出版会,1996:90-91。

小林哲也赞同江渊一公的重新定义,认为20世纪90年代以来的"国际理解教育"出现前所未有的混乱状况,是由于其他两个学会对日本国内问题的忽略:"'现实性需求'与'理念性需求'之间的差异是造成这种混乱局面的根本原因。"在小林哲也看来,无论是秉持联合国教科文组织"和平文化"理念的日本国际理解教育学会,还是主张超国家理念的日本全球教育学会,其共同的症结是一味谈论理想而忽视了日本国内目前面临的由于国际化、全球化带来的诸多问题。因此必须把异文化间教育、多元文化教育加入其中,将理想与现实结合起来。①

综上所述,由关注异文化间教育问题的解决到"异文化教育学"的建立,日本异文化间教育学会经历了理论蜕变,并扩大了自己的研究边界,将所有与"人格形成有关的文化与教育活动"都纳入其研究范围,其中自然也包括全球教育学会、国际理解教育学会的相关研究领域。

① 佐藤郡衛.国際理解教育—多文化共生社会の学校づくり[M].東京:明石書店,2001:23.

(4) 发展教育学:从“全球责任”视角论教育援助

日本的官方和民间的国际教育援助行为及其相关研究自20世纪50年代开始就已存在。但是随着援助哲学、援助教育理论的不断发展,20世纪80年代出现“发展教育”① 理念,后来随着其内涵与外延的扩大逐渐成为国际理解教育的重要内容。“国际教育援助”是为了缩小发达国家与发展中国家教育环境的差距,以实现世界范围内的教育平等而实施的援助行为。作为实施国际教育援助长达50多年的国家,日本从20世纪60年代以“抵消战争赔偿”为目的的低息贷款援助模式到今天形成多类主体、多元理念、多种方法并存的援助体系,经历了援助观的根本性变化。今天的“发展教育”成为国际理解教育的组成部分,试图在全球公民框架下探讨发展教育的问题,正是这种变化的体现。日本关于国际教育援助的相关概念包括“国际教育援助”“国际教育协力”“国际教育开发”“开发与教育”“发展教育”等,这些概念之间似乎并不存在严格的区分,日本学界也多混用。但严格说来,不同的称呼代表的是不同的援助哲学和原则,勾勒出日本国际教育援助的理论边界。我国学者也曾对国际教育援助概念进行界定:“国际教育援助是国际援助方对受援方在教育领域所提供的贷款、无偿赠款及专业技术资源的一种援助形式,以帮助这些国家和地区改善教育,并最终促进生产、经济、卫生和公共福利的改善。”②

①“国际教育援助”“国际教育协力”:“有偿援助”与“慈善”为其发端

关于“国际教育援助”和“国际教育协力”,黑田则博认为是指“提供教育领域的国际合作,以促进发展中国家发展的行为”③。日本的国际教育援助发端于1950年的《科伦坡计划》(Colombo Plan)。该计划由英联邦国家基于政治、经济利益及人道主义动机发起,试图通过提供资本、技术及教育培训等援助来提高南亚和东南亚成员国的社会福利。作为战败国的日本加入

---

① “发展教育”原文为“开发教育”。本书为理解方便,改称“发展教育”,特指有关国际国内教育援助相关的教育活动。

② 赵玉池,陈时见.国际教育援助及其对世界教育发展的影响[J].比较教育研究,2010(10):49.

③ 黒田則博.日本における国際教育開発・協力研究の動向と課題(1)—『国際教育協力論集』掲載の論文等の分析から—[J].広島大学教育開発国際協力研究センター国際教育協力論集,2007(3):113.

《科伦坡计划》,是为了通过一系列援助条约的签订躲避战争赔款。在《科伦坡计划》框架下,1954 年日本与缅甸签订《日本—缅甸和平条约及赔偿、经济合作协定》,以后陆续与印度尼西亚、菲律宾等国家签订了经济援助协议,形成“政府间发展援助”的雏形。该时期日本的国际教育援助属于“发展型援助”,即援助的真实目的是促进本国发展,在以“低息贷款”为主要形式进行“有偿借贷”的同时迅速开拓援助国的市场,以助推日本战后的经济复苏。因此日文中比起“教育援助”更多用“教育协力”。该名称的使用除了含有援助来自“战争赔款”理由外,更蕴含日本“借贷必还”和“帮助被援助国经济自立”的援助理念。

几年后,以“善念下的教育援助”为理念的非政府组织国际教育援助开始发展起来,虽然不免带着偶发、缺乏组织性等局限,但力图有别于战争赔款原则下的政府间发展援助,强调人道主义原则。例如,20 世纪 60 年代成立的“农村领导人养成所”(1973 年改名为亚洲学院,Asian Rural Institute)和 1967 年由田中正一发起的国际协力会(1984 年改名为风之学校)等国际教育援助项目均招收发展中国家的研修生,开设农作物种植、农用机械、农业技能等方面的课程,帮助发展中国家的农村地区进行经济和技术开发。

可见,“国际教育援助”“国际教育协力”是日本的国际教育援助开始时产生并使用至今的概念。随着时间的推移,教育援助的内涵变得更加丰富,政府机构仍然使用“国际教育协力”一词。例如,作为专门负责政府间发展援助的“日本国际协力机构”① 和由文部省组织牵头组织建立的“非政府教育协力联盟”都使用“国际教育协力”概念。

②“国际教育开发”:从“援助引领发展”到“援助促进自主发展”

“国际教育开发”是泛指“由国际机构、各国政府、非政府组织对发展中国家实施的、为帮助其完善教育环境所进行的开发与协力(合作)”②。从单纯的逻辑关系上说,“由于提供援助国提供的‘国际教育援助’和‘协力’(合作),才有被援助国的教育开发(发展)。”③ 但是在日本的相关理论中,“国际

① JICA:指日本国际协力机构,Japan International Cooperation Agency.

② 松田哲.途上国における教育開発—統合型教育から変革型教育へ—[J].群馬大学留学生センター論集,2006(6):35-50.

③ 松田哲.途上国における教育開発—統合型教育から変革型教育へ—[J].群馬大学留学生センター論集,2006(6):35-50.

教育开发”有两个不同于“国际教育援助”“国际教育协力”概念的特点:首先,如果说“国际教育援助”“国际教育协力”是站在援助方的立场,那么“国际教育开发”则被认为是站在被援助国的立场定位援助行为,强调的是被援助国的自主发展;其次,“国际教育开发”的关注点在于“共同发展”,认为世界范围内的地区差异越来越大对日本也是不安全的,试图通过教育援助来解决这个不稳定因素。从“国际教育开发”理念的变迁过程中也可看出该概念的特征。20 世纪 90 年代以前的“国际教育开发”主要由援助国主导,以促进被援助国经济发展为主要目的,因此,教育援助项目大多集中在技术人员培训、教师培训等惠及少数精英的内容上。而 1990 年联合国教科文组织在泰国宗迪恩大会上颁布《世界全民教育宣言》(World Declaration on Education for All),第一次提出全民教育概念以后,日本也开始注重被援助国的基础教育,积极促进扫盲教育、女童教育、妇女教育等[①],将教育视为全球每个人的尊严和权利,将基础教育在世界范围内的普及视为全球人的责任。

③“教育与开发”概念的产生:教育不再附属于经济援助框架

如前所述,在 20 世纪 90 年代以前,日本大部分的国际教育援助被当作经济援助的派生物,附属于“帮助被援助国家摆脱贫困”的最终目的。1990 年《世界全民教育宣言》颁布以后,世界各国开始重新定位教育援助的意义。1996 年经济合作与发展组织所属的发展援助委员会(Development Assistance Committee)提出《新开发战略报告》,呼吁各国在国际援助中应注重“提高所有人的生活水平”,即消灭生活上的贫困和满足“人的基本需要”(Basic Human Needs)。受其影响,日本学界出现“教育与开发”概念,教育不再被视为开发的派生物,而是被看作促进开发的前提和手段。在援助体系中,教育作为单独的领域越来越受到重视。

④“开发教育”:面向援助国国民的教育——“全球公民”的培养

日本开发教育协会认为:“开发教育是为使每个人理解关于开发的诸多问题,思考开发的理想模式,从而参与建设全球人得以共生的、公正的地球

---

① 黒田則博．日本における国際教育開発·協力研究の動向と課題(1)—『国際教育協力論集』掲載の論文等の分析から—[J]. 広島大学教育開発国際協力研究センター国際教育協力論集,2007(3):111-117.

社会。”[①] 从该定义中可以看出,“开发教育”的对象包括援助国和被援助国的成员,内容涉及关于援助的所有问题,目的是建设全球共生社会。“开发教育”概念最初被介绍到日本是在 1972 年。1972 年,日本中央青少年团体联络协会参加第八届世界青年大会,回国后在其报告译文中首次使用“开发教育”概念。20 世纪 70 年代缅甸难民问题在日本社会引起广泛关注,开发教育也越来越受重视。1979 年 11 月在东京召开了第一次开发教育研讨会,当时关心开发教育的参会者于 1982 年 12 月成立开发教育协议会,在日本推动和普及开发教育。2002 年开发教育协议会改称为“开发教育协会”。作为开发教育的教材,1994 年日本学者田中治彦所撰写的《南北问题与开发教育》[②] 和日本开发教育协议会于 1995 年根据英国的开发教育教材编写的教材《援助与开发》[③] 陆续出版,推动了开发教育的发展。开发教育的内容包括南北差异、环境、纷争、贫困等,贯穿“了解、思考、行动”的教育目标和原则,旨在培养具有“全球公民”意识、能够积极参与建设公平、正义的世界事业之人。开发教育脱离国际援助框架,指出对国内日本人的共生意识的教育,从而培养有全球责任心的“全球公民”,自此与国际理解教育形成教育目标上的交集。

2. “全球公民”培养之争:多样化的“全球公民”论

选择梳理与国际理解教育相关的三大学会及开发教育领域的研究边界,主要是由于这些教育领域都在标榜以“全球公民”作为培养目标。既然都主张“全球公民”教育目标,三大学会之间的研究边界又多重叠,为何还要成立不同的教育研究学会?三种“全球公民”属性到底有哪些不同?本部分将进行重点探讨和分析。

---

① 日本開発教育協会.開発教育とは[EB/OL].(2016-10-17)[2016-10-17].http://www.dear.or.jp/de/qa01.html.

② 田中治彦.南北問題と開発教育[M],東京:亜紀書房,1999.

③ 開発教育の教材を作る会.援助と開発[M].東京:開発教育協議会,1995.

(1) 日本国际理解教育学会的"全球公民"培养论

日本国际理解教育学会的立论前提是联合国教科文组织的"和平文化"下的"全球公民"培养。该学会的"全球公民教育"论是随着联合国教科文组织的《1974年建议》、1995年的《和平、人权、民主主义的教育——综合行动纲领》以及在日本国内的国家理解教育、发展教育、环境教育(可持续发展教育)、异文化间教育、全球化教育等不同教育理念共存的影响下逐渐发展、形成的。因此,在"全球公民"教育理论的形成过程中可清晰地看到这些影响。本书在"国际理解教育的课程理论体系"中集中探讨了日本国际理解教育学会大津和子、藤原孝章、森茂岳雄等人的课程开发理论,而这些课程开发理论本身就蕴含全球公民教育的培养目标、内容体系,在此不再展开论述,而集中讨论与其他两个学会的不同观点。

①"全球公民"与"合格国民"的定位问题

1991年,76岁高龄的文部省原事务次官天城熏成立日本国际理解教育学会,就是为了在纷繁复杂的教育国际化背景下提倡国际理解教育。兼具政府官员和国际组织官员双重经历的天城熏,认为国际理解教育应充分认识到"国家"与"国际"之间的关系及文化归属性问题,以更好地完成自己的使命。[①] 岭井明子提出警告,认为作为国家公共教育系统,学校教育的重要使命就是培养"国民",因此在以培养"国际公民"为目标的联合国教科文组织《1974年建议》和"培养日本人的自觉意识"为目标的学校教育之间存在不可调和的鸿沟[②],岭井明子强调,在学力中心主义教育观影响下国际理解教育走向低迷的今天,更应该重新建构符合时代特点的国际理解教育并提出新理论,这样才能为日本教育指明方向。[③] 国际理解教育学会前会长多田孝志认为,学校教育的任务本身就是培养全球公民,而最直接、最有效的方法莫过于国际理解教育。[④] 中村耕二也认为国际理解教育的目的在于追求和

① 天城勲.国際理解教育の基本概念としての[国]を問う[J].国際理解教育,2000(6):6-18.
② 嶺井明子.ユネスコ勧告と日本の国際理解教育の課題[J].国際理解教育,1996(6):26-42.
③ 嶺井明子.シティズンシップと国際理解教育[M]// 日本国際理解教育学会.グローバル時代の国際理解教育—実践と理論をつなぐ.東京:明石書店,2010:212.
④ 日本国際理解教育学会.グローバル時代の国際理解教育—実践と理論をつなぐ[M].東京:明石書店,2010:53.

平的全球公民教育。[①] 虽然他们的观点并非完全一致，但都坚持联合国教科文组织的精神，以培养全球市民为基本出发点，并不认同文部省推行的对应国际化的国际理解教育政策。

虽然角度有所不同，但国际理解教育学会的不少学者从二元对立的角度诠释"全球公民"与"合格国民"教育，甚至成为国际理解教育理论的固有矛盾。

②"全球公民"教育目标

日本国际理解教育学会前会长大津和子认为，全球公民是"形成全球社会一员意识，为实现全球利益最大化而积极行动的个体"[②]，由此提出全球公民教育的培养目标为："以尊重人权为基础，深入理解现代世界的基本特征，即文化多样性与相互依赖性，培养对不同文化的宽容态度，怀抱作为社区、国家、全球社会一员的自觉，为解决全球性问题参加各种社会活动，并与他人积极合作之人。"[③] 金谷敏郎则认为，"所谓全球公民，即不论身处何种情况，均能将自己置身于全球范围内进行观察、思考、想象、表现，同时不论身处何种情况，都能够做到不仅以个人的角度出发，而且能以他人的角度出发。"[④]

③全球公民教育的内容体系

关于"全球公民教育"的内容，不少论著均有提及。其中，中村耕二提出的全球公民教育八大内容体系较有代表性（见图 1.9）。[⑤] 永井滋郎指出，国际理解教育应包括下述几个内容：培育和平之人；培养人权意识；培养对本国的认同与国民觉悟；推进对他国、他民族、他文化的理解；基于国际相互依存关系与人类共同重要课题之认识的世界大同观的形成；国际和谐、国际合作的实践态度的培养。[⑥] 从以上对全球公民教育内容的论述中可看出，国际理解教育所提倡的"全球公民"教育思想脉络来自联合国教科文组织，要培

---

① 中村耕二．多文化共生社会を目指す国際理解教育：21 世紀に求められる地球市民教育［J］．言語と文化，2001（5）：1.

② 大津和子，溝上泰．国際理解教育重要用語 300 の基礎知識［M］．東京：明治図書出版，2000：34.

③ 大津和子．総合的な学習における国際理解教育の構想カリキュラム［J］．北海道教育大学教育実践総合センター紀要，2005（6）：3.

④ 金谷敏郎．国際理解のための教育の目的・目標についての史的検討．国際理解教育・環境教育などの現状と課題［M］．東京：図書教材センター，1994：8–69.

⑤ 中村耕二．多文化共生社会を目指す国際理解教育：21 世紀に求められる地球市民教育［J］．言語と文化，2001（5）：3.

⑥ 永井滋郎．国際理解教育の現状と課題［J］．広島平和科学，1984（7）：116.

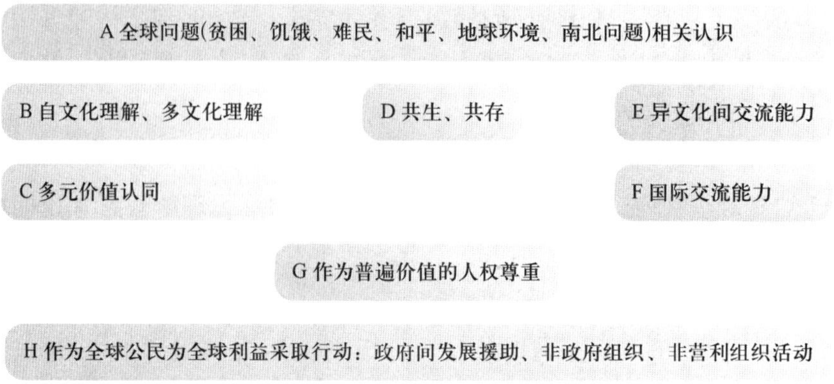

图 1.9　国际理解教育中的“全球公民教育”内容体系

资料来源：中村耕二 . 多文化共生社会を目指す国際理解教育：21 世紀に求められる地球市民教育[J]. 言語と文化，2001(5)：3.

养的是关注全球命运、以实现世界和平为终极目的同时兼顾国家利益之人。

21 世纪以后，国际理解教育语境中出现“共生”理论，受其影响，米田伸次、大津和子、田渊五十生等人在全球公民教育语境下提出“共生论”。他们认为，随着全球化和日本社会国际化进程的加速，适应时代要求的教育必须具备以下特点：对全球视野和相互依存的认识；对异文化的理解和宽容；与异文化者之间的交流能力；对人权的尊重。联系以上这些素质的基本点就是“共生”，即所有的人都是共同生活在同一个地球上。在此基础上，他们认为国际理解教育就是：“培养尊重自身和他人的人权、承认异文化并与世界人民共同生存的人的教育。”①

(2) 日本全球教育学会的“全球公民”培养论

日本全球教育学会从“超越国家疆界、基于全球视野来解决全球性问题”的立场论述“全球公民”培养，因此其立论依据是“全球化”，思考全球化带来的影响及所应采取的措施、态度，从而寻找解决全球性课题的方法。由此，该学会的诸多学者都曾明确提出要培养解决全球性课题的全球公民，并对全球公民的内涵进行了具体的诠释。

① 米田伸次，大津和子，田渊五十生等 . テキスト国際理解[M]. 東京：国土社，1997：5.

①“全球公民”与“合格国民”的定位问题

日本全球教育学会第三、第四任会长鱼住忠久指出,日本学界围绕国际理解教育始终存在“日本的特殊性需求”和“全球的普遍性需求”之间的二元对立,是时候打破这样的思维模式去探索合二者为一的“统合模式”了。如果说过去的教育是以日本的文化传统为基础的、在“国家—社会”框架的延长线上讨论全球公民培养,那么今天就应该站在地球—日本社会框架内,以全球普遍面临的问题为基础谈论“全球公民”之培养。[①] 鱼住忠久在另一篇文章中进一步指出,世界正处于一个大变动时代,面临各种问题,因此要培养的全球公民是不畏惧面对全球性问题,从超越国家 / 全球的角度秉持“全球伙伴”精神积极参与行动之人。[②] 日本全球教育学会第五任副会长西村公孝认为,21 世纪全球化时代的教育应有一个方向性的转换,即从注重培养以“维护国家主权者”为目标的能力,转变为培养能够解决全球化时代诸问题(包括和平、人权、环境、人口和资源问题等)之人。[③] 户田清子也认为“全球公民”是能从全球利益的观点出发解决诸类问题的人。[④] 大桥直树、水野英雄、内山知一等人也强调要立足于全球社会的现实,培养具备应对经济、人口、资源、环境等全球性问题的“全球公民”。[⑤]

总之,在“合格国民”和“全球公民”关系定位问题上,全球教育学会主张应该超越上述问题达到二者的有机统一。针对全球共同面临的问题,全球教育学会则主张应培养能够超越国家之界限来思考解决问题途径和方法之人。

②“全球公民”教育目标

由于全球公民教育学会强调站在全球高度思考人类共同的命运,因此

① 佐藤郡衛 . 国際理解教育 – 多文化共生社会の学校づくり[M]. 東京:明石書店,2001:28.

② 魚住忠久 .21 世紀地球社会の可能性とグローバル教育[M]// 日本グローバル教育学会紀要編集委員会 . グローバル教育創刊号 . 京都:日本グローバル教育学会,1998:15.

③ 西村公孝 . グローバル社会時代における児童生徒の発信能力の育成[M]// 日本グローバル教育学会紀要編集委員会 . グローバル教育 VOL.2. 京都:日本グローバル教育学会,1999:28.

④ 戸田清子 . グローバル教育における地域学の可能性[J]. 国際理解教育,2008(3):30.

⑤ 参考大橋直樹 . グローバルな人権意識と相互依存認識を育成する授業構想[M]// 日本グローバル教育学会紀要編集委員会 . グローバル教育 VOL.4. 京都:日本グローバル教育学会,2001:49;内山知一 . グローバル問題を効果的に学ぶ社会科の授業実践—米国のNPOプログラムに着目して—[M]// 日本グローバル教育学会紀要編集委員会 . グローバル教育 VOL.16. 京都:日本グローバル教育学会 .2014:16;水野英雄 . グローバル教育としての経済教育—グローバル経済の理解と持続可能な国際社会の形成—[M]// 日本グローバル教育学会紀要編集委員会 . グローバル教育 VOL.16. 京都:日本グローバル教育学会,2014:33.

主张对原有的国家归属意识的扬弃。在培养目标上,也显示出同样的特点。

鱼住忠久认为,“全球公民”教育要培养的是敢于挑战全球社会问题、承担全球责任之人。因此全球公民应具备的能力包括:作为全球社会的一员去了解问题和解决问题的能力;与他人合作并能承担起社会责任与义务的能力;批判性、系统性的思考能力;非暴力解决纷争的意愿;对人权的敏锐感受性和拥护人权的能力;为保护环境自觉改变生活方式和消费习惯的意愿;参与地区、国家、国际不同层面政治活动的意愿与能力等。[①] 全球教育学会理事小川彩子则强调全球公民教育中表达和沟通的能力培养。包括:具有异文化背景的人共同面对的难解课题,进行有说服力的对话,与异文化背景的人友好共处通力合作。由此,全球公民应注重沟通技能,至少掌握一门外语,学习世界地理、历史、政治和经济等内容。这些是成为“全球公民”的必要条件之一。[②] 鹿野敬文也指出了对话、沟通能力在全球社会的重要性,因为伴随着全球社会的到来与发展,在价值观相互交织的全球性问题上,所属不同文化背景的人正面交流的机会大幅增加。[③]

③“全球公民”教育内容

日本全球教育学会的多数学者将“全球视野”及“全球责任意识”培养看作“全球公民”教育必不可少的内容。为此,户田清子主张应从全球话语体系中诠释当今政治、经济、信息和技术等领域的基础认知,激发人们对人类共同面临问题的关心,比如人口激增、环境恶化、资源枯竭以及和平与安全保障等问题,从而形成全球性视野和从全球角度思考和行动的能力。[④] 鱼住忠久认为可以根据以下五方面的内容展开:第一是与和平、安全、环境保护等相关的、超越文化特殊性的普遍性关注,这些是作为全球公民应该共有的内容;第二是关于全球秩序的相关内容,包括全球社会政治、经济和信息等;第三是全球共同面临的课题,如核与和平、人口等;第四是形成以个人、国民以及全人类的一员看问题的态度;第五是从全人类的角度去理解历史

① 魚住忠久.グローバル教育の新地平ーグローバル市民社会を拓くために[M]// 日本グローバル教育学会紀要編集委員会.グローバル教育 VOL.4.京都:日本グローバル教育学会,2001:74.

② 小川彩子.共生の教育と“文化のカプセル”// 日本グローバル教育学会紀要編集委員会.グローバル教育 VOL.4[M].京都:日本グローバル教育学会,2001:36.

③ 鹿野敬文.グローバル社会にふさわしい2つの対話力育成方法[M].日本グローバル教育学会紀要編集委員会.グローバル教育 VOL.8.京都:日本グローバル教育学会,2006:40-45.

④ 戸田清子.グローバル教育における地域学の可能性[J].国際理解教育,2008(3):32-33.

的态度。[①]

也有学者从某些具体全球性议题角度提出相关观点。宫原悟认为,全球化社会问题的解决与经济全球化密不可分,因此应该加强经济教育的学习内容,使学生认识到全球经济中突出的环境、人口、粮食、资源等问题。[②]水野英雄也认为,很多全球性问题都与经济有关,因此掌握必要的经济知识是生存于全球社会的人理解全球社会所不可或缺的。[③]

加藤幸次认为,全球公民教育内容应该能够反映全球化世界的现实状况,包括:整体性和共通性,相互依存性、(资源)有限性和(问题)课题性,不同国家的特性等。加藤幸次依据上述原则具体设定了五大主题的内容:第一方面为“地球历史与地球社会”主题,包括“地球结构与变化”“生物的产生与进化”“生物与人类的关系”“地球和宇宙”;第二方面为“人类历史与人类社会”内容,包括“人类的产生和种族”“人类与环境”“文明/文化的产生与发展”“政治/社会的产生与发展”“科学/技术的发展”“商业/经济的发展”;第三方面为“国际交流与国际活动”主题,包括“政府间国际机构”“非官方国际机构”“跨国企业”“跨国文化/社会活动”“旅游、自由贸易区”;第四方面为“国际问题”主题,包括“战争与国际纠纷”“资源”“人口”“粮食”“污染”“环境”;第五方面为“两国关系”主题,包括“贸易”“文化交流”“人和物的流动”“交流史”等。[④]在此基础上,加藤幸次强调应让学习者自己建构概念,形成独特的思考角度和解决问题的方案,也就是建构性地学习全球公民教育内容,旨在让学习者形成问题意识,习得解决问题的能力。[⑤]

综上所述,日本全球教育学会的全球公民教育论主张超越“国家”“国际”范畴,实现两者统一前提下的全球公民培养,注重站在全球视野解决全球问题的能力。

① 魚住忠久.グローバル教育のめざすもの[M]// 日本グローバル教育学会紀要編集委員会.グローバル教育 VOL.2.京都:日本グローバル教育学会,1999:7.

② 宮原悟.グローバル教育への一考察—グローバル経済教育とその必要性[M]// 日本グローバル教育学会紀要編集委員会.グローバル教育 VOL.3.京都:日本グローバル教育学会,2000:28-33.

③ 水野英雄.グローバル教育としての経済教育—グローバル経済の理解と持続可能な国際社会の形成—[M]// 日本グローバル教育学会紀要編集委員会.グローバル教育 VOL.11.京都:日本グローバル教育学会,2009:38-41.

④ 加藤幸次,浅沼茂.国際理解教育をめざした総合学習[M].名古屋:黎明書房,1999:17-18.

⑤ 加藤幸次,浅沼茂.国際理解教育をめざした総合学習[M].名古屋:黎明書房,1999:19.

(3) 异文化间教育学会的“全球公民”培养论

异文化间教育学会对文化视角的关注，使其“全球公民”教育论也在“文化理解”语境中展开，“异文化间理解能力”“异文化间共生能力”是该学会倡导培养的“全球公民”的最大特征。

①“全球公民”与“合格国民”的定位问题

在“全球公民”与“合格国民”的定位问题上，异文化理解教育学会的不少学者采取融合立场，认为应同时兼顾到两者属性或者建立多元认同。佐藤郡卫在1999年的论述中指出，要越过国家一举设定“全球公民”的教育目标无疑是困难的，应该兼顾国家和全球框架，即在日本这个国家里培养能够运用全球性视角进行思考和行动的日本人。在日常生活中，培养作为“全球公民”的一员能够在世界正在面临的环境问题、人口问题、南北问题、维护人权、废除核武器等全球性问题中担当主体。[①] 2003年，佐藤郡卫延伸了自己的理论，认为全球化时代的“全球公民”教育应该超越“国际”“国家”两个层面上的思考，使学习者形成多元认同。也就是说，不仅要作为日本人的认同，还应形成作为个人、亚洲人、全球公民等认同。佐藤郡卫将其称为“杂拌、移民式认同”（Hybrid Diaspora），也就是不对特定民族、国家形成归属意识和认同意识（如同移民一样），形成多元化的身份认同，主张这样的杂拌式认同才是全球化时代超越国家形成人与人、市民团体、地区共生群体认同的有效途径（见图1.10）[②]。

小林哲也从“内外国际化”视角论及国家与国际层面的“全球公民”教育问题出发，指出在异文化间理解教育中的“全球公民”教育要充分考虑“人类的、全球的立场”，即“对外国际化”立场和“对内国际化”立场的双重层面。“对外国际化”立场培养的是全人类、全球社会的整体意识和连带意识，“对内国际化”立场培养的是以尊重“异质性他者”的人权意识为基础的全球公

① 佐藤郡衛．国際化と教育－日本の異文化間教育を考える－［M］．東京：日本放送出版協会，1999：164.

② 佐藤郡衛．国際理解教育－多文化共生社会の学校づくり［M］．東京：明石書店，2001：32.

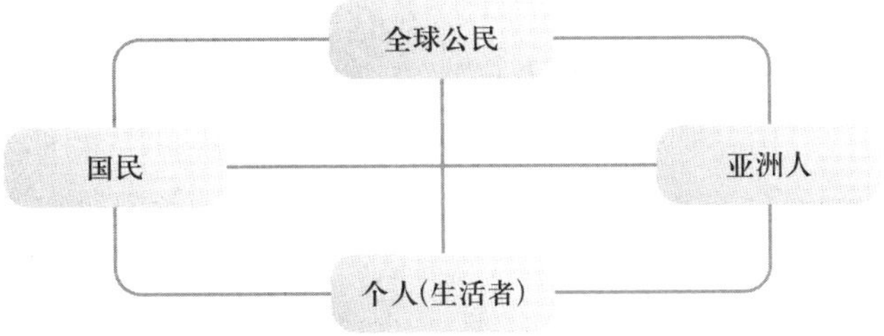

图 1.10 佐藤郡卫的"杂拌、移民式认同"

资料来源:佐藤郡衛.国際理解教育－多文化共生社会の学校づくり[M].東京:明石書店,2001:32.

民意识。异文化间理解教育应培养兼具这两方面属性的人。[①]

②"全球公民"教育目标

从异文化间教育角度讨论全球公民教育,最重要的培养目标就是"异文化共生社会中的生存能力"的培养。于是,什么是"异文化共生能力"成为异文化间教育学会的重要议题。

江渊一公从异文化间理解教育视角谈论"地球人意识",曾指出这样的人所应具备的能力素养应该是:"获得创造丰富生活所必需的互换信息、技术和价值观的态度、能力(广义的交流能力),……以加深具有不同国家利益和文化背景的各类人之间的相互理解,共同探索规则,一起成为积极行动的公民。"[②] 山岸绿(音译,山岸みどり)把全球化时代"异文化共生"的学习能力梳理为以下四点:第一,为理解全球社会或多文化社会所应具备的知识,即人类的相互依存性、全球社会、贫困、人权等内容;第二,多元化的视角,即建构知识,重新审视自己秉持的价值观的合理性或现实中社会的价值观的合理性,换位思考为异文化背景的人们着想的能力;第三,培养富于文化意识、兼具自我调节能力和调整状况能力的"异文化应对能力";第四,避免对不同文化背景或语言背景的人们进行划分,能够进行建设性交流的对话技能。[③] 佐藤郡卫把山岸绿所提出的全球化时代的学习能力统称为"异文化间

① 小林哲也.国際化と教育一日本の教育の国際化を考える一[M].東京:日本放送出版協会,1995:201.

② 江淵一公.シンポジウム一異文化間教育学と日本の教育の国際化－主題設定の趣旨と提案·討議の総括[M]// 異文化間教育学会.異文化間教育 No.1.京都:アカデミア出版会,1987:21.

③ 山岸みどり.異文化間リテラシーと異文化間能力[M]// 異文化間教育学会.異文化間教育 No.11.京都:アカデミア出版会,1997:37-51.

能力”，并将其重解为：“在全球化、多文化社会应该培养的能力，包括为理解复杂性现实社会的知识性习得或是知识重建能力（多元化的知）、创造和谐人际关系的能力（相互作用性的知）、与他人合力解决问题的能力（参与性的知）。”[①] 新井郁男总结了渡边淳、山岸绿、祖父江以及他本人的不同观点，最后对异文化共生能力总结为“理解异文化的意义并传承的能力”。[②]

③“全球公民”教育内容

多元文化教育与异文化教育虽然都在分析文化理解和共生问题，但可以说其出发点不在一个层面上。异文化教育是指不同文化之间的彼此理解与共生，多从两个文化要素，尤其是从以国家为表征的群体文化角度讨论该问题，而多元文化教育指在一个国家或社会群体内部存在的不同文化之间的共生问题。进入21世纪以来，日本异文化间教育学会出现了将异文化间教育和多元文化教育融合的倾向，不少学者主张用多元文化主义来重新构建异文化理解框架下的“全球公民”培养教育内容，由此关注到日本国内面临的多元文化相关问题。佐藤郡卫曾经围绕多元文化主义的教育内容进行具体论述。他认为，教育内容首先应该包括世界正在面临的“全球性课题”的学习，包括南北问题、环境问题、开发、难民、和平与人权以及在全球范围内发生的各种现实问题。但是，学习这部分内容时不能过分偏向知识性的习得，应该认真探讨如何把全球性课题组织成为好的学习内容。为此，有必要思考如何把学习内容与学生自身的生活联系起来，也就是要重视把握“关系性”这个视角。实际上，学生“知道”很多人权、贫穷、异文化等相关的信息，但大都没有达到感同身受的“明了”阶段。因此要重视相互依存关系与自己的关联性。[③]

从日本异文化间教育学会的“全球公民”教育论可以看出，该学会采取国家、国际概念融合或多元融合的立场，主张应培养具备“与多种文化共生能力”的“全球公民”，应把南北问题、环境问题等议题作为其教育内容。

---

① 佐藤郡衛．国際理解教育－多文化共生社会の学校づくり［M］．東京：明石書店．2001：39.

② 新井郁男．異文化間リテラシー育成のための教育課題［M］// 異文化間教育学会．異文化間教育 No.11．京都：アカデミア出版会，1997：115-123.

③ 佐藤郡衛．国際理解教育－多文化共生社会の学校づくり［M］．東京：明石書店．2001：37.

Ⅵ 日本国际理解教育的政策与理论特征

自1953年日本加入联合国教科文组织首批合作学校计划至今，日本的国际理解教育历经数十年的发展，发生了重大的变化。日本国际理解教育政策与理论的变化进程，可以说是包括日本政府在内的无数学者、一线教师在与联合国教科文组织保持联系的过程中不断探索本土化发展道路的过程。在这个过程中，可以赞佩其众多的研究成果，也可以清楚地看到围绕内需化还是国际化（全球化）、“全球公民”还是“合格国民”、综合边界还是单一边界出现的混沌、徘徊过程。由于日本国际理解教育发展的时间长，实施背景复杂，牵涉的主体众多，很难整体把握其特点，笔者只能挂一漏万地对其特征进行梳理。

1. 日本国际理解教育政策特征

日本国际理解教育政策发展过程及现状具有以下特征。

① 日本国际理解教育的政策发展与联合国教科文组织的关系经历了紧随—脱离—结合—融入的过程

日本政府实施国际理解教育的初衷是尽快摆脱战败国的阴影，重新融入国际社会，因此在整个20世纪50年代，日本政府都非常热衷于国际理解教育，直至20世纪60年代，随着冷战格局的形成以及《日美安全保障条约》的缔结，日本不可避免地加入了以美国为首的政治阵营，呼吁世界和平的联合国教科文组织的国际理解教育显然不合时宜。1974年，联合国教科文组织基于国际社会的具体形势，在联合国第十八届会议上发表了《1974年建议》，提出了新的国际理解教育理念，指出今后国际理解教育的中心是人权、和平、自由等概念，同时将出发点由国家转向全体人类的利益，提出培养能全面理解文化的多样性、积极参与并解决世界性问题的全球公民。此时的日本政府关注到国际化趋势的到来,希望能够通过相应政策解决国际化所带来的国内问题,于是,正如日本学界经常调侃的那样,决定“脱联”。随着国际社会地位的提高,日本的国际理解教育政策越来越偏离联合国教科文组织精神,趋向于内需式发展,致力于解决由于国际化所带来的海外人员子女教育、回国人员子女教育、留学生教育等问题,试图通过这些教育实现社会问题的解决,并希望能够在教育政策上应对更加激烈的全球化的到来。1996年中央教育审议会咨询报告《关于21世纪我国教育的实施模式》以及后来的课程改革说明了日本政府全面实施国际理解教育的用心。但是随着1999年松浦晃一郎担任联合国教科文组织总干事和日本进入全球化世界格局以后,日本政府又决定回归联合国教科文组织,希望通过国际组织达到向国际社会发声的目的。2001年文部省的机构调整以及日本国内联合国教科文组织合作学校的数量大量增加,正是出于这样的考虑。但是必须指出,日本这次虽然回归联合国教科文组织,但与20世纪50年代具有巨大不同。日本政府不仅形成了独立的、内需前提下的国际理解教育政策体系,而且通过向联合国教科文组织提议可持续发展十年计划等形式在国际社会掌握了主动权,日本的联合国教科文组织合作学校也不再紧紧跟随国际组织理念,而是应对日本国内的各类教育政策。随着日本在联合国教科文组织的各种跨国性教育活动中掌握主动权,日本又通过提出《仓敷宣言》提案,再次向世界证明其国际社会中的主动性以及围绕国际理解教育的政府战略决策的主动性。也正因为这样,文部科学省颁布的学习指导要领中原有的国际理解教育词汇被国际教育和可持续发展教育替代。

② 日本政府的国际理解教育政策始终围绕“内需”展开,其内涵也随着内需的多元化而产生变化

日本的国际理解教育在20世纪60年代疏远联合国教科文组织以来,一直致力于满足内生国际化的需求。回国人员子女教育、海外人员子女教育、留学生教育等都是日本始终作为国际理解教育重要任务的。近年来随着国际竞争的加剧,日本致力于培养“全球型人才”,加强国际教育。

③ 日本政府与民间学术机构围绕国际理解教育政策出现对立到融合的关系,说明全球化时代由于社会发展,出现的问题越来越趋同,由此出现政府和民间合作解决问题的局面

日本国际理解教育学会、全球教育学会的主张与政府有诸多不同甚至存在根本分歧。但面临全球化导致的移民人数持续增加、国民成分愈加复杂、价值多元化现象愈加明显的时候，政府与民间都注意到这样的趋势对日本的威胁。另外，日本政府与国际社会产生多种联系的时候，也开始标榜共同关注，与民间机构增加了交集，这也是双方出现融合趋势的前提。

2. 日本民间学会的国际理解教育理论特征

(1) 围绕“全球公民”培养理论旷日持久的争议

日本国际理解教育的民间组织主要有国际理解教育学会、多元文化教育学会、异文化间教育学会，另有开发教育当时还散在于日本国际理解教育学会和比较教育的研究领域。这三个学会都宣称将“全球公民”培养作为其目标，但是在对“全球公民”的界定多有不同，出现理论分歧，加上三个学会研究多有交集，出现多样化的国际理解教育样态。针对20世纪80年代出现的三足鼎立局面，永井滋郎将其分为“文化理解研究和问题解决研究”两个方面，并将这两方面内容统合称为“全球教育”①，主张三方应该走向统合。20世纪80年代以后，“全球教育”成为日本国际理解教育的热点，以全球教育为核心概念的研究广泛展开。最先将全球教育思想引入日本的大野连太郎认为：“以往的国际理解教育是以国家为基本单位不断加深国际理解而进行的教育，随着时代的发展，单凭一个国家的力量已经无法应对国际形势和全球问题，全球教育的出现正好弥补了这一空白。”② 进入20世纪90年代后，这种情况更加明显。鱼住忠久进一步将国际理解教育和环境教育等都统合在全球教育范围之内。他认为：“国际理解教育是以主权国家集合体组成国

① 佐藤郡衛．国際化と教育—日本の異文化間教育を考える［M］．東京：放送大学教育振興会，1999：160.

② 大野連太郎等．カリキュラム構成の今日的課題2—グローバルと社会科［J］．社会科教育，1979(1)：123-131.

际社会为前提，通过对他国的理解、异文化间的理解、国际关系的理解等，在各国间、国民间进行和平、友好、合作及人权保障的教育”；与此相对，全球教育则是“以全球化和相互依存性逐步加深的世界为前提，重视全球化的视点和全球性价值观的养成，培养具备全球公民性素质的人才”①。那么怎样在合格国民的公共教育体制下培养“全球公民”？日本学界存在三类观点：一类是立足本国，以融合的视角看目前官方和民间合作的局势，主张以本国需要为出发点在文部科学省政策框架下发展“全球公民”教育；二是以联合国教科文组织和平文化和超越国家框架的“全球公民”培养论为出发点，用冲突的视角看待文部科学省的各项政策；三是主张应兼顾日本的特殊性与全球的普遍性，在两者之间寻找平衡点。

(2) 理论与实践的有机结合

日本的国际理解教育相关民间组织，多年来理论联系实际，开发出诸多国际理解教育课程，形成了庞杂浩瀚的国际理解教育资料库。这一点在没有被纳入正式课程、学校深受学历低下舆论而不得不加紧学历教育的环境中显得尤为令人瞩目。尤其是日本国际理解教育学会，在研究实践委员会的主导下扎根实践，紧密呼应实践需要，给中小学开发国际理解教育课程提供了坚实的支持。日本全球教育学会则从全球责任感培养角度入手，融合了诸多研究领域，力求准确把握和解读全球化背景下的国际国内问题。异文化间教育学会作为成立较早、规模也较大的民间学会，对海外人员子女教育、回国人员子女教育问题的解决提供了诸多有意义的建议。而随着移民的增加，日本国内的“多元化”趋势加剧，异文化间教育研究又专门设置海外移民子女教育、留学生教育等研究领域，主要针对日本国内的文化融合问题进行相关研究。在纷繁复杂的国际国内环境下，日本的国际理解教育将迎来更加复杂多元的局面，需要从多方面进行探讨。

① 佐藤郡衛．国際理解教育—多文化共生社会の学校づくり［M］．東京：明石書店，2001：29.

第二篇　韩国国际理解教育的政策与理论

I 韩国国际理解教育的概念边界

韩国国际理解教育的外延包括“国际理解教育”“‘全球公民’教育”(地球市民教育)、“多元文化教育”“可持续发展教育”“人权教育”“和平教育”等。将这些概念纳入国际理解教育范畴,是由于它们的称呼虽然不同,但都体现出以下两大特征中的至少一种:一是联合国教科文组织提倡的、旨在达到世界和平、以培养“全球公民”为目的的相关教育;二是政府推动下的、旨在提高教育国际化水平,以解决由于全球化导致的各类问题为目的的相关教育。基于韩国国际理解教育的这两大体系,本书将其概念范畴归纳如下。

1. 和平教育

联合国教科文组织韩国委员会、韩国国际理解教育学会等机构都将和平教育作为总目标。和平教育以非暴力、爱、怜悯、对生命的尊重等作为价值基础,培养学生解决冲突、进行合作的能力,最终目的在于使学生形成为世界和平做出贡献的态度和价值观。和平教育的内容丰富多样,包括世界秩序的形成、各国间冲突的起源、军费、贫困等主题都曾被开发成韩国和平教育的内容。对于经历殖民统治并至今处在南北分裂状况下的朝鲜半岛,和平教育具有更为特殊的意义。

2. 人权教育

人权教育在韩国往往被纳入和平教育范畴,统称为“人权与和平教育”。

人权教育的目的在于使学生思考与人的尊严有关的安全、生命权问题,致力于废除任何形式的种族歧视,通过人与人的相互尊重来消除对他人的排斥与偏见,并提倡公民责任、宽容和非暴力解决冲突。

3. 文化间理解教育

文化间理解教育,是韩国国际理解教育最经典、核心的教育内容之一。20 世纪 60 年代韩国启动国际理解教育活动之时,就将其作为主要内容,目的就是摆脱自我中心的文化理解,从地理、经济、政治、日常生活等多角度理解、包容以及接纳其他国家和地区的文化。

4. 可持续发展教育

可持续发展教育是近 20 年来深受韩国教育界重视的主题,初期作为环境教育的一环,近年来其范围扩大至社会、国家乃至世界的可持续发展。韩国的可持续发展教育发展迅速、影响巨大,形式丰富多样,近年来甚至出现以可持续发展教育来涵盖国际理解教育的主张。

5. “全球公民”教育

“全球公民”教育与和平教育一样,经常被韩国学者推崇为国际理解教育的培养目标。本文认为韩国的“全球公民”教育有两大不同观点:一是韩国国际理解教育学会所主张的观点,认为应跨越国家疆界强调作为全球一员的责任;二是从政府角度出发,主张以国民培养为前提实施全球公民教育。但是这两大体系都深受 2012 年由时任联合国前秘书长潘基文提出的“教育第一”全球倡议(Global Education First Initative)的影响,无论从民族主义还是从国际主义的角度讨论国际理解教育,都会主张"全球公民"素养培养。当然,在"全球公民"所应具备的素养、"全球公民"教育内容等方面,二者有本质不同。

6. 多元文化教育

20世纪末开始,韩国境内各类移民持续增加,给韩国社会带来了巨大冲击。随着原住民对新移民的歧视越来越成为社会问题,多元文化教育便成为韩国国际理解教育的重要组成部分。韩国政府于2008年出台《多元文化家庭支援法》,理论界也开始关注多元文化教育问题,同年成立多元文化教育学会。

韩国国际理解教育的上述概念边界在不同时代具有不同的内涵和外延,即使在同一时代,实施主体也会提出不同的实施目的和内容框架。这些概念有的作为国际理解教育系统的组成部分,也有的作为相对独立的教育内容,但都在不同程度地影响韩国教育。

II 韩国国际理解教育的发展历程:民族主义的国际化蜕变

1. 国际理解教育的发端:步入国际社会

韩国的国际理解教育始于20世纪60年代的联合国教科文组织合作学校。与日本一样,当时韩国也将国际理解教育视为跻身国际社会的敲门砖,这与当时特殊的时代背景有关。

1948年，韩国结束长达35年的日本殖民统治和美国干预下的3年军政期，宣布独立。但是，在国家处于军事分界状态、意识形态纷争尚存、经济处于低谷、教育水平低下的状况下，韩国无暇顾及国际社会动态。意识形态冲突导致1950—1953年的朝鲜战争，需要重拾国民信心，建立国民对国家的归属意识和认同感，是当时韩国政府的重要责任。朴正熙(1917—1979)于1961年发动"5·16军事政变"，成为"国家重建最高会议"议长，实施2年7个月的军政并代行总统一职后，1963年正式成为第5任总统。朴正熙在任期间，一方面大力发展经济，另一方面通过教育进行国民改造，培养国民对国家的认同。在国际政治格局中，韩国被编入以美国为首的资本主义阵营，并受其援助。"由于地缘政治的因素，韩国成为美国在亚洲所选定的、对其他新独立的国家具有示范作用的援助对象。"①

朴正熙将经济增长作为国家发展战略，甚至为此不顾国内强烈的反对声音与前殖民宗主国日本恢复邦交并签订韩日协定，还出兵参加越南战争，积极进入欧美市场，开创了韩国以出口为主导的经济发展模式。为此，朴正熙每年亲自主持"出口振兴扩大会议"，确认国家经济发展战略中的出口目标，尤其是利用驻世界各国的海外使领馆，积极开拓出口市场。这些背景都从客观上促发了韩国了解世界不同国家文化，提高学生国际交往能力的需要。总之，20世纪60年代韩国实施国际理解教育的初衷，从经济上可以理解为提高学生对外国文化的理解，培养具有国际交往能力、能够开拓世界市场的学生；从政治上则可理解为积极跻身以美国为代表的"国际社会"。在这样的实施背景下，韩国的国际理解教育从一开始就显示出与日本十分不同的特点：政府出于国家政治经济发展需要来推动国际理解教育，而且将国民意识的培养作为首要前提。

1961年，汉城师范大学附属初中及高中、梨花女子大学附属中学(初高中一贯②)、淑明女子大学附属中学(初高中一贯)4所中学被选为联合国教科文组织合作学校。③ 在这样的社会条件下发展国际理解教育，韩国很难形

---

① 董向荣．美国对韩国的援助政策：缘起、演进与结果[J]．世界历史，2004(6)：24.

② 初高中一贯：指同时设有初中部和高中部，初中学生可直升本校高中的完全中学。

③ 유네스코아시아•태평양국제이해교육원．국제이해교육의 동향－미국，일본，호주，한국－[M]．서울：정민사，2003：381.

成本土化的概念和理论体系，被动接受联合国教科文组织影响，主要围绕国际理解教育合作学校活动开展国际理解教育，内容也只包括四大主题："人权""和平""文化理解""国际组织的使命"。但是，这 4 所学校在韩国国际理解教育史上的意义是非凡的，它们都是韩国著名的公立和私立中学，在刚刚结束战争、百废待兴的韩国代表了教育发展的前沿，成为引领中小学学生了解世界、参与国际活动的窗口。因此，联合国教科文组织合作学校负责活动的教师都非常自豪，每年自发召开国际理解教育研讨会，相关负责人和校长聚在一起交流信息，研讨活动方法。20 世纪 60 年代末，韩国的国际理解教育合作学校增加至 14 所。[①]

2. 国际理解教育的停滞：民族主义的高涨

20 世纪 70 年代，朴正熙改变民主选举的政治程序强行连任总统，并试图通过政治高压政策来维系其统治合理性。与此同时，朴正熙政府推动国民教育计划，加强意识形态教育，致力于培养爱国国民，以完成其"建设富强国家"的理想。"全球和平"前提下的国际理解教育在该时期就显得不合时宜。1974 年，联合国教科文组织第十八届大会通过《1974 年建议》，呼吁世界各国学生思考全人类共同面临的问题，培养全球的胸怀。此时，韩国政府已全面停止对联合国教科文组织合作学校的资助活动，韩国的国际理解教育进入停滞期。

3. 国际理解教育的兴起：教育国际化的影响

20 世纪 80 代，随着国际化趋势的显现，世界各国在面向 21 世纪的教育规划中纷纷加入国际化对策相关内容。韩国也将教育国际化作为国家发展

① 유네스코아시아•태평양국제이해교육원. 국제이해교육의 동향 - 미국, 일본, 호주, 한국 - [M]. 서울: 정민사, 2003: 382.

重点战略，使国际理解教育“重见天日”。1981 年，在韩国的召集下，联合国教科文组织国际理解教育亚洲地区会议在汉城召开，讨论在亚太地区实施国际理解教育的必要性以及各国间建立国际理解教育网络的可能性。1982 年，联合国教科文组织韩国委员会以“国际化时代韩国的国际理解教育”为题，召开第十三届国际理解教育研讨会，并以此为契机重启联合国教科文组织合作学校活动，且将合作学校增加至 36 所[①]，标志着韩国国际理解教育的复苏。复苏后的国际理解教育关注国际化时代国际理解教育的本土发展，对韩国国际理解教育的目的、实施原则都做了方向性调整。1985 年，联合国教科文组织韩国委员会进行“国际理解教育发展计划研究”，并向政府建议将国际理解教育作为国家战略进行推广，近期则以联合国教科文组织合作学校作为主干实施国际理解教育。

20 世纪 90 年代以后，国际形势发生了巨大变化，促使韩国政府开始关注国际理解教育与国家战略之间的关系。韩国政府认识到，交通与信息技术的发展促使经济全球一体化趋势愈加明显，市场经济体系和自由竞争理念在世界范围内的渗透使国境概念变得越来越模糊；冷战体制的崩溃和西方自由民主主义体制的扩散使世界面临世界秩序重整的局面；人类过度的发展要求，造成环境及生态的严重破坏等。这些变化深刻影响着韩国，从每个人的生活到政府决策都需应对这样的变化，这是国际理解教育借助政策优势在韩国迅速兴起的重要原因。

1995 年韩国政府将联合国教科文组织韩国委员会指定为国际理解教育中心，1996 年联合国教科文组织韩国委员会召集国内学者创建了国际理解教育研究会，积极开展国际理解教育理念的本土化研究，1998 年又启动“跨文化意识”项目（Cross Cultural Awareness Programme，CCAP），动员在韩国居住的外国人以志愿者形式参与学校活动，使韩国中小学生不出国也能近距离接触外国人并了解他们国家的文化。该时期韩国的联合国教科文组织国际理解教育合作学校数量飞速增长，2003 年增长至 100 所。[②]

1996 年，韩国梨花女子大学召开题为“全球教育的方向与课题”的国际研讨会，第一次从学理上讨论作为国际理解教育目标的“全球公民教育”相

---

① 한국국제이해교육학회 . 모두를 위한 국제이해교육[M]. 서울：살림터，2015：274.

② 한국국제이해교육학회 . 모두를 위한 국제이해교육[M]. 서울：살림터，2015：275.

关概念与问题。同年,联合国教科文组织韩国委员会提出国际理解教育的教育目标体系,将"全球家族意识和地球村意识的培养""面对种族、文化的多样性,培养文化相对主义的宽容态度""理解世界的相互依赖性及相互关系""培养全球沟通的能力和态度""对全球问题的理解与探究能力的培养""深入理解韩国在急剧变化的世界体系中的地位与作用""认识到在解决个人、社会问题的过程中形成世界社会视角与未来视角的重要性""致力于韩国文化的世界传播,认识到国际社会文化中确立自身文化体系的必要性""理解全球秩序以及各种国际组织的作用"① 等作为目标,并强调全国中小学广泛实施国际理解教育的必要性。联合国教科文组织韩国委员会的这些建议得到韩国政府的重视,1997 年,韩国教育部部长李明贤代表韩国在联合国教科文组织第二十七届大会上与该组织签订协议,并于 2000 年成立了亚太地区国际理解教育研究院(Asia-Pacific Centre Education for International Understanding)。亚太地区国际理解研究院成立以来,明确提出"全球公民"培养目标,通过开发教育项目、实施教师培训、编写教材等方式将国际理解教育理念传播到韩国的中小学乃至整个亚太地区。1999 年成立的韩国国际理解教育学会也以中小学为对象,积极推动着国际理解教育的发展。这些动向自然也影响到中小学教育课程。韩国教育部于 1997 年颁布的第七次教育课程设置"裁量时间",要求不受学科限制根据地区特点灵活实施综合性跨学科教育。裁量时间由"生活外国语"和"科学实践"两部分内容组成,其中在"生活外国语"课程中加入了不少关于"了解外国文化和外国人的生活习惯"方面的内容,标志着韩国跳出联合国教科文组织合作学校范围,第一次将国际理解教育纳入国家课程内容,且要求全国中小学普遍实施。

2001 年,韩国全国市、道教育厅纷纷开展国际理解教育示范校遴选活动,标志着国际理解教育成为各地方政府的教育政策内容。全国的地方教育厅选取小学 2 所和初中、高中各 1 所作为国际理解教育示范校,在联合国儿童基金会的资助下开展"联合国儿童基金会地球村俱乐部"活动,活动目标是"扩大对国际理解教育的了解",即通过开展"理解各国风土人情和民俗""帮助贫困地区的儿童"等活动促进联合国儿童基金会的国际援助活动。

---

① 정두용 . 세계시민을 위한 국제이해교육[M]. 서울: 정민사,2003:34.

联合国儿童基金会地球村俱乐部活动中最多的内容是对饥饿、难民、战争、环境污染等地球村中发生的诸多问题进行调查,与处在恶劣环境的地球村村民共同思考解决方法。与此同时,作为扩大国际理解教育影响的重要举措,联合国教科文组织韩国委员会与韩国教育部合作,在全国110所中小学开展了"与外国人在一起——文化教室"活动,在全国各地招募外国人志愿者,请他们到各中小学向学生介绍本国文化并与中小学学生进行面对面的交流。对于很多从未出过国门的中小学学生来说,该活动是他们了解外国文化的绝佳机会。

4. 提倡"全球公民"教育:全球教育论坛之影响

进入21世纪以来,全球化已渗透至世界各个角落,影响到世界的政治、经济格局,也给人们的生活带来了深刻变化。韩国认识到国家间竞争的重要性,2010年就已制订出国家人力资源发展计划,宣布要实现教育竞争力世界前十名的目标。此外,韩国社会急剧增加的多元文化趋势,也促使韩国政府考虑其对策。在这样的背景下,韩国更加积极地参与联合国教科文组织活动来推动国际理解教育,同时力求寻找到韩国本土模式。

对韩国全面实施国际理解教育起到决定性作用的是2012年时任联合国秘书长潘基文在联合国教科文组织大会上提出的"教育第一"全球倡议。2012年9月26日,潘基文提出作为五年计划的"教育第一"倡议案。它是一个最高级别的全球宣传平台,旨在加大力度推动国际社会商定的2015年教育目标,并使全世界努力履行教育承诺。"当我们把教育放在第一位时,我们能减少贫穷和饥饿,去除潜在的资源浪费并期盼为所有人服务的更强大、更美好的社会的到来。"① 五年计划的三大优先领域是:"向每一个儿童提供教育机会;努力改善教育质量;促进全球公民意识培养。"潘基文的这个号召传达出:教育不单是道德的需要,它是国家建设繁荣、健康和谐社会的最佳投资。该计划将把教育放到社会、政治和发展议程的中心位置。

① 联合国教科文组织.仁川宣言[R/OL].(2015-09-26)[2016-01-13].http://www.unesco.org/new/zh/education/global-education-first-initiative-gefi/.

2015年5月由韩国政府和联合国教科文组织共同举办的世界教育论坛在仁川松岛召开。世界教育论坛是教育领域最大的国际会议，每15年举行一次，时任联合国秘书长潘基文、联合国教科文组织总干事伊琳娜·博科娃、世界银行行长金墉等国际机构的高层人士和100多个国家高级官员等共约1 500人出席了会议。此次论坛的主题是“通过教育改变人生”，论坛就“我们能不能向全世界所有人提供平等和高水平的教育”问题进行了讨论，并宣布《仁川宣言》设定了今后15年世界教育的前进方向和目标。受其影响，韩国政府积极研究国际发展动态，开始将“全球公民”纳入国家课程体系。2015年，韩国颁布以核心素养为基础的初中等教育课程，其中在核心素养中明确提出“共同体素养”，指出要培养具有共同体意识，作为与世界沟通的民主市民践行关爱、学会共享的“共生之人”[①]。核心素养体系下的课程体系直接影响到韩国的初中等教育，全球公民教育成为新的热点。

2016年6月，由国际性救援及发展机构——世界宣明会承办的“第四次全球公民教育案例募集展”颁奖典礼在首尔召开，此次奖项设置包括：教育部部长奖1名、KOICA（韩国政府援助机构）理事长奖1名、宣明会会长奖1名、全球公民奖2名。受2015年全球教育论坛影响，全国有86名教师参与该活动。[②] 除联合国教科文组织等机构以外，韩国教育部从2015年开始积极开发国内外“全球公民”相关教育课程和学习资料、培训教师等，力图将本国的“全球公民”教育经验扩散至国内外。

III 韩国国际理解教育的政策发展及实施现状：人类理想与本土现实

韩国国际理解教育的实施始终高举联合国教科文组织理念的大旗，其政策推行也深受国际组织影响，主要实施机构是联合国教科文组织韩国委

① 한국교육부 . 초중등학교 교육과정 총론[S]. 교육부고시 2015-74 호,2015.1.

② 한국교육부 . 세계시민교육,학교현장으로 확산 - 전국 교사 대상 세계시민교육 사례 공모전 시상식 개최(2016-03-21)[2016-06-11]. http://blog.naver.com/moeblog/220733086384.

员会、联合国教科文组织亚太地区国际理解教育研究院、韩国国际理解教育学会。这些机构在国际理解教育的推动过程中对中央和地方政策产生很大影响,但是在这些追求“人类理想”的宣言背后,韩国所有政策的出发点还是基于国内教育问题的,只是韩国的非官方机构和官方机构在国际理解教育目标和内容设计上比较一致,均强调立足本国的“全球公民”培养。作为曾经历日本殖民统治且不得不面对南北分裂局面的韩国,高扬民族主义曾是国家生存的法宝,因此在国际理解教育的实施过程中自然不会撼动其根基。但是必须指出,韩国的国际理解教育目前面临的困境也恰恰是由于这一点,体现为联合国教科文组织理想和本土问题之间的矛盾。

1. 国际理解教育的相关政策概况

(1) 国际理解教育的法律依据

①《教育基本法》

韩国现行《教育基本法》[①] 第二条(教育理念)规定:“教育在弘益人间的理念下使所有国民陶冶其人格,具备自主生活的能力以及作为民主市民的资质,维系有尊严的人生,并贡献民主国家的发展和人类共荣的理想。”从该条中体现出的韩国教育理念中,有个人发展层面的内容,即“人格陶冶、自主生活的能力、民主市民的素质”;有国家发展层面的内容,即“贡献民主国家的发展”;更有世界发展层面的内容,即“人类共荣的理想”。“人类共荣”理念虽然早在50年前提出,但韩国一直没有条件实施相关教育。随着全球化时代的到来,该教育理念成为韩国实施国际理解教育的法律依据。

② 联合国教科文组织活动相关法律

韩国于1963年颁布的《联合国教科文组织活动相关法律》第三条规定:“在大韩民国,联合国教科文组织活动立足联合国基本精神,联合国教科文

① 1949年颁布《教育法》,1997年改订为《教育基本法》《初中等教育法》《高等教育法》三法。

组织宪章和该组织历届大会精神,通过教育、科学、文化,向所有国民普及崭新的国际社会知识和公正的国际理解,并通过积极的国际交流促进国际理解、亲善和合作,实现民族文化的蓬勃发展,为确立世界和平理念和增进人类共同福祉做出应有贡献。"①

这一规定虽然颁布于20世纪60年代,但从理念上几乎囊括了国际理解教育的所有领域和内容:国际理解教育的全面普及;通过国际交流实现国际相互理解、亲善和合作;发展民族文化;确立世界和平理念;促进人类福祉。

(2) 国际理解教育政策体系

韩国的国际理解教育政策分为中央和地方两大体系。

中央政府的国际理解教育政策主要体现在:①制定国际理解教育法律依据,尤其是联合国教科文组织韩国委员会和国际组织活动相关法令、多元文化教育相关法令;②自20世纪60年代开始在全国范围内选定联合国教科文组织国际理解教育合作学校,推动其国际理解教育活动的实施。经过20世纪70—80年代的停滞期,重新启动国际理解教育之时,中央政府在全国范围内选定国际理解教育示范学校并进行宣传活动来推广国际理解教育;③为联合国教科文组织韩国委员会以及亚太地区国际理解教育研究院的国际理解教育相关活动提供资金支持。尤其是亚太地区国际理解教育研究院,由韩国政府向联合国教科文组织建议而创建并提供经费支持,是目前世界上唯一一个以国际理解教育命名的国际组织;④在国家课程中纳入国际理解教育相关内容。自2001年开始实施的第七次教育课程中明示作为裁量活动的一项内容实施国际理解教育以来,韩国的国家课程中都包含国际理解教育相关内容。2015年课程改革时,更明确提出以"共同体意识"作为核心素养,在道德课程目标中提出要培养"全球公民"意识。这些都表明韩国中央政府的国际理解教育政策走向。

作为国际理解教育的实施机构,地方政府的相关政策则更加具体、系统。自1990年开始,地方教育厅在本地区推选国际理解教育示范学校,该活

① 유네스코한국위원회. 유네스코활동에 관한 법률[EB/OL].(2012.01.26)[2016.09.14]. http://law.go.kr/LSW/nwRvsLs.SlnfoR.do.

动持续至今。2003年,亚太地区国际理解教育研究院第一次以全国16个市、道教育厅为对象进行国际理解教育实施情况调查,所有市、道教育厅都表示在实施不同程度的国际理解教育(见表2.1)。①

表2.1 首尔市、全罗南道教育厅2003年度国际理解教育政策及实施计划

	首尔市	全罗南道
政策目标	"扩大国际教育交流,理解世界文化"总政策: • 迎接21世纪信息化、全球化时代,扩大教育、研修机会,培养学生与不同历史文化背景的世界各国人民进行合作的同时参与竞争的素质和品德 "世界文化理解教育"实施目的: • 培养共同体意识,使学生在地球村能够与世界各国人民和谐地生活	政策缘由: • 未来社会将出现更加显明的专业化趋势,个人之间、国家之间的竞争将愈加激烈。在这样的社会中,……有必要培养学生理解和关心他人的品质,更要使学生超出个人、他人的范畴,思考人类共荣的未来,培养学生的共同体意识,使学生能够通过公正的竞争与合作创建对彼此有益,互惠、共生地生活 "增强共生之共同体意识"实施目的: • 通过理解世界各国的文化,确立韩国人的认同感;培养全球化、信息化社会的应对能力;学习全球通用礼节,理解和尊重不同文化
政策内容	幼儿园及小学阶段: (1) 增加世界风土人情教育内容: • 与学科教育相联系,通过利用媒体作品、聘请有海外居住经验的人士等途径实施世界各国文化教育 (2) 举办世界文化教育相关的青少年团体活动: • 组织创建世界文化学习相关部门,实施世界文化学习活动,加强与外国青少年团体的交流活动 (3) 鼓励与国外学校缔结交流协议,进行互访: • 加强与国外学校的姊妹校联谊活动,由教育厅制作颁发与国外学校的交流指南	(1) 加强"应对全球化"教育: • 指导各学校加强学科教育中世界文化理解相关内容的学习 • 加强时事教育。要求学校设置世界文化角;制作世界文化和实事理解简报;由都教育厅制作颁布世界文化理解学习资料 • 与联合国教科文组织韩国委员会合作,加强世界理解"地球村"俱乐部活动 • 各学校增加"1人1国家"集中探究学习内容

① 유네스코아시아•태평양국제이해교육원. 국제이해교육의 동향 – 미국, 일본, 호주, 한국 – [M]. 서울: 정민사, 2003: 430.

续表

<table>
<tr><th></th><th>首尔市</th><th>全罗南道</th></tr>
<tr><td rowspan="3">政策内容</td><td>中学阶段:
(1)融合学科内容进行教育:
• 通过媒体、网络进行不同主题的世界文化调查;增加学生发表海外旅行经验的机会;对待外国人的基本礼节教育
• 特别活动展示、文化节等学校活动中加入世界文化学习内容
• 通过访问各国大使馆、文化院等活动增加学生的文化体验,举办各类讲座</td><td>(2) 加强国际交流与合作:
• 扩大国际交流活动和体验机会
• 支持国际姊妹学校缔结活动
• 扩大支持国际的教科研交流活动
• 增加访问国外机会
• 组织、管理、表彰网络国际旅行团活动
• 指导学生参加各类国际会议志愿者活动</td></tr>
<tr><td>(2) 促进与发达国家的教育交流:
• 促进与外国教育机构师生的交流
• 通过网络与国外学校进行交流</td><td rowspan="2">(3) 举办国际文化交流相关活动由都教育厅举办各类国际文化相关活动,包括世界民俗发表大会、全球通用礼节表演大会、外国货币鉴赏会等</td></tr>
<tr><td>实施途径:
• 通过“裁量活动”“学校特别活动”等形式增加学习世界不同国家文化的机会
• 与本国传统礼节教育相结合,进行全球公民教育</td></tr>
</table>

资料来源:根据以下书籍内容由本文整理:유네스코아시아•태평양국제이해교육원 . 국제이해교육의 동향 - 미국,일본,호주,한국 - [M]. 서울:정민사,2003:436-441.

韩国重启国际理解教育并迅速发展的20世纪90年代末到21世纪初,是韩国经济开始加入全球化版图,从政治上应对全球化导致的移民增加等问题的时期,这也决定了韩国政府对国际理解教育的定位:应对全球化所带来的国际竞争需要,解决国内价值多元化带来的矛盾与冲突。

(3) 多元文化教育政策

全球化带来的人口跨境移动,使韩国自近代以来建构的单一民族幻象受到冲击,急剧增加的境外移民使韩国社会的人员构成变得多元复杂。韩国的移民潮有三个来源:一是自20世纪90年代中期开始显著增加的、由朝鲜越境移居的“新乡民”;二是21世纪初期开始出现的国际婚姻移民;三是在韩国或合法、或非法的身份长期居住的外国人。这些移民虽然性质各不相同，却从各个方面改变了韩国社会，带来诸多问题。在这样的背景下，韩国政府最关注的是解决包括国际婚姻家庭在内的移民和国民之间的融合。为此，政府实施了诸多相关政策，以帮助这些人尽快融入韩国社会，包括进行韩国语教育、向他们宣传和介绍韩国文化、提供各类就业培训等。政府甚至实施访问咨询师制度，向那些无法亲临现场接受培训和教育的移民提供家访服务，教育内容包括韩国语、韩国文化教育，甚至包括育儿、养育有关的各类课程。目前，韩国将这些教育统称为“多元文化教育”。

(4)“新乡民”教育政策

自20世纪90年代中期，来自朝鲜的移民数量逐年增多，韩国政府先称其为“脱离朝鲜者”“脱北者”，并出于政治需要提供各种定居政策，例如设立“同胞园”使“脱北者”抵达后到这里接受3个月的教育培训，了解和适应韩国社会，再提供数量可观的安家费。但是这些政策随着“脱北者”的急剧增加显露出其治标不治本的问题。这些“脱北者”及其子女在韩国定居面临语言不熟悉、制度不熟悉、受教育内容无法接受等诸多问题，成为他们顺利扎根韩国社会的障碍。更加严峻的问题是韩国国民对这些新来者的歧视，严重影响到“脱北者”适应韩国社会。韩国政府近年来将“脱北者”的称呼改为“新乡民”，希望以此消解“脱北者”的名称给他们的标签印象。“新乡民”中自然包括青少年，据韩国统一部的统计，自2007年开始平均每年都有数百名青少年“新乡民”(6~20岁)来到韩国，但是他们在学校的境遇十分令人担忧。由于歧视、不适应教育内容等问题，很少有“新乡民”子女能够顺利适应韩国学校。[①]

近年来，韩国政府持续提出各种政策来帮助“新乡民”适应韩国。例如在2016年统一部业务报告中强调将加强教育培训，为脱离朝鲜的“新乡民”提供长期的职业生涯设计服务，设立专门机构提供心理咨询（就业、财务、家族、学业、健康、自我管理），根据每个人的职业生涯规划提供相应的教育培训

---

① 강순원. 국제이해교육은 탈북청소년문제에 어떻게 대응할수 있는가? [J]. 국제이해교육, 2012(6): 71-98.

项目;建立榜样人物库,向新来的移民提供扎根经验。[①]

(5) 多元文化家庭子女教育政策

自进入21世纪以来,随着韩国文化在海外影响力的提高,韩流影响下的国际婚姻逐渐增多。另外,随着出生率的降低和城市化影响,农村男青年因在国内难以找到配偶到其他国家和地区寻找伴侣结婚的现象也增多了,这些现象都导致国际婚姻数量的剧增,外国人加入韩国国籍的数量也开始增多。这些家庭的子女被称为"多元文化家庭子女"。韩国统计厅的数据显示,2015年韩国的"多元文化家庭"数达到299 241家。[②]多元文化家庭子女由于其父母中的一方(多为母亲一方)有韩语障碍和文化不适应等问题导致适应韩国教育环境困难,更由于这些家庭大多为贫困家庭,导致来自社会的歧视,使他们很难融入韩国主流社会。为了解决这些问题,韩国政府于2008年颁布《多元文化家族支援法》,从多方面进行政策支持,帮助这些多元文化家庭子女融入韩国学校的学习和生活。

《多元文化家庭支援法》从多角度明确了各级政府、部门的责任,并提出了具体要求,相关内容如表2.2。该法对多元文化家庭定义为:"多元文化家庭是指与韩国国民有过婚史或正处于婚姻状态下的在韩'外国人'或根据《国籍法》取得韩国国籍的人所组成的家庭。"[③]

表2.2 《多元文化家族支援法》中与国际理解教育政策相关的内容

条目	具体内容
第三条	国家和地方自治团体(指地方政府)应建设多元文化家庭的所有成员在韩国维系稳定的家庭生活所必要的制度与环境,并为此制定实施相应政策。女性家族部部长应为多元文化家庭提供支援,建立以每5年为单位的多元文化家族政策实施计划

① 한국통일부. 2016 업무계획[R/OL].(2016-01-12)[2016-11-12]. http://www.unikorea.go.kr/content.do?cmsid=3742&mode=view&page=&cid=47122.

② 통계청.2015 년인구통계 - 가족가구통계 - 다문화가족통계[R/OL].(2015-01-01)[2016-11-12]. http://kosis.kr.

③ 한국국회. 다문화가족지원법제 2 조,2008 년 3 월 21 일 공포.

续表

条目	具体内容
第四条	女性家族部应在每3年对多元文化家庭进行实际生活状态调查,把握他们真实的生活状态,以此作为改善政策的依据
第五条	国家和地方自治团体应采取各种措施进行多元文化理解教育和宣传工作,预防韩国社会对多元文化家庭的歧视和偏见,促使所有社会成员认可和尊重文化多样性
第八条	国家和地方自治团体应向婚姻移民提供在韩国生活所需要的基本信息,并为他们提供社会适应教育、职业教育培训、韩语教育等教育和培训
第十条	国家和地方自治团体在对儿童进行教育、保育的过程中不得对多元文化家庭成员进行任何歧视
第十六条	为缓解婚姻移民者的沟通困难问题,提供贴心服务,应努力提供多语言的政务服务。国家和地方自治体可为那些实施多元文化家庭支援工作的个人或团体提供所需费用的部分或全部资助,以及其他必要的行政支援

资料来源:한국국회 .다문화가족지원법,2008년 3월 21일 공포 .

从《多元文化家庭支援法》中可以窥见韩国政府为这些非韩国文化背景的“外国移民”融入韩国社会所做的努力。当然,除了这些国际婚姻家庭子女以外,另有来自朝鲜的移民——“新乡民”,更有在韩国长期工作的国外劳动者以及非法滞留韩国的“非法移民”。据韩国统计厅的统计,长期居住(居住日期超过90天)的外国人数由2006年的632 490名增至2015年的1 143 087人。①

在韩国,多元文化教育政策有广义和狭义之分,很多地方政府在政策制定和实施过程中对多元文化家庭的范围进行扩大,除了国际婚姻家庭子女外,还包括那些取得韩国国籍的外国移民家庭子女、“新乡民”子女以及长期的外国劳动者家庭子女。这些家庭子女的共性就是由于文化背景、母语环境、生活习惯的不同,很难顺利适应韩国学校的学习,同时面临来自其他学生乃至社会的歧视。这样的现实也深刻影响到韩国的国际理解教育和多元文化教育理论研究中对多元文化教育边界的定位。

韩国政府认为,这些问题不是教育部以一己之力能够解决得了的,政府各部门应共同合作,协调完成。与韩国多元文化教育政策实施相关部门及职能范围如表2.3所示。

① 통계청 . 2015 년장기체류외국인수[R/OL].(2015-01-01)[2016/11/12]. http://kosis.kr.

表 2.3 韩国多元文化教育相关部门及职能范围

女性家族部	为移民女性的家庭生活提供育儿支援,使其参加多元文化家族支援中心活动
农林水产部	农渔村家庭移民女性的家庭生活、子女养育支援
保健福利部	多元文化贫困家庭支援
文化体育观光部	为防止文化异化进行韩国文化教育
法务部	外国人的稳定居住和人权保障相关政策

资料来源:根据韩国各部委职能整理。

2. 国际理解教育的推行机构及其职能

(1) 联合国教科文组织韩国委员会

① 联合国教科文组织韩国委员会的主要职能与运行机制

联合国教科文组织韩国委员会成立于 1954 年,是韩国国际理解教育重要的推行主体。在朝鲜战争结束以后,联合国教科文组织帮助韩国建设教科书工厂发行小学教科书,使韩国得以迅速普及小学教育,为韩国未来的经济发展打下基础。受此影响,联合国教科文组织韩国委员会长年承袭联合国教科文组织理念,积极推动该组织的相关活动。

联合国教科文组织韩国委员会在国际理解教育方面的主要作用包括以下几个方面:①积极推动国际理解教育在全国范围的实施,起到领头军的作用。韩国于 20 世纪 80 年代恢复国际理解教育就是该机构积极推动的结果,联合国教科文组织合作学校的迅速增加也是由于联合国教科文组织韩国委员会不断加强对合作学校的支持和管理,并在这些合作学校之间建立合作途径。最具有代表性的是每年召开的合作学校联盟大会,参加成员包括合作学校校长、教师、教育厅行政官员、希望参与合作学校活动的其他人员等,代表之间交换年度活动经验和信息,以此促进联盟校之间的合作。不仅如此,联合国教科文组织韩国委员会还将全国分为九大区域,推动各区域内部的教师协议会,建设联合国教科文组织合作学校网站,使合作学校得以随时进行交流合作。联合国教科文组织韩国委员会的这些活动都促使韩国迅速发展国际理解教育。②以合作学校为形式,选定并支持各类国际理解教育的实践活动。联合国教科文组织韩国委员会自 2003 年开始在全国范围内通过公开招标的形式进行国际理解教育申请项目的选定和支持工作,对于那些被选定的项目,提供资金、人员、管理等方面的全方位支持。这些项目的相关主题包括可持续发展、世界遗产、外国文化理解、全球性问题、国际机构的作用、环境问题、区域性文化研究、多元文化理解等,学校可在联合国教科文组织合作学校教育内容的四大领域中进行选择。③推动合作学校与世界其他国家和地区尤其是与发展中国家和地区开展直接、深入的交流。从 2004 年第一次连接柬埔寨和韩国的中学之间签订交流协议以来,在联合国教科文组织韩国委员会的推荐下,很多合作学校已与老挝、蒙古、印度尼西亚、马来西亚等进行交流,实践国际理解教育中的不同文化理解教育。

总之,联合国教科文组织韩国委员会的主要职能包括:调动中央及地方教育机构团体和个人参与联合国教科文组织活动;制定政府的联合国教科文组织活动计划,在签订国际协议过程中为负责人提供调查、建议、咨询等;起草联合国教科文组织大会议案,对大会参加人员进行审查,对在联合国教科文组织有关的国际会议通过的决议案中与韩国有关的事项进行审议,制定履行方案,并向韩国各行政部门提出实施建议;联合国教科文组织有关活动的实施及调整,与相关团体的合作等。

联合国教科文组织韩国委员会人员共 60 人左右:主席 1 人,由教育部任命,副主席 5 人,各由教育部副部长、科学部(原文为“未来创造科学部”)副部长、外交部副部长、经所有委员选出的 1 名其他成员组成,另外,设有监事 2 人,执行委员会 19 人。此外,委员会下设“教育”“人文社会”“文化”“信息交流”“自然科学”五大分科。设有“联合国教科文组织可持续发展教育韩国委员会”也是该机构的特色(见图 2.1)。

② 联合国教科文组织韩国委员会的国际理解教育活动

作为第一次将国际理解教育传播到韩国的机构,联合国教科文组织韩国委员会在不同阶段推动联合国教科文组织的国际理解教育理念在韩国国内的传播,同时积极开发国际理解教育的相关活动,促进国际理解教育的本土化。除了前文所述的联合国教科文组织合作学校主要教育项目外,联合国

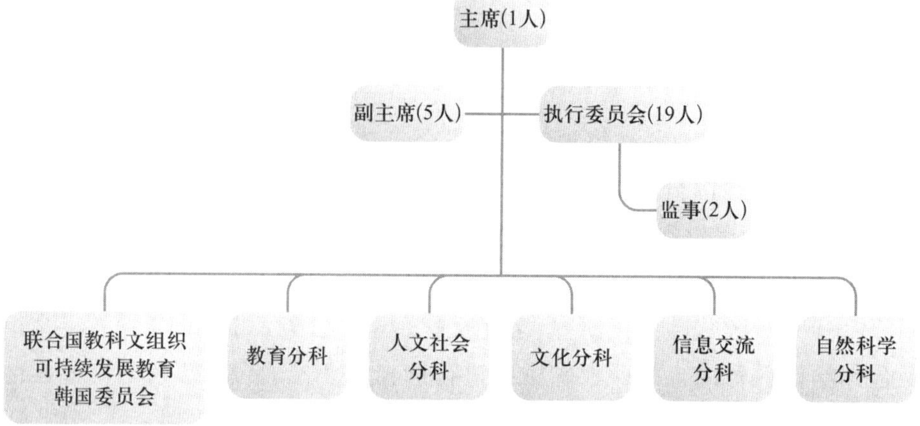

图 2.1 联合国教科文组织韩国委员会组织结构

资料来源:유네스코홈페이지[EB/OL].(2016-08-30)[2016-08-30].http://www.unesco.or.kr.

教科文组织韩国委员会还设计实施全球公民教室等面向非合作学校学生的教育活动,并加强韩国与世界各国国际理解教育相关机构和人员之间的联系,实施对外教育援助等活动。近年来联合国教科文组织韩国委员会实施的、国际理解教育有关活动如下。

a. 韩日教师间对话项目(UNESCO Korea-Japan Teacher's Dialogue)

2000 年 3 月,日本前文部大臣向韩国的教育部前部长文龙鳞提议两国教师的定期交流,文龙鳞接纳该建议并委托联合国教科文组织韩国委员会承办交流相关事宜。直至 2014 年,共有 1 669 名韩国教师访问日本,并由韩国政府邀请 392 名日本教师访问韩国。通过互访对方国家的教育一线、访问家庭等活动,增加双方国家教育文化的理解。

b. 联合国教科文组织儿童项目

该项目通过联合国教科文组织活动使学生形成面向世界的梦想与潜能,培养以国际社会为舞台开拓自己未来的能力。培养新一代全球型人才,使学生理解联合国教科文组织理念——基于世界和平的国际合作基础上,承袭联合国教科文组织理念和价值。全国 4~6 年级学生都可以申请,根据学生的意愿、热情、创造力、诚实度、关怀他人的能力、领导力等因素来选拔学生。在选拔过程中将优先考虑曾积极参与联合国教科文组织合作学校活动的学生。

联合国教科文组织儿童项目主要教育活动内容包括每年 8 月进行全球

公民夏令营,讨论国际热点问题的相关知识,开展关于和平、环境、文化等主题的体验活动;9—12月进行自主学习,通过网络学习和平、多元文化、国际机构作用等多种主题,并提交报告;1—2月进行海外冬令营活动,访问亚洲太平洋经济合作组织、联合国教科文组织等国际机构,与国际机构人员进行面对面交流等。

c. 联合国教科文组织韩国委员会大桥项目

该项目面向非洲、亚洲等地区的发展中国家的教育欠发达地区学生,在缺乏教育资源的地区设立学习中心,提供教育器材援助,派遣教师进行扫盲教育,传授职业技术等活动。直至2016年,卢旺达、赞比亚、马拉维、津巴布韦、博茨瓦纳等非洲国家和尼泊尔、不丹、缅甸、斯里兰卡、印度、尼泊尔、巴基斯坦等亚洲国家实施了该项目。

在韩国国内,联合国教科文组织更是在不同时期开发出国际理解教育相关资料,推动并实施教育活动,促进联合国教科文组织合作学校项目等,为韩国国际理解教育的具体实施起到了重要作用。

(2) 亚太地区国际理解教育研究院

1997年,韩国政府在第二十九届联合国教科文组织大会上提出建立亚太地区国际理解教育研究院的构想。经批准,2000年8月韩国政府与联合国教科文组织签订合约,正式宣布成立亚太地区国际理解教育研究院,并于2012年修订《关于联合国教科文组织相关活动的法律》,从法律上确认了亚太地区国际理解教育研究院的功能和地位。可见,亚太地区国际理解教育研究院是由韩国政府提供经费支持的机构,创立至今通过各种途径在亚太地区推行国际理解教育,其实施理念来自1974年联合国教科文组织第十八届大会上颁布的国际理解教育相关建议、《1995年行动纲领》等。

亚太地区国际理解教育研究院的主要使命是:动员国家、地区的力量来推动国际理解教育;促进亚太地区和其他地区之间的国际交流与合作;研发国际理解教育课程;进行国际理解教育培训及召开相关会议;制作出版并普及国际理解教育的教育资料和其他出版物;推动其他旨在加强亚太地区国际理解教育的项目。

① 设立目的

亚太地区国际理解教育研究院的设立目的:根据《1974年建议》和《1995

年行动纲领》的基本精神，通过积极宣传和平文化，致力于实现个人、社区、国家、国际/全球之间的和融合，以及人类和自然之间可持续的关系改善。

职能：a. 推动国际理解教育在区域、国际的实施，从而推动参与式民主主义、人权保护、社会经济之正义、文化间的相互尊重、生态的可持续发展和非暴力、正当途径解决冲突；b. 加强实施国际理解教育的教育者或机构之间的合作，实现国际理解教育在学校、社会的传播和制度化；c. 作为专门机构进行国际理解相关教育、培训、研究、课程开发，促进国际理解教育在亚太地区的传播；d. 通过合作，与其他地区和国家的教育者以及政策制定机构、民间团体共享知识信息，共同致力于提升和完善国际理解教育。

② 工作范围

a. 为和平文化推行企划以及实施相关项目和课题；b. 在亚太地区主导推行国际理解教育，同时建构其他合作平台；c. 在普及和平文化的宗旨下建构国际理解教育的哲学基础，进行教科课程的研发及实施；d. 为教师、教师培训人员组织各种培训和会议；e. 制作普及各种国际理解教育的教育资料和其他出版物。

③ 管理机制

亚太地区国际理解教育研究院由理事会、监事、院长组成，下设咨询委员会、企划行政室、研究开发室、教育培训室、国际合作室、文化宣传对话室、国际教师交流室。理事由教育部国际合作司司长、外交部文化外交局局长、文化体育观光部负责文化政策的副部长、其他两位联合国代表组成，体现出其官方性质。

④ 近期主要活动

2016 年 9 月 2 日，亚太地区国际理解教育研究院与伊比利亚美洲国家教育、科学和文化组织（Organization of Ibero-American States for Education, Science and Culture）签订合作协议。根据协议，该研究院负责为伊比利亚地区提供全球公民教育培训，加强伊比利亚成员国教育机构和人员之间的联系以及合作；加强学习者、教育者、研究人员之间的交流。2016 年 9 月 15 日，该研究院与非洲联盟委员会（African Union Commission）签订合作协议，在非洲地区加强全球公民教育、女童/女性教育。2016 年 10 月，则与联合国教科文组织国际高等教育创新中心（International Centre for Higher Education Innovation under the Auspices of UNESCO）签订全球公民教育和高等教育领域的信息通信技术相互合作协议。从以上内容中可以窥见亚太地区国际理解教育研究院的工作内容和职责范围,也可看出亚太地区国际理解教育研究院虽表明其国际机构性质,但同时作为由韩国政府提议成立、受到韩国政府资助的机构,其活动是在韩国国家战略发展的框架内实施的。

(3) 韩国国际理解教育学会

2000年韩国国际理解教育学会(The Korean Society of Education for International Understanding)成立,会员包括大学教师、国际组织成员和中小学教师、研究机构学者。该组织承袭联合国教科文组织理念,主要研究领域有文化多样性(文化间理解)、全球化、人权、和平、可持续发展等,并加强这些领域间的联系。近年来受全球教育论坛影响,致力于全球公民教育。其会员的专业领域广泛涉及人类学、政治学、教育学、社会学、经济学、地理学、法学、环境研究、艺术教育等。该学会与亚太地区国际理解教育研究院、各市道教育厅共同举办学术大会、设立国际理解教育论坛,定期讨论国际理解教育相关问题(见表2.4)。

表2.4 韩国国际理解教育学会历届研讨会主题

届次	时间	地点	主题
1	2000	大韩商工会所	创立大会:国际理解教育的争点与展望
2	2001	大韩商工会所	文明间的冲突与对话
3	2002	汉城基督教青年协会	变化中的亚洲与国际理解教育
4	2003	国民大学	全球化时代的他文化理解教育
5	2004	汉城教育大学	面向21世纪的教育改革和国际理解教育
6	2005	韩信大学	东亚文化与国际理解教育
7	2006	淑明女子大学	多元文化社会与国际理解教育
8	2007	巨济大学	重思国际理解教育
9	2008	忠南大学	英语教育、文化帝国主义以及国际理解教育
10	2009	梨花女子大学	超越多元文化,走向国际理解教育
11	2010	首尔大学	国际开发合作与国际理解教育
12	2011	首尔大学	危险社会与国际理解教育
13	2012	京仁教育大学	和平文化、全球公民性以及国际理解教育

续表

届次	时间	地点	主题
14	2013	全北大学	后现代时代与国际理解教育
15	2014	亚太地区国际理解教育研究院	21 世纪全球公民教育的展望与国际理解教育
16	2015	江源大学	后 2015 年的全球公民教育,问题与实践
17	2016	延世大学	英国脱欧以后的世界秩序与国际理解教育

资料来源:한국국제이해교육학회 . 학회주제 [EB/OL].(2016-02-25)[2016-02-25]. http://www.koseiu.or.kr/index.php?hCode=intro_01_02.

韩国国际理解教育学会由会长 1 人、副会长 2 人、理事 12 人、监事 2 人、顾问及名誉会长若干人组成,会刊是《国际理解教育研究》(半年刊)。

(4) 韩国多元文化教育学会

韩国多元文化教育学会(The Korean Association for Multicultural Education)成立于 2008 年,由汉阳大学金明姬担任筹建委员会主席,自 2011 年开始由汉阳大学车允敬担任会长。多元文化教育学会创立的主要目的在于解决韩国社会移民增多造成的歧视、冲突、不当待遇等问题,因此创立初期和韩国女性家族部、多元健康家庭振兴院等合作进行各类活动,且没能形成年会规模。自 2013 年开始,韩国多元文化教育学会与美国多元文化教育学会、国际相互文化教育学会合作召开一年一度的研讨会,一方面形成“年会”惯例,另一方面也为韩国多元文化教育学会进行学术研究提供了平台。同一时期,韩国崇实大学、大邱大学等大学也设立多元文化教育研究中心等部门进行相关研究,标志着 21 世纪以来韩国对多元文化教育的关注。

韩国多元文化教育学会的宗旨是:进行与多元文化有关教育哲学问题的思考、实践研究、政策开发,以消除因人种、宗教、国籍、阶层、性别等造成的教育歧视和不公,力求使韩国社会的所有成员能够受惠于自由平等的教育。与此同时,使所有人切实认识到,将地球作为唯一生存家园的所有人,都是具有全部权利的、有尊严的人格体,也是平等的全球公民,并因此形成使命感。[①]

① 한국다문화교육학회 . 학회소개[EB/OL].[2016-11-12]. http://www.kame.or.kr.

该学会由会长1人、副会长5人(分别负责企划组织宣传、学术、管理、财政、国际合作)、理事会和监事、常任委员会组成,每年召开国际年会(见表2.5),会刊是《多元文化教育研究》。

表2.5 2013—2016年韩国多元文化教育学会的年会主题

年度	举办地点	年会主题
2013	汉阳大学	全球化时代的认同、文化及教育重构
2014	汉阳大学	不可能之可能性:全民教育
2015	汉阳大学	提高韩国社会多元文化包容性的现状与课题
2016	首尔大学	迈向多元文化教育的新阶段

资料来源:한국다문화교육학회학회소개[EB/OL].(2016-11-22). http://www.kame.or.kr.

3. 国际理解教育的实施形式和内容

韩国的国际理解教育始于20世纪60年代,实施至今形成由国家及民间推行、自小学到大学的课程体系,在实施内容上更是百花齐放,体现出多元发展的局面。

(1)联合国教科文组织合作学校的国际理解教育活动

联合国教科文组织合作学校是联合国教科文组织韩国委员会实施国际理解教育("全球公民"教育)的主要途径。韩国的联合国教科文组织合作学校始于1961年,发展至2015年已有408所,包括124所小学、86所初中、189所高中、4所特殊学校、5所大学。[①]2016年合作学校增加至570所。[②]

①联合国教科文组织合作学校的宗旨

韩国联合国教科文组织合作学校的宗旨是:通过丰富多样的教育活动,

① 유네스코한국위원회. 유네스코학교현황[EB/OL].[2016-10-21]. http://asp.unesco.or.kr.

② 유네스코한국위원회. 유네스코학교현황[EB/OL].[2016-10-21]. http://asp.unesco.or.kr.

体现和平、自由、正义、人权等联合国教科文组织理念。目前,联合国教科文组织合作学校的教育活动以“全球公民”教育为基础实施国际理解教育和可持续发展教育,促进国际合作,推动和平文化的传播。

② 联合国教科文组织合作学校的申请程序

每年3月,联合国教科文组织韩国委员会通过官网发布招募公示,学校可在网上公开申请,然后根据公示的审查标准提交相关资料。审查标准包括:加入联合国教科文组织合作学校的主要目的和宗旨;专门负责人(校长、教师)对联合国教科文组织合作学校理念的接纳程度;是否有至少3名专门负责人;是否制订出面向教师、学生、家长、地区社会的宣传计划;其他因素,如学校的地区分布和办学层次等。联合国教科文组织韩国委员会通过这些材料的审核选定合作学校,并在教育活动等方面提供必要的指导。入选的合作学校经过2年的积极活动,可推选加入国际联合国教科文组织合作学校联盟,参与联合国教科文组织合作学校联盟的教育活动。

学校入选为联合国教科文组织合作学校联盟校后,其教育活动主要内容包括:按照联合国教科文组织合作学校的理念改造学校,致力于培养“全球公民”素养;与国内外其他联合国教科文组织合作学校和合作机构之间共享信息进行交流;获得联合国教科文组织组织的各类教育活动的优先参与权,优先获得该机构发布的各类学习资料;参加联合国教科文组织韩国委员会主办的教师、学生活动。

③ 联合国教科文组织合作学校的国际理解教育核心价值

作为世界联合国教科文组织合作学校组织的一部分,韩国的合作学校从理念上遵循联合国教科文组织国际理解教育基本原则和实施目标。现阶段韩国国际理解教育的核心价值有以下四个部分。

和平与人权。在日常生活中以能够遇到的与人权、和平相关的主题为中心,共享经验,思考他人的人权问题。主要主题包括:种族歧视、劳工移民问题、女性权利问题、少数人的地位问题、雇佣与失业的关系问题、世界人权宣言、民主决策过程等。

文化间学习。根据历史、地理、社会、语言、美术、音乐等多学科的综合性特点,提供综合性主题,讨论文化多样性问题。学校和社区社会的多元文化家庭、与移民共同的生活等理解其他国家的文化、传统、宗教等。

可持续发展。讨论并理解国际社会中的“可持续发展”理念所具有的经济、社会、环境方面的意义,了解有关争论,包括减少灾难与危机、应对气候变化、维系生物多样性等。在自己所属的共同体中找到威胁可持续发展的因素,寻找利益链中的有关人员,从多种立场出发讨论怎样转变人们的认识,促使其行为变化。

国际组织的作用。选择国际社会目前面临的问题和课题,从地区、国家、国际的角度思考和分析解决问题的方法,同时讨论国际组织和联合国教科文组织合作学校的作用及贡献。

④ 联合国教科文组织合作学校的发展目标

韩国国际理解教育的目标和理念深受联合国教科文组织影响。2012 年 9 月时任联合国秘书长潘基文提出“教育第一”全球倡议,提出“所有学生平等地接受教育”“提高教育质量”“培养全球公民意识”三大教育优先发展原则,使韩国此后的国际理解教育进一步强调“全球公民意识”培养。2013 年,联合国教科文组织韩国委员会主办、京畿道教育厅承办的联合国教科文组织合作学校创立 60 周年纪念活动在水原市召开。60 多个国家 300 余名代表与会,制订了 2014—2021 年的联合国教科文组织合作学校发展目标和行动方案,更加明确了以和平教育与可持续发展为中心内容传播和加强全球公民意识的核心目标,与会代表将联合国教科文组织合作学校指称为全球公民意识的航标灯。具体的发展目标如表 2.6 所示。

表 2.6 联合国教科文组织合作学校《2014—2021 年发展目标》

各级联合国教科文组织合作学校	目标层级	目标内容
国际层面	战略目标 1	通过多种信息通信技术平台加强联系与合作
	行动方案 1	开发各国联合国教科文组织合作学校联盟之间的网上交流系统,创建各地区之间共享与交流优秀案例的基础
	战略目标 2	将学校作为培养全球公民意识的途径
	行动方案 2	实施合作学校旗舰项目,积极推动和支持合作学校之间的国际合作活动
	战略目标 3	在地区范围内制定实施合作学校联盟项目和旗舰项目
	行动方案 3	通过培训加强各国合作学校相关部门负责人和有关人员的技术、素养

续表

各级联合国教科文组织合作学校	目标层级	目标内容
地区层面	战略目标 1	为国家层面负责人、教育行政人员、教师、学生等制定多样化的地区性合作学校项目,加强相互的交流与合作
	行动方案 1	开展培训项目,召开会议,建立工作坊或类似项目
	战略目标 2	最大限度地推动合作学校参与联合国教科文组织地区办公室、有关机构、其他的由联合国等国际组织开发的多样化的教育项目
	行动方案 2	积极参与联合国教科文组织地区办公室、有关机构、其他联合国等国际组织开发的多样化的教育项目
	战略目标 3	从地区层面设计和实施合作学校项目以及旗舰项目
	行动方案 3	建构地区内合作学校之间的协调制度,定期组织地区会议
国家层面	战略目标 1	建构合作学校和会员国其他组织之间的合作关系
	行动方案 1	建议合作学校联盟,会员国政府积极进行财政、行政支持,建立项目,加强合作学校联盟和其他组织之间的合作关系
	战略目标 2	通过合作学校联盟各国负责人与联合国教科文组织各国委员会加强合作学校之间的协调
	行动方案 2	由合作学校联盟各国负责人与联合国教科文组织国家委员会牵头组织每年 1—2 次的合作学校联盟、行政人员、教师、学生共同参与的研讨会,加强合作学校之间的协调能力
	战略目标 3	创建合作学校的品牌形象,提高大众化水平,改善国家层面的认知度
	行动方案 3	加强合作学校成员之间的认同感和归属意识,设置并改善合作学校联盟网站以及交流平台(SNS),与媒体加强合作,引进新的评价机制,提高项目质量
学校层面	战略目标 1	同教师培训机构、地区政府、市民团体、非政府机构、民间企业等开展合作项目,以加强合作力度
	行动方案 1	推行合作项目,加强合作学校联盟之间、其他民间 / 公共机构间的合作机制

续表

各级联合国教科文组织合作学校	目标层级	目标内容
学校层面	战略目标 2	通过参与国家、地区的合作学校旗舰项目，提高“全球公民”意识
	行动方案 2	制订年度活动计划，参与国际、国家、地区的合作学校联盟项目
	战略目标 3	促进学校全方位实施合作学校活动
	行动方案 3	建议合作学校的校长、行政教师、家长共同参与活动，以促进推动全校共同参与联合国教科文组织合作学校活动

资料来源：유네스코한국위원회 . 향후 10 년간의 전략 및 실행 계획 수립을 위한 권고안[EB/OL].[2016-03-12]http://asp.unesco.or.kr.

从表 2.6 的内容可以发现，以韩国联合国教科文组织合作学校为主体的国际理解教育有以下三个特征：首先，主张全球公民意识培养应作为近 10 年来联合国教科文组织合作学校的首要任务；其次，强调国际、国家、地区、学校多层面全方位实施国际理解教育的必要性与可行性；最后，以全球公民培养作为宗旨和目标，强调各国联合国教科文组织合作学校联盟之间的连带与合作。

⑤ 联合国教科文组织合作学校的主要活动及其内容——“全球公民意识”培养

a. 彩虹桥项目

“彩虹桥”教育活动是目前世界联合国教科文组织合作学校活动的重要形式之一，在“全球公民”培养的目标和理念下，各联合国教科文组织合作学校自主研发主题活动，并通过信息交流交换经验。韩国的彩虹桥项目由联合国教科文组织韩国委员会提供经费支持和内容咨询，以联合国教科文组织合作学校为依托实施。彩虹桥项目的实施目的在于使学生在理解和平、人权、国际理解、可持续发展等联合国教科文组织基本理念基础上，主动寻找符合各地区特色的主题，探索学校和地区社会共同变化的途径和方法，建设可持续发展的和谐家乡，形成全球公民意识和综合性思考与实践能力，引领世界可持续发展的未来。

韩国在全球化背景影响下正在转向多元文化、多民族社会，同时面临环境危机等亟待解决的社会问题。因此,参与彩虹桥项目的学校通过解决本地区实际面临的问题,延伸思考该怎样解决环境问题、全球性贫困问题、粮食问题、文化冲突等今天全世界面临的诸多危机,从而立志建构可持续发展的社会,成为全球共同体之一员。在日常生活中遇到的问题与全球性问题之间找到联系性是十分重要的,从改变每个人的生活方式和态度做起。彩虹桥项目实施的具体案例见表 2.7。

表 2.7 韩国联合国教科文组织国际理解教育合作学校教育活动

	1	2	3
主题名称	全球公民意识项目	不丢弃——珍惜	彩色亚洲
实施学校	始兴市银杏高中	南洋州市 真乾高中	京畿道安山市 声蒲高中
参与者	全校师生	全校师生 & 社区居民	全校师生 & 社区居民 (安山多元文化家族支援中心,无国界村)
活动时间	2014—2015 年	2014—2015 年	2013 年
关键词	人权、多元文化、 全球化	环境、经济正义	人权、多元文化、 全球化
项目设计缘由	银杏高中所在的始兴市由于工业特点,国际移民数量比其他地区多,因此有可能造成因为无法理解别国文化引起的冲突。该活动的宗旨在促发学生对世界的关心,纠正错误信息和偏见,解决本地文化冲突问题,促进地区和谐发展。同时,培养学生的全球胸怀,使学生去了解因饥饿、疾病、战争等造成的地球村“疾患”中的人们,思考自己能为解决这些问题做什么	推动减少午餐剩饭活动,并由此带动学生思考能源浪费问题,认识到可以从我做起,改变自己和社会。而且,通过小组活动一起沟通,摸索解决问题的方法	安山市声蒲高中作为外国劳动者聚居区,利用地区特点进行多元文化和人权教育。当地由于缺乏对外国人劳动者的理解,出现不少问题。活动目的:打破学生对安山地区、对外国人的偏见和先入为主的刻板印象,通过教育转换学生的意识,解决安山市的外国人问题

续表

	1	2	3
主要内容	①高一第一学期的彩虹桥项目:“多样的人权”;②“多元文化节”体验亚洲各国文化;③高一第二学期的彩虹桥项目:“我所想的多元文化,我也来发言”;④以“多样的世界文化及多元文化时代我们的态度”为主题开展多元文化探究活动;⑤高一第二学期的“全球化及全球公民意识的培养”彩虹桥项目	①与当地市民一起参加朝鲜王陵种松树活动;②讨论“我们能创建(改变)的世界”;③社区活动:“地球,你好!”“我需要几个地球?”④参与南阳州跳蚤市场活动;⑤营养师讲述午餐剩饭的故事;⑥南阳州青少年训练营合作进行回收废弃条幅制作环保袋活动;⑦联合国教科文和平周活动;⑧“我们是一家”活动主题体验教室;⑨回收废物活动;⑩“365希望球鞋”才艺奉献活动;⑪“清净圆桌”分享活动	①制作安山地区的因果树;②蒙古节活动;③制作各国宣传海报;④访问元谷洞多元文化中心并听讲座;⑤元谷洞饮食文化体验及文化认同活动(体现各种文化认同现象);⑥多元文化教育活动
评价: 活动感想	通过参与彩虹桥项目并积极向其他同学宣传的过程,比过去更关心世界问题,拓宽了视野。另外,通过项目学会以开放的心态审视本国文化,理解和包容其他国家文化,改变“认为本国文化才是世界最好”的狭隘民族心态,形成全球“公民意识”,认识到全球是一个共同体,跨越民族的界限和个人主义的藩篱,提升了共同体意识	活动过程中领悟到“用心即可看见”的道理。在活动过程中学到、认识到很多过去没有想到过、也没关注过的东西。反省自己的所作所为,关注家庭、社区的可持续发展,更加审慎地对待地球环境问题。另外,关注人类不经意的行为所造成的社会影响,与多元文化背景的人们拉近了距离。尽力改变自己,从而改变社会	开始觉得主题很生疏,没有体会到对自己意识转变有什么作用,但随着活动的深入开展,学生逐渐消除了对“多元文化”以及有多种文化背景的人的偏见

资料来源:根据联合国教科文组织韩国联合国教科文组织韩国委员会网站相关内容整理。유네스코한국위원회. 지구시민교육우수사례[EB/OL].(2015-06-07)[2016-02-21].http://asp.unesco.or.kr/.

b. 联合国教科文组织合作学校可持续发展教育项目

联合国教科文组织韩国委员会以联合国教科文组织合作学校为中心开发出其他可持续发展教育有关课程。例如,与韩国“人与生物圈计划”[①]实施机构——联合国教科文组织国立公园管理局——合作开展“可持续发展与‘人与生物圈计划’”教育活动,尤其是国内生物圈保护地区的雪岳山、高昌郡等地方开设的体验课程;与联合国教科文组织能源管理局合作开发的可持续发展课程,使学生讨论气候变化和能源问题,并从实践角度思考目前的能源危机、气候变化等问题;韩国青少年活动振兴院与5个国立青少年训练营合作开展农业、生命、海洋、宇宙等与可持续发展有密切关系的主题。

c. 联合国教科文组织合作学校教师海外培训项目

为使教师能够认识到联合国教科文组织合作学校活动不止于校内或地区,而应扩展至国际,探索教师作为“全球公民”能够参与的活动,联合国教科文组织韩国委员会每年召集全国的合作学校教师进行海外培训活动。根据每年的主题确定访问国家和地区,主要选定那些以和平、人权、多元文化、可持续发展等主题积极开展合作学校活动的国家和地区,或促使教师思考国际教育援助意义的国家。

d. 联合国教科文组织合作学校全国大会

每年3月,联合国教科文组织韩国委员会召开全国规模的联合国教科文组织合作学校大会,由合作学校校长、负责教师来介绍优秀案例,聘请专家进行讲座,宣讲每年度的联合国教科文组织韩国委员会工作计划,在不同层次学校分别开展研讨会等,以此促进联合国教科文组织合作学校之间的信息共享,加强交流与合作。

e. 联合国教科文组织合作学校地区协会活动

目前,在联合国教科文组织韩国委员会的主导下,各地纷纷成立联合国教科文组织合作学校地区协会,除了积极推动当地合作学校活动,促进教师之间的联络以外,在联合国教科文组织韩国委员会、各地方教育厅、合作学校之间起到桥梁作用。

可见,在韩国国际理解教育的实施形式中,联合国教科文组织合作学校

---

① “人与生物圈计划”是由联合国教科文组织于1971年制订的一项政府间跨学科、大型、综合性的研究计划。生物圈保护区是“人与生物圈计划”的核心部分,具有保护、可持续发展、提供科研教学、培训、监测基地等多种功能。

的活动占据十分重要的地位,这与联合国教科文组织韩国委员会坚持不懈的努力是分不开的。

(2) 亚太地区国际理解教育研究院的国际理解课程体系

受韩国教育部的委托,亚太地区国际理解教育研究院近几年来都在韩国的中小学开发国际理解教育课程。本书选用亚太地区国际理解教育研究院在2003年为韩国国内的中小学编写的《培养全球公民——国际理解教育》教材中所提到的国际理解教育目标来界定其概念框架。

"认识到在未来社会中,学生将以全世界作为其活动之舞台,培养学生正确认识自我及他人的能力,并形成多元文化视角。在此基础上,把握国际社会的动态与变化,试图解决在诸多国际关系中发生的问题,贡献可持续发展的和平社会。①通过对其他国家与地区的探究学习,认识到文化的多样性与普遍性,掌握理解异文化的视角与方法,培养"全球公民"的资质,贡献我们的民族文化及人类文化的发展;②理解由于全球化所带来的种种现象(好的、不好的),培养全球公民的资质与素养,使学生在个人、集体、国家与国际社会的相互合作和交流过程中发挥应有作用。同时,培养全球视角与国际意识,培养作为韩国人积极参与世界舞台的态度;③人生而平等,不论性别、种族、肤色、宗教、语言、财产、社会地位,应享有基本的自由与权利。在努力消除偏见与歧视的同时,批判性地理解不平等的国际政治、经济结构,并在此基础上培养建设共生世界的态度与能力;④认识到世界上仍然存在因战争、暴力、贫困、压制、歧视所引起的矛盾与纷争,了解其危险性与严重性,反思在日常生活中遇到的反和平现象,探索非暴力基础上和平的解决方法,学会积极参与社区和世界的人类和平活动;⑤认识到在全球范围内的、由于人类的无节制发展导致的生活质量问题和环境问题,并从环境与资源、未来社会建设等角度思考可持续发展及其相关问题。"①

从上述目标中可以看出,韩国的国际理解教育是在联合国教科文组织倡导的和平文化原则基础上,培养学生的文化理解力、全球责任感和建设共生世界的态度和能力,使学生形成"全球公民"素养的教育。

---

① 유네스코아시아•태평양국제이해교육원. 지구시민을 위한 국제이해교육[M]. 서울: 유네스코아시아•태평양국제이해교육원,2003:3.

在韩国,亚太地区国际理解教育研究院主要通过国际理解教育教材的编写和推广来实施国际理解教育,同时为国际理解教育理论的本土化做出贡献。该机构于2003年为韩国的中小学编写的《培养全球公民——国际理解教育》教材,明确提出"全球公民的培养"是国际理解教育的培养目标,具体目标为:"面向即将在世界舞台上活跃的学生,培养他们对'我'与他人的正确认识,在对文化多样性的理解基础上,把握国际社会的动态与变化,培养学生解决在各种国际关系中发生的问题的能力,致力于建设和平、可持续发展的世界。"在此基础上,教材还制定出了"文化多样性""全球化问题""人权尊重""和平世界""可持续发展"五个领域的目标边界(见表2.8)。

表2.8 亚太地区国际理解教育研究院编中小学国际理解教育目标体系

总目标	分目标	
面向即将在世界舞台上活跃的学生,培养他们对"我"与他人的正确认识,在对文化多样性的理解基础上,把握国际社会的动态与变化,培养学生解决在各种国际关系中发生的问题的能力,致力于建设和平、可持续发展的世界	文化多样性领域	通过对其他国家、地区文化的探究,理解文化的多样性与普遍性,学习理解其他文化的方法,使学生作为全球公民为我国文化和人类文化发展做出贡献
	全球化问题领域	理解急剧发展的全球化带来的积极、消极影响,培养全球公民的素养与素质,以促进个人、集体、国家与国际社会之间的相互交流与合作。培养全球视野与国际意识,培养作为韩国人积极活跃在世界舞台上的态度
	人权尊重领域	使学生认识到,人无关性别、种族、肤色、宗教、语言、财产、社会地位,均为平等之人,具有基本的自由与权利。另外,为消除偏见与歧视而努力的同时,加深对不平等的国际政治与经济结构的理解,从而培养建设共生世界的能力与态度
	和平世界领域	使学生理解因战争、暴力、贫困、压制、歧视等造成的冲突与纷争以及它所造成的威胁的严重性,认识到日常生活中的非和平现实,探索非暴力、和平解决冲突的可能性,培养积极参与促进地区与人类和平活动的态度
	可持续发展领域	使学生从全球角度理解因追求无节制的发展导致的对生活品质与环境的危害,思考人类的环境资源与未来社会,培养可持续发展的实践态度

资料来源:유네스코아시아•태평양국제이해교육원. 지구시민을 위한 국제이해교육[M]. 서울: 유네스코아시아•태평양국제이해교육원,2003:5.

课程内容上,该教材制定了从小学到高中、由浅入深的内容体系,各阶段都由五大部分构成:小学阶段分为“他文化理解”“地球村的生活”“人权尊重”“缔造和平”“环境保护”;初中阶段分为“他文化理解”“全球化与我们”“人权保护”“和平世界”“地球环境”;高中阶段分为“文化间理解”“正确的全球化”“人权尊重”“和平文化”“可持续发展”。从这些内容领域中可以看出,韩国国际理解教育所要培养的“全球公民”是以全球为边界,以人类共同面临的各种问题为讨论内容,以解决上述问题、达到全球共生为终极目标的(见表 2.9)。

表 2.9 亚太地区国际理解教育研究院编中小学国际理解教育内容体系

教育阶段	主要内容体系	
小学阶段	他文化理解	对他文化的兴趣与关心;对他文化的理解与包容;韩国文化
	地球村的生活	我们的地球村;全球化的两面;全球化与我们(国家)
	人权尊重	珍贵的人权;没有偏见与歧视的世界;共生
	缔造和平	生活中的冲突;战争、纷争带来的苦痛;和平是怎样缔造的
	环境保护	自然与我们的生活;开发与地球;与地球共生的我们
初中阶段	他文化理解	理解多样的文化;消除文化间壁垒;文化的共性;文化交流与体验
	全球化与我们	日常生活中的全球化;全球化的光与影;全球化与韩国;全球化与国际秩序
	人权保护	人的尊严;贫穷国家朋友的痛苦;社会歧视;为了人权保护的努力
	和平世界	世界的冲突与纷争;威胁和平的因素;缔造和平的世界
	地球环境	经济发展与环境污染;病中的地球;救活地球运动;救活地球的新生活方式
高中阶段	文化间理解	对文化的总体理解;文化的生成与变化;多元文化与共生;自然与文化遗产的保护;文化交流与文化认同感
	正确的全球化	全球化与我们的生活;全球化与本土化;全球化时代的挑战;全球化的逆向运动;世界是我的舞台
	人权尊重	生活中的人权;地球村的人权状况;对种族主义的挑战;为了增强人权的国际联盟
	和平文化	理解和平;没有结束的战争;和平的秩序是否可能建立;为了和平的国际机构;朝鲜半岛的和平

续表

教育阶段	主要内容体系	
高中阶段	可持续发展	世界环境问题；资源枯竭与人类的未来；围绕可持续发展的矛盾；为了可持续发展的持续性努力；回归自然

资料来源：根据联合国教科文组织亚太地区国际理解教育研究院编写的国际理解教育教科书《国际理解教育——为全球公民之培养》2003年版小学、初中、高中分册总结而成。유네스코아시아·태평양국제이해교육원. 지구시민을 위한 국제이해교육[M]. 서울: 유네스코아시아·태평양국제이해교육연,2003:3.

(3) 中小学教育课程中的国际理解教育

① 基础教育课程中的国际理解教育要素

韩国在国家课程《初中等学校教育课程》中正式写进关于国际理解教育的内容是在1995年颁布的第七次教育课程中。此次课程设置第一次纳入了以综合性、跨学科为特点的“裁量活动”课，作为“裁量活动”内容之一的“生活外国语”就蕴含了国际理解教育的内容要素。在“生活外国语”的设置目标中可以看出，该领域不止是为了学习外语，更多是为了理解和习得外国文化：“21世纪是国际化、信息化社会，人们将面临全世界在一个屋檐下生活的局面，特别是由于交通方式的便利和计算机等技术的飞速发展，加剧了全球化趋势，使各国间的交流变得更加频繁。在国家间的交往中最基本的前提是沟通顺畅，这些趋势使我们认识到学习与我国毗邻的国家，或在政治、经济上与我国维系重要关系的世界主要国家语言文化的必要性。”

“生活外国语”的具体内容包括：“通过外语学习，了解该国人民的日常生活；关心国外的主要政治、经济、社会、历史等；理解外国文化，从而提高国际沟通能力；比较外国和我国文化，理解文化的普遍性与特殊性。”从该时期的内容设置中可看出，韩国国家课程中的国际理解教育在发展初期有以下特点：一是将国际理解教育视为“了解外国文化、培养学生国际沟通能力”、呼应国际化发展需要而实施的对策，即“对外国文化的了解”；二是将国际理解教育的实施目的定位为应对教育国际化需要；三是强调外语学习和国际沟通能力培养与国际理解教育之间的密切关系。

韩国教育部于2015年9月颁布新的基础教育课程时，对国际理解教育的“全球公民”培养目标已有清晰的定位与陈述,显示出20年来韩国教育政策的明显变化。在2015年颁布的新课程中,有关国际理解教育的内容体现在“创意体验活动”和“道德课”中。

“创意体验活动”的教育目标为:“跨学科学习应通过学科教育和创意体验活动等所有教育活动来实施,并在学习过程中注重与社区、家庭的联系。……跨学科学习的内容包括:安全·健康教育、人性教育、生涯教育、民主市民教育、人权教育、多元文化教育、统一教育、独岛教育、经济·金融教育、环境·可持续发展教育。”①

“道德课”的教育目标为:“道德课将诚实、关心、正义、责任等作为21世纪韩国人所应具备的人性之基本要素,并将实现道德内化作为一级目标。在此基础上,培养道德探究及伦理省察、实践为主线的道德能力,从而使学生自主寻找生命之意义,成为有道德的人和有正义感的公民。”② 道德课的内容体系中,专门设置“与社会、共同体之间关系”一栏,选出的核心价值与国际理解教育的“全球公民”培养目标有异曲同工之处,具体见表2.10。

表2.10 韩国2015年版教育课程中小学道德课内容体系

领域	核心价值	普遍知识	内容要素	技能
与自己的关系	诚实	认识到道德在维系有尊严的生活中所起到的作用,学习道德并追求真正的幸福,形成良好的自我认同感	• 为什么在生活中遵守道德(道德的生活) • 维系道德行为的必要条件(道德的行为) • 应成为怎样的人(自我认同) • 生活的目的(生活的目的) • 为了幸福,应怎样生活(幸福生活)	• 确立道德认同感 • 调整并尊重自己和他人基于道德的自我认识 • 学习榜样 • 道德的保健能力 • 培养“修复”弹性 • 培养健康心灵 • 培养道德思维能力 • 培养批判性思维能力、创造性思维能力 • 关心他人的能力 • 基于道德思考自己和他人行为的根据和理由

① 한국교육부. 초중등학교 도덕과 교육과정[S]. 한국교육부공시자료, 2015(9):7.
② 한국교육부. 초중등학교 도덕과 교육과정[S]. 한국교육부공시자료, 2015(9):7.

续表

领域	核心价值	普遍知识	内容要素	技能
与他人的关系	关心	在家庭、邻里关系中,学会建立理想的人际关系,学会尊重和关心他人,通过合理的沟通和平解决冲突	• 怎样解决家庭冲突(家庭伦理) • 什么是真正的友谊(友情观) • 什么是道德的性(性伦理) • 怎样对待邻居(邻里生活) • 信息化时代应怎样沟通(信息通信伦理) • 和平解决冲突何以可能(和平解决冲突) • 怎样应对暴力问题(暴力问题)	• 建立道德的人际关系 • 接纳他人观点 • 解决道德冲突 • 基于道德的沟通能力 • 同情并倾听 • 用多种方法进行沟通 • 基于道德的情绪控制力 • 道德地表达和控制情绪能力 • 禁止自己施恶的能力 • 想象行为后果 • 有责任的行为
与社会、共同体之间的关系	正义	明确人的尊严和文化多样性的道德基础地位,作为一个国家共同体的道德市民,贡献社会正义,促进和平统一的实现,同时作为全球公民致力于解决地球共同体的道德问题	• 人权的道德意义(对人的尊重) • 多元文化社会中的冲突解决(文化多样性) • 全球公民的道德使命(全球公民伦理) • 什么是正义(社会正义) • 怎样看待和理解朝鲜(朝鲜理解) • 统一对我们的意义(统一伦理意识)	• 多元文化共同体、全球公民伦理意识的形成能力 • 对多样性的关心 • 消除社会偏见 • 容纳共同关注 • 对国家统一的伦理意识 • 客观看待朝鲜 • 建构面向未来的统一观

续表

领域	核心价值	普遍知识	内容要素	技能
与自然、超自然之间的关系	责任	通过亲近环境的生活和遵守科技伦理来追求可持续的未来;通过基于伦理的反省思考生与死的意义,追求内心和平	• 什么是人与自然的理想关系(自然观) • 科技与道德的关系(科技伦理) • 生与死的意义(尊重生命) • 怎样达到内心平和(内心和平)	• 提高对生命的感知力 • 选择热爱生命 • 热爱生命的实践技能 • 全方位思考能力 • 追求生态的可持续性 • 追求内心平和 • 基于现实的自觉 • 建构道德故事 • 理解生命之意义 • 实践倾向及意志 • 究明实践方法 • 提示实践方法 • 培养实践意志

资料来源:한국교육부 . 초중등학교 도덕과 교육과정[S]. 한국교육부공시자료,2015(9):7.

在表 2.10 的道德课程内容体系中,“与社会、共同体之间的关系”领域明确指出基于“社会正义”定位该领域内容,强调“人的尊严和文化多样性的道德基础地位,作为一个国家共同体的道德市民,贡献社会正义,促进和平统一的实现,同时作为全球公民致力于解决地球共同体的道德问题”。在以培养合格国民为目的的公共教育体系中,而且是在道德教育体系中明确提出“作为全球公民的责任”,显示出本次教育课程改革的重大变化,更在具体要素中提出了人权、文化多样性、全球公民伦理、社会正义、消除社会偏见等与国际理解教育内容息息相关的内容,意味着韩国的国际理解教育步入了新的时代。

② 全球公民学校教育活动

全球公民学校,是联合国教科文组织韩国委员会自 2015 年 7 月以全国的中小学生为对象设计实施的校外教育活动,是国际理解教育的另一种新生事物。其实施形式包括:“中学生全球公民教室”“自由学期制私人定制教室”“全球公民训练营”“模拟联合国”“送课到校”全球公民活动等多种教育活动和项目。活动目的在于:“教育学生关注和理解人类共同面临的世界性问题；学习和平、可持续发展、人权、文化多样性等联合国教科文组织追求的价值，形成共生之智慧；以人类共同体责任为基础，形成在生活中实践国际理解教育理念的意志，认识到自己的小变化将带来世界的变化。”[①]（见图 2.2）

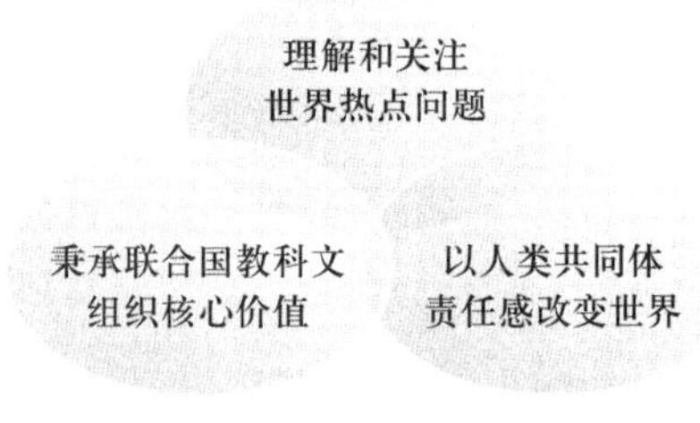

图 2.2　全球公民学校的三大目标

该项目的主题根据实施地点有所不同，位于首尔明洞的联合国教科文组织会馆主要负责“中学生全球公民教室”“自由学期制私人定制教室”，京畿道利川市的联合国教科文组织和平中心主要负责“模拟联合国”活动。根据需要，该活动还到各学校进行现场教学。除了这些新生项目以外，联合国教科文组织韩国委员会还举办包括联合国教科文组织合作学校联盟活动在内的“联合国教科文组织儿童项目”“彩虹桥青少年全球公民活动”“志愿者活动”“应对气候变化计划项目”“联合国教科文组织工作训练营”“联合国教科文组织学生会活动”“和平地球村”活动等不同内容的国际理解教育活动。

③ 小学国际理解教育个案：地理教育中渗透“全球公民”意识

除了教育行政部门和民间机构推动外，国际理解教育的真正实施需要教育一线教师的课程开发能力。以下为光州教育大学社会学教育科金多元为小学社会课程开发的“全球公民”教育个案。

该课程的教育目标是全球观的形成、对全球空间的理解、作为全球公民的角色意识形成。全球观指的是对全球空间的地表多样性和形成这种多样性的环境因素的知识性理解。

课程学习过程分为三个阶段。第一阶段的核心活动是认识和形成空间概念，即空间的视觉化。该阶段的教育内容分为建构空间和应用空间两个部分。建构空间部分又由两个内容组成：一是寻找和定位世界各种层级的空间，用发表、讨论等形式表达学生对这些空间的认识；二是找到同一空间内的多种地表现象，发现问题并提出解决问题的方法。应用空间部分则是通过

① 유네스코한국위원회 . 유네스코학교네트워크 – 세계시민학교 [EB/OL]. [2016-04-12]. http://asp.unesco.or.kr.

空间环境脉络理解地表现象,并寻找问题的答案。通过上述活动使学生认识和理解地区、国家、世界的多样性空间,在该阶段形成的对空间的认识,有助于学生理解地球空间内环境和各种地表现象。作为该阶段教育方法,可适当通过地图、卫星图片等可自由伸缩空间的技术让学生从全球的视角认识空间概念,同时可以将地球上发生的事件作为导入,让学生理解空间的内在特点,还可让学生认识到,为解决人类共同面临的空间问题,应通过对话、妥协等民主程序。从这个角度说,将全球热点问题的产生原因和状况通过地理环境进行深层次的分析,有助于学生在下一阶段更好地理解、民主地解决问题的真正含义。

第二阶段的核心活动是认识和理解空间的内在多样性。以上阶段的"空间视觉化"学习为基础,认识并表达空间的内在特性,利用地理信息寻找空间的内在多样性并进行表达,即讨论地理现象的变化、变形及现象之间的关系,在空间脉络中进行推论和再现等活动。

第三阶段是在前两个阶段基础上思考作为公民的权利和义务,尤其是以在地区社会所看到的特定现象为切入点,将其放在全球、国家、地区层面,思考空间上的变化带来的影响、波及效果等。作为具体方法,可采用讨论、协商、论争等深层次的决策活动(见表 2.11)。

表 2.11 空间能力培养基础上的全球公民教育模型

学习阶段	空间能力	利用地理信息媒体(地图、航拍照片)的学习内容	全球公民教育内容
第1阶段	• 空间的视觉化:认识多层次空间 • 空间感觉:变形、想象、关系	• 认识地区、国家、世界体制及结构:对地区、国家、世界多层次空间的探索及表达 • 理解各空间之间的联系 • 对全球热点问题的发生区域周围环境及影响范围的认识和探索:分析和表达热点问题发生区域及影响范围;分析热点问题发生区域的环境特征;分析热点问题与空间之间的联系性	• 地区、国家、世界体制及结构 • 从地区、国家、世界角度思考影响各共同体之间相互作用和关系的热点问题

续表

学习阶段	空间能力	利用地理信息媒体(地图、航拍照片)的学习内容	全球公民教育内容
第2阶段	• 空间模型:推测、再现	• 认识与表达世界文化地图: 探索文化圈,分析和表达其分布规律;分析各文化圈的环境特征;分析各文化圈的空间联系性 • 认识和表述文化圈的变化及规律: 分析和推测文化的扩散和传播途径	• 多层次认同 • 促进人们所属的多样化环境共同体之间的联系 • 对差异及多样性的尊重
第3阶段	• 空间感觉:变形、想象、关系 • 空间模型:推测、再现	• 定位自己在多层次空间中的角色: 分析不同角色的空间效果 • 探索在多层次空间中解决问题的方案: 在空间脉络中寻找合适的方案 • 分析我们的选择和行为对他人、他地区的影响: 从人类活动对地区带来的变化中推测影响 • 创建空间模型: 分析参与地点、参与方法;在空间上标示出实践的内容与结果	• 个人及集团角度可实践的行为 • 符合伦理、有责任的行为 • 参与型实践

资料来源:김다원. 공간능력 기반 세계시민교육 학습모듈 개발 연구 – 초등 고학년 사회과 수업을 중심으로[J]. 국제이해교육연구, 2016(6):56.

Ⅳ 韩国国际理解教育的理论发展:游走在“全球公民”与合格国民之间

在韩国国际理解教育语境中,其概念边界包括和平与人权教育、全球公民教育、多元文化教育、可持续发展教育等,而这些概念及与此相关的理论主张追本溯源几乎都来自联合国教科文组织。但是值得关注的是,韩国的国际理解教育理论在本土化过程中形成鲜明的国家特色,例如不少学者从韩国国情出发形成了不同于联合国教科文组织理念的观点和主张;另有学者只进行其中一类研究而并不完全认同联合国教科文组织所有的框架体系。因此,为使读者更加立体地了解韩国的国际理解教育理论,本文有必要将这些概念及观点当作相对独立的领域,梳理其与国际理解教育之间的关系。

1. 联合国教科文组织全民教育理念与国际理解教育

联合国教科文组织是在第二次世界大战结束后,通过教育、文化和科学达成世界和平为目的而成立的国际机构。殖民统治和战乱结束不久的韩国,在借助美国等西方国家的经济援助实现经济崛起的同时,积极融入国际社会,联合国教科文组织是当时韩国了解世界、进行国际交流的重要窗口。此外,韩国还在联合国教科文组织的资助下建立教科书工厂,大量生产教科书供中小学使用,因此,韩国对联合国教科文组织对世界各国教育的影响深有体会。在经济迅速发展,从被援助国成为援助国以后,韩国便积极加入以教育普及为目标的联合国教科文组织国际教育援助活动,秉承其理念独自开展各类教育活动。以下是曾对韩国国际理解教育理论产生影响的联合国教科文组织相关教育理念。

(1) 以成人和儿童为对象的扫盲教育理念(1947—1990)

作为教育国际组织,联合国教科文组织自成立之日起就致力于向全世界传播普及教育思想。在该理念提出的初期阶段,联合国教科文组织主要通过各类调查和国际会议把握世界各国文盲状况并为扫除文盲做出相应努力。

1947 年,联合国教科文组织制订出一揽子涉及世界范围的基本教育(fundemental education)计划,还编写了《人人共有的“基本教育”》,从此拉开了扫盲教育的序幕。例如,为了把握世界教育的发展状况和存在的问题,

1948 年召开了由各国成人教育相关负责人参加的会议,交流世界各国成人教育情况。1949 年该组织在丹麦的埃尔西诺(Elsinore)召开第一届成人教育国际会议,呼吁各国向成人和失学儿童实施扫盲教育。20 世纪 50 年代以后,联合国教科文组织更致力于世界范围内的教育事业,在发展中国家和地区建立学校、培养教师、引进先进的教育内容,用以弥补两次世界大战带来的摧毁性打击。其中成人教育主要包括面向成人的扫盲教育、少部分教养文化教育和职业技术教育。20 世纪 60 年代,在亚洲、非洲等地诞生很多新的独立国家,这些国家由于贫困、内战等原因,教育不在国家优先发展的战略之中,导致文盲人数的进一步增加。为此,联合国教科文组织于 1960 年在卡拉奇召开国际大会,通过了"关于亚洲初等义务教育的振兴计划",亚洲国家承诺将于 1980 年实现普及义务教育。正当联合国教科文组织不遗余力地发展世界基础教育之时,20 世纪 60—70 年代出现的战后"婴儿潮"导致人口爆发式增长,文盲人数急剧增加,1970 年全世界约有文盲 7 亿 4 000 万人,1980 年达到 8 亿 1 000 万人,1990 年更增至 9 亿人。1990 年的文盲数中更包括 1 亿 3 000 万名儿童,且没有减少的趋势。这些文盲的 3/4 集中在印度、中国、巴基斯坦、孟加拉国、尼日利亚等 9 个国家,女性文盲占总人数的 2/3,显示出女性易被排除在教育对象外的基本事实。这也意味着世界女性中大约每 3 名中就有 1 名是文盲,而在非洲地区、阿拉伯地区和南亚地区,这个数字增加到每 3 名女性中有 2 名是文盲。① 通过该阶段的努力,联合国教科文组织使国际社会逐步认识到,在世界范围内减少文盲,是发展世界经济、维持合适的世界人口、维护世界和平的重要手段。在此影响下,各国达成共识——减少文盲是需要全世界共同努力的目标。20 世纪 40—60 年代韩国作为联合国教科文组织的教育援助对象,接受了来自国际组织的教科书和学校硬件设施援助以及各类教育理念,韩国的国际理解教育理念正是在这样的背景下出现和发展而成的。

(2) 全民教育理念阶段(1990—2015)

1990 年,联合国教科文组织和联合国儿童基金会在泰国的宗迪恩召开

① 한국국제이해교육학회. 모두를 위한 국제이해교육[M]. 서울:살림터,2015:50.

“世界全民教育大会”(EFA),155 个国家、33 个国际机构、125 个非政府组织代表参加的大会一致通过了《世界全民教育宣言——满足基本学习需要》的报告。在此次大会上,基础教育(basic education)的范围被扩大到幼儿教育、初等教育、青少年教育、成人教育即非正规教育(non-formal education),提出了到 2000 年使全世界所有适龄儿童都能接受小学教育的“普及初等教育”目标。此次会议有两个意义,第一是使各国政府认可将全民教育作为国家发展战略目标的意义,提出了实现全民教育目标的具体设想并做出承诺;第二是为国际组织开展跨国性全民教育项目提供了契机。联合国教科文组织成立了“全民教育国际咨询论坛”,各国可以进行咨询并根据项目内容进行合作。但是,即使联合国教科文组织和各国政府为基础教育的普及做出了巨大努力,但彻底扫除文盲似乎成为不可能达成的任务。直至 20 世纪末,非洲和南亚地区初等学校的学生中每 4 名就有 1 名不能升到五年级,在最贫穷的国家,很多初等教育机构的学生只读到一二年级就退学了。①

鉴于此,联合国教科文组织于 2000 年 4 月在塞内加尔的达喀尔召开世界教育论坛,由 164 个国家 1 100 名代表参加。此次会议提出了《达喀尔行动纲领》,通过了到 2015 年将达成的全民教育目标,包括:扩充幼儿教育;到 2015 年为所有儿童提供优质的初等教育;保障所有青年和成人的学习需要;到 2015 年减少 50% 的成人文盲;到 2005 年消除初中等教育的两性差距及 2015 年达到两性平等;提高教育质量。

此次会议的最大收获是明确了各国在达成教育目标过程中所负有的责任,同时指出国际社会有义务动员各种有效资源来支持这些国家实现目标。达喀尔会议唤起了世界对扫除文盲的关心,促使各国做出政治性承诺,进一步推进了世界扫盲事业的发展。根据达喀尔会议决议,2001 年 12 月到 2002 年 3 月联合国教科文组织组建了 14 个全民教育推进小组,开发出达喀尔行动纲领实施战略。具体内容如下:①比起用联合国教科文组织有限的财源推进全民教育事业,不如通过国际会议等形式唤起全世界对全民教育的关心,发挥各会员国在推进全民教育中的作用。这也说明,联合国教科文组织认识到没有各国政府的政策支持和国际社会的共同努力,要彻底扫除文盲是非常困难的。②通过评价选出文盲人数最多的 9 个国家,进行集中扫盲。这些

① 한국국제이해교육학회. 모두를 위한 국제이해교육[M]. 서울:살림터,2015:50.

国家包括中国、印度、巴基斯坦、孟加拉国、巴西、尼日利亚、印度尼西亚、埃及、苏丹。③加强对母亲的扫盲教育。基于母亲识字,也会让孩子识字的经验,将识字教育聚焦到女性身上。④自 2002 年开始,每年出版《世界全民教育现状报告书》来监测全民教育实施情况。

进入 21 世纪以来,扫盲任务依然艰巨,联合国教科文组织在 2000 年 9 月的新千年首脑会议上通过了《新千年宣言》,发表 8 项新千年发展目标,其中有两项是关于扫盲教育的。内容包括:到 2015 年为所有儿童提供优质初等教育;到 2005 年消除初中等教育的两性差距并于 2015 年达到两性平等。这标志着世界各国对教育普及意义的深刻认识,也是对联合国教科文组织"全民教育"理念的积极支持。此外,2001 年的联合国大会宣布 2003—2012 年是"联合国扫盲 10 年",联合国教科文组织提出扫盲增能倡议(Literacy Initiative for Empowerment,LIFE)进行回应,制定了全球战略框架,尤其关注成年人扫盲和辍学儿童的问题,致力于实现"全民教育"的目标。

经过多年努力,扫盲教育虽然取得丰硕成绩,但存在的问题也是不容乐观的。首先,联合国教科文组织并不向会员国的全民教育事业提供直接的财政支援,而仅是停留在技术支持层面,因此无法针对发展中国家推进全民教育事业所需要的财力、人力提供相应支持。其次,联合国教科文组织全民教育事业经费主要来自瑞典、挪威、丹麦、荷兰等发达国家的财政援助,而这些发达国家的援助主要集中在初等教育,高等教育援助相对贫乏,无法及时培养出当地教师,治标不治本。

在这些过程中,联合国教科文组织韩国委员会积极开展国际扫盲教育活动,包括亚太地区国际理解教育研究院实施的联合国教科文组织大桥计划——非洲、亚洲扫盲项目、联合国教科文组织大学生志愿者项目、地球村教科书项目等。在这些过程中,培养具有全球意识的志愿者、对全球扫盲意义的宣传都是通过国际理解教育来实施的,该时期也正是韩国国际理解教育蓬勃发展的时期,对韩国社会接纳联合国教科文组织理念,从而积极参与国际事务起到了重要作用。

(3) 教育的内涵发展阶段(2015 年至今)

2015 年 5 月 19 日到 21 日,韩国在仁川承办联合国教科文组织世界教育论坛,130位教育部部长、高级官员、诺贝尔奖获得者、国际组织和非政府组织负责人、学者、私营企业代表参会。本次大会总结过去15年来全民教育事业的实施成果,认为尽管全民教育在过去的15年内取得前所未有的成绩,但是全民教育目标依然没能实现,仍有5 700万名适龄儿童、6 300万名青少年和7.81亿名成年人文盲。因此,大会讨论未来15年的全球教育议程,并制定出2030年全球教育发展方向,共同颁布《仁川宣言》(以下简称《宣言》)。《宣言》是在全民教育目标基础上发展而来的,《宣言》鼓励世界各国提供全面、平等、优质的教育,为所有人提供终身学习的机会。在该阶段,韩国的国际理解教育更迈向以“全球公民”培养为目标的内涵发展道路,这与时任联合国秘书长潘基文在韩国社会的影响是密不可分的。在该阶段,韩国不仅在新颁布的初中等教育课程标准中明确提出要培养全球公民,还在联合国教科文组织合作学校《2014—2021年发展目标》中明确提出全球公民意识培养,并在韩国委员会的推动下开展“全球公民学校”活动,对国际理解教育的全面推行起到了重要作用。

2. “全球公民”教育与国际理解教育

“全球公民”的超国家特征与各国公共教育之间存在与生俱来的紧张关系。对二者关系的不同诠释,成为各国“全球公民”教育的出发点和立论依据。韩国的“全球公民”教育有两大语境:一是由联合国教科文组织亚太地区国际理解教育研究院提出、在韩国国际理解教育学会等民间研究机构认可的“全球公民”教育理念;二是韩国中央和地方政府作为国家和地方课程提倡的“全球公民”教育。前者注重“全球公民”素养中的跨国性、全球认同性,后者强调“全球公民”素养中的本国、本民族认同性。

(1) 国际组织理念主导下的“全球公民”教育论

联合国教科文组织亚太地区国际理解教育研究院在2002—2003年颁布第一个国际理解教育课程框架之时,就将“全球公民”培养作为目标,并将

"全球公民"定义为:"在多样化价值共存的社会中教育学生认可和尊重彼此差异,使他们学会通过对话或妥协等民主程序来解决地区、国家、世界层面的各种矛盾与冲突。"① 在这个立场下的"全球公民"教育理论中,真正的"全球公民"应超越"合格公民"教育,即超越对国家的权利和义务,其着眼点是实现所有人的普遍权利和平等。在国家间的相互依赖越来越显明的情况下,应着力培养共生之态度、解决人类共同面临的问题之意志、共生之能力,来应对即将到来的全球化社会。"全球公民"一词早在20世纪90年代韩国经过20年停滞期以后,重启国际理解教育之时就被作为国际理解教育的培养目标,足见联合国教科文组织的"全球公民"教育理念对韩国的影响之深。

2012年8月,时任联合国秘书长潘基文和联合国教科文组织秘书长伊琳娜共同在东帝汶提出"教育第一"全球倡议,并在当年9月的第67届联合国大会上正式提出该倡议。该倡议中的"教育第一"由三个内容构成:第一,世界所有的孩子都能上学;第二,各国致力于提高教育质量;第三,培养"全球公民"意识。第一项和第二项是从现有的"全民教育"理念中提取的,最有意义的就是新提出的"培养全球公民意识"。当年10月以联合国秘书长身份第一次参加联合国教科文组织执行理事会的潘基文向世界阐明为什么要倡导"教育第一"。在演讲中,他提到朝鲜战争期间(1950—1953)联合国教科文组织对韩国的无私援助。在变为废墟的学校操场上,韩国的学生仍可以用联合国、联合国教科文组织援助的教科书进行学习,正是因为在战争中也没有中断教育,韩国才得以创造经济腾飞的奇迹。潘基文指出,今天的韩国由被援助国成为援助国,就应该积极向发展中国家提供各类教育援助。他认为,在全球化的今天,教育不只是某个国家的事,更应该成为世界共同的责任,培养学生具有"全球公民"意识,拥有全球责任意识和世界和平的胸怀是今天的教育不可推卸的责任。② 此后,潘基文任命联合国教科文组织秘书长伊琳娜为全球教育优先倡议的责任人,联合国教科文组织实际上起到了全球教育优先倡议活动秘书处的作用。

联合国"教育第一"全球倡议对韩国的影响可谓深远。此后,联合国教

---

① 한경구,김종훈,이규영,조대훈 . SDG's 시대 세계시민교육 추진 방안[R]. APCEIU,2015:29. 转引自:김다원 . 공간능력 기반 세계시민교육 학습모듈 개발 연구 - 초등 고학년 사회과 수업을 중심으로 - [J]. 국제이해교육연구,2016(6):35.

② 한국국제이해교육학회 . 모두를 위한 국제이해교육[M]. 서울:살림터,2015:46-47.

科文组织于2013年9月在位于首尔的亚太地区国际理解教育研究院召开第一届“全球公民”教育专家会议,2013年12月在泰国曼谷召开第一次“全球公民”教育论坛,参加论坛的世界级专家、政策制定者、非政府组织关联者等深入讨论了世界教育发展方向。

2015年9月联合国可持续发展峰会颁布《改变我们的世界——2030年可持续发展议程》以后,联合国教科文组织亚太地区国际理解教育研究院便在同年颁布了“SDG's[①]时代的‘全球公民’教育推行方案”,其对“全球公民”教育目标归纳见表2.12。

表2.12 亚太地区国际理解教育研究院“全球公民”教育目标

总目标	学习者了解所在社区、国家、世界的热点问题,学习并理解多种国家和人民对等相互联系性和依赖性。 学习者习得批判性思维能力以及提高分析能力的技术
知识、认知领域目标	认知领域包括:①地方、国家、世界的体制与结构;②地方、国家、世界各层面的、对共同体之间关系产生影响的问题;③现象背后的前提与权力的张力
社会、情感领域目标	学习者对基于人权的价值和责任达成共识,体验作为普遍的人类归属感。 学习者对差异和多样性形成尊重、共识、连带等意识。包括:①多层面的认同感;②认可人们所属的各类共同体,加强这些共同体之间的纽带关系;③对差异与多样性的尊重
行动、态度领域目标	学习者为建设更和平、更可持续的世界,在社区、国家、世界层面采用更加有效、更加有责任心的行为。 学习者培养动机与意志,践行全球公民的责任和义务。包括:①从个人或集团层面能够践行的行为;②道德、有责任心的行动;③参与行动并付诸实践

资料来源:한경구,김종훈,이규영,조대훈. SDG's시대 세계시민교육 추진 방안[R],APCEIU,2015:27.

(2) 韩国政府的“全球公民”教育立场

韩国国际理解教育学会前会长郑斗容曾指出,作为“全球公民”教育之重要载体的国际理解教育“具有国家主义与国际主义的双重性质。……以民族主义为基础的本国利益及国家发展,如果能与国际主义所宣扬的世界利益相符合,那正是国际理解教育所追求的愿景”[②]。时任会长姜淳媛在2012

① SDG's:可持续发展目标。原文为Sustainable Development Goals,SDG's。

② 정두용. 세계시민을 위한 국제이해교육[M]. 서울:정민사,2003:24.

年召开的第十三届韩国国际理解教育年会上也指出:“国家之间的界限变得越来越模糊,在多数情况下国家之间一边强调超越国家的合作,一边却以国家利益为先。在这样的情况下,同时以追求两者利益为目标的国际理解教育或可解决这样的矛盾。”① 从这两种观点中可看出,韩国对国际理解教育中的民族主义与国际主义矛盾采取宽容态度。这是与韩国特殊的政治、社会背景分不开的。

韩国曾遭受长达35年的殖民统治,朝鲜战争造成南北分裂。第二次世界大战以后,韩国的经济崛起很大程度上源于美国的国际援助。冷战时期,韩国更是站在“资本主义阵营”受到西方国家的各类援助,因此不可避免地受到来自这些国家、国际组织的价值观影响。20世纪60年代,韩国实施国际理解教育就是为了尽快融入以西方为代表的国际社会。经过20世纪70—80年代的停滞期,20世纪90年代重启国际理解教育,其目的也是为了在全球化时代国家发展的需要。有了这样特殊的背景,韩国的国际理解教育一开始就带着鲜明的官方推动色彩,其内容却又与联合国教科文组织紧密扣和。在民族主义和国际主义的夹缝中,韩国试图寻找一个契合点。这使韩国在国际理解教育培养目标中强调“全球公民”,而在具体实施过程中却强调学生的国家认同感形成和在此前提下全球化对策意识的培养。各地方政府纷纷颁布国际理解教育实施计划的2003年,江原道教育厅的实施计划中指出:“国际文化理解教育,将成为学生发展的基础,使他们具有作为江源人的自豪感,进而作为韩国人思考民族前进的方向,作为世界人定位自己。”② 全罗南道教育厅则提出:“通过理解世界各国的文化,确立韩国人的认同感;培养全球化、信息化社会的应对能力;学习全球通用礼节,理解和尊重不同文化。”③ 这些地方政府的政策体现出韩国对国际理解教育的定位,即把国际理解教育视为全球化对策的一部分,培养学生的全球视野,应对全球化对人才的需要。近十几年来,韩国政府国际理解教育的目标产生了诸多变化,一是移民增加导致的多元文化融合成为韩国政府面临的挑战,二是韩国越来越进入全球版图,与国际社会产生更加紧密的联系。这些都促使韩国政府重

---

① 강순원. 국제이해교육의 맥락에서 본 한국의 평화교육[A]. 한국국제이해교육학회연례학술대회논문집[C]. 13 차한국국제이해교육학회,2012:42.

② 유네스코아시아•태평양국제이해교육원. 국제이해교육의 동향-미국,일본,호주,한국-[M]. 서울:정민사,2003:431.

③ 유네스코아시아•태평양국제이해교육원. 국제이해교육의 동향-미국,일본,호주,한국-[M]. 서울:정민사,2003:440.

新思考“全球公民”教育的意义。2015年韩国颁布的核心素养体系中就包括“共同体素养”,意指“……具有作为地区、国家、世界共同体成员所应具备的价值和态度,积极参与共同体发展”①。(见图2.3)。

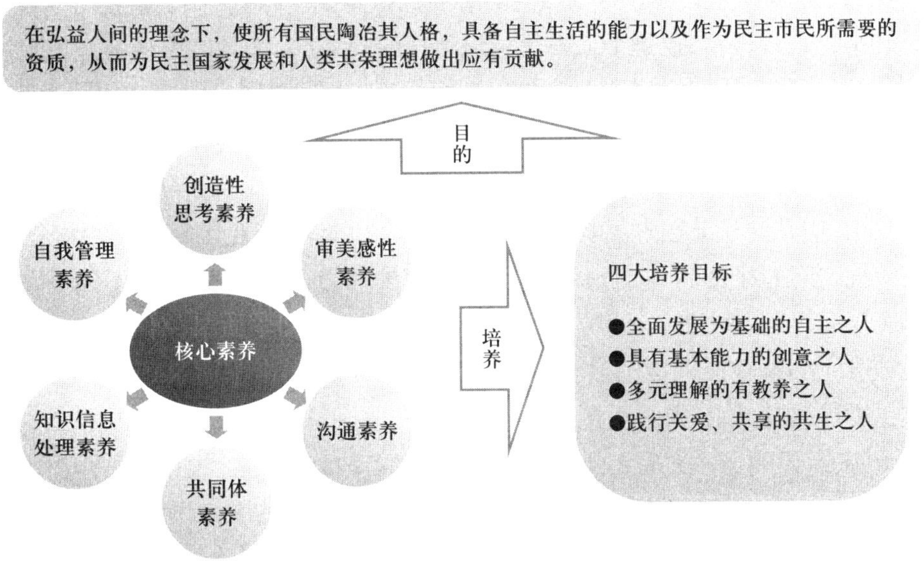

图2.3 韩国2015年基础教育课程体系中“核心素养”的定位

资料来源:한국교육부. 초중등학교 교육과정 총론[S]. 교육부고시 2015-74 호,2015.1.

在国民身份越来越复杂、全球范围内人口的移动越加频繁的今天,韩国政府将国际理解教育视为维系韩国社会的凝聚力、确保国家安全的重要途径。此外,韩国又敏感地察知到全球化时代对人才的需求,力图通过“全球公民”教育,使学生具有全球胸怀与素养。

(3)“个人安保”理念下的“全球公民”教育立场

在韩国国际理解教育学会和部分学者看来,国际理解教育应超越国家概念来论及全球公民价值。例如,韩国国际理解教育学会前会长姜淳媛从“个人安保”角度论及国际理解教育的意义,认为“国家主义的安保观”“个人至上主义的安保观”以及“国际组织抑制力的失控现状”等都是妨碍个人安保观念

① 한국교육부. 초중등학교 교육과정 총론[S]. 교육부고시 2015-74 호,2015.1.

形成的因素。在她看来，所谓“个人安保意识”，是以人类共同的道德和政治价值为基础建立起来的。“全球公民”的公民性，指向以对彼此的连带感与集体认同为基础，具有全球层面的责任意识的人们所秉持的对国际社会和人类的归属感，而不是特指对某种全球性国家的归属意识。因此，“全球公民”教育是和平与人权教育，也是个人安保意识教育的归结点。正如《1974年建议》中所言及的，基于国家之间的理解与合作，由地区、全球共同来解决全球性课题，从而实现个人安保。由此，姜淳媛主张，应通过以下途径实施旨在实现“个人安保”的国际理解教育。第一，为了在超国家层面实现所有人免于恐惧、贫困的自由，应在国家课程中反映全球公民的价值和指向，避免国家公民性和全球公民性之间的冲突；第二，正如各国政府和公民社会逐渐达成的共识，不仅要提高政府间援助的比重，而且其原则应该是基于个人安保而不是援助国的国家利益或为了阻挠被援助国的自立。基于这一点，全球公民教育的对象不应限于被援助国，更应该惠及援助国的公民；第三，为了完善国家交流与合作模式，应充分加强联合国儿童基金会、联合国教科文组织、亚太地区国际理解教育研究院、联合国开发计划署、联合国难民署、联合国世界粮食计划署、世界货币基金组织等国际机构之间的联系，积极组织世界经济论坛、世界社会论坛等聚会，提高以个人安保为主线的援助价值共识；第四，全球公民教育联盟、联合国全球盟约等相关机构和韩国国内研究人员的相互合作，将可持续发展的研究活动转换为个人安保中心的内容。姜淳媛认为，个人安保的观念是《2030年可持续发展议程》的基本理念，也是国际理解教育应有的方向。①

3. 和平、人权教育与国际理解教育

（1）韩国提出和平、人权教育的背景

在韩国，和平教育与两大因素直接相关：一是独立，二是战争。作为曾

① 강순원. 인간안보 관점에서의 세계시민교육[J]. 국제이해교육연구，2016(6)：1-31.

有过35年被殖民历史的韩国,和平教育的第一个出发点就是作为民族国家争取独立的历史。1899年,韩国面临沦为日本殖民地处境,派出李俊在第一届海牙和平会议上呼吁世界各国支持韩国的独立。1999年韩国纪念海牙和平会议100周年活动中提出的《为21世纪和平与正义的海牙议程》第一条,就是关于和平、人权和民主主义教育,其中说道:“为根除蔓延在我们社会的暴力文化,新的一代有权接受不同于以往的教育。这个教育意味着不粉饰战争的和平、非暴力和国际合作的教育。为了实现这样的目的,海牙议程将开展全世界的运动,力求达到:在所有教育阶段实施和平教育;教育部应在地方和中央层面有计划、阶段性地推行和平教育;开发和平教育的负责人应通过教师培训和教材提供等途径来实施和平教育。”①

海牙和平会议后迅速发展起来的韩国和平教育的背景,有沦为殖民地的屈辱历史,更有为此斗争的独立过程。此外,韩国的“统一教育”贯穿于中小学课程之中。对于曾经遭受战争的蹂躏又不得不面对国家分裂局面的韩国来说,统一教育,既是关系国家安全的重要内容,也是通过教育达成和平局面的途径。在韩国,和平的价值和必要性往往是从两个方面来论及的:一是国家安全,二是个人的人权。在国际理解教育的和平理念中,朝鲜半岛的和平应该从个人的人权角度来进行诠释,而韩国国家课程中,尤其是在道德课、社会科课程体系中实施的和平教育,则是从国家安保的层面来诠释的。因此,国家的和平教育甚至被等同于统一教育。这也带来一个问题,就是不同时期执政政府的统一政策的变化,会影响到学校统一教育的内容。也就是说,《国家安全法》存在的现状下,以统一教育为中心的和平教育不得不从属于韩国政府的对朝鲜半岛关系战略上,很难形成独立、系统的和平教育。尤其是在讨论朝鲜半岛的无核化问题或裁军问题的时候,对这些问题的认识过程必然受到国家安保政策法令的约束。因此在韩国,抛开“南北统一”主题的和平教育会被政府认为是反体制、无视现实问题的“空想主义”,而紧扣统一主题的和平教育则会被民间认为是过于顺应体制的“假和平教育”。在这样的矛盾过程中,包括国际理解教育学会在内的民间组织试图剥离政府基于政治军事目的的和平教育,开始提出以联合国教科文组织和平理念为基干的和平教育,或回归“个人安保”理念,以人权教育为中心的和平

① 한국국제이해교육학회. 모두를 위한 국제이해교육[M]. 살림터,2015:59.

教育。

(2) 基于联合国教科文组织“共生”理念的和平教育论

该理论首先批判以“国家统一”为前提的“保守型”和平教育，主张“批判型”和平教育，呼吁用联合国教科文组织共生理念建构和平教育框架。“批判型”和平教育的主要观点是：和平教育是以非暴力解决冲突、杜绝战争（暴力）为目标的，因此也应以非暴力目标来重构朝鲜半岛和平教育框架，并以此为前提思考朝鲜半岛无核化、减少军费等问题。为此，应从战争发生的社会根源问题开始进行剖析，最终消除冲突根源，实现和平（见表 2.13）。

表 2.13 政府“保守型”和平教育与“批判型”和平教育的构成

内容分类	“保守型”和平教育	“批判型”和平教育
朝鲜半岛的和平	力量的优势	国家间的理解与相互尊重
裁军	军费竞争	无核化、绝对裁军
安全	军事安全	社会、人的安全
一个民族	美化成爱国主义	作为全球公民参与
文化	文化的排他主义	多文化的包容主义
态度	非政治性态度	积极参与的态度
价值	竞争与共享	尊重人权与社会正义
行动	非暴力的沉默	非暴力的行动
环境	开发主义	可持续发展
学校结构	个人的官僚主义	共同体的教育福利
学校纪律	统治与排名化	自律、约束
教育过程	教科书 / 教师中心	经验 / 学生中心

资料来源：한국국제이해교육학회 . 모두를 위한 국제이해교육[M]. 살림터, 2015:66.

总之，“批判型”和平教育主张韩国的和平教育虽然始于统一教育，但是应纳入为联合国教科文组织理念下的、普遍性、非暴力为前提的和平教育框架。唯有如此，才能从根本上消除暴力隐患，消除对人的歧视造成的对立。最终，这样的教育也应归结到人与人之间的彼此尊重和人权教育中。

(3) 基于人权的和平教育论

基于人权的和平教育论主张在多元价值的社会,应使普遍的人权文化渗透到社会各方面。首先,应使他们站在弱者的立场认识到实现普遍人权的重要性;其次,使学生批判性地认识到人权被侵害事件的错误,并努力改善人权被侵害现象;最后,从同情角度看待弱势群体,形成捍卫人类公平正义之人权的热情。该和平教育论尤其强调实现《联合国人权教育10年行动计划》中提到的人权教育目标,包括:对人权和基本自由的尊重;抛掉社会背景因素,充分提升每个人的素质及与生俱来的尊严;宽容、社会性的性别平等、所有民族之间的友好相处、对弱者的特殊关怀;所有人有效参与自由的社会建构;作为全球公民积极参与促进以和平为目的的国际社会活动。①

鉴于人权教育在韩国一直被贴上“叛逆者”的标签,基于人权的和平教育论认为,应让每个人认识到维护个人权利的重要性,超越竞争实现相互理解与宽容的重要性,从人权角度理解和平教育,才能真正实现和平,达到每个人的安全,继而实现国家安全和世界安全。因此,基于人权的和平教育论主张应用维护人权基础上的个人中心安保理念来替代政府的统一教育理念下的国家中心安保理念(见表2.14)。

表2.14 国家中心安保理念和个人中心安保理念的比较

	国家中心安保理念	个人中心安保理念
安保目的	国家是安保的首要提供者,国家安全同时意味着国家内部个体的安全	个人与国家是同格的,国家安保是手段而不是结果
安保价值	主权、国家力量、地区统合、国家独立	个人的安全、福祉、自由:肉体的安全,基本生存所需要的粮食等;个人自由;经济、社会权利
安保威胁	来自其他国家的直接的、组织化的暴力,来自其他国家或非国家人员的暴力、强制行为	直接暴力:死亡、毒品、非人道、歧视、国际冲突、大规模杀伤性武器、性暴力 间接暴力:贫困、疾病、自然灾害、未开发、人口减少、环境破坏、不平等、种族/派系歧视

① 강순원. 인간안보 관점에서의 세계시민교[J]. 국제이해교육연구. 2016(6):7.

续表

	国家中心安保理念	个人中心安保理念
手段	强调报复的力量或者实施报复的威胁性力量,力量的均衡,加强军事手段,强化经济力量,无视对法律或制度的尊重	增强人的开发:在人的基本生存需要中加入公平,增进民主化,增强在各个层面的人权。 加强政治发展:在国际标准和国际机构原则中加入如果出现大规模杀害事件,将由集结性力量进行制裁等内容;加强国家间合作,增进对国际机构的信任,加强国际联合,提高国际组织作用

资料来源:강순원 . 인간안보 관점에서의 세계시민교[J]. 국제이해교육연구 . 2016(6):35.

韩国人权教育的理论基础追本溯源还是来自国际组织。联合国在 1994 年大会上宣布 1995—2004 年为“联合国教科文组织人权教育 10 年”,建议会员国通过实施人权教育促进和平与人权文化的繁荣。在该建议下,会员国确立国家人权教育施行计划,设定人权教育的国家目标,改革教育制度,培养相关负责人,发展教育课程,制订实施计划等。但是 2000 年进行中期评价时,包括韩国在内的亚洲国家人权教育指数被评为最低水准。尽管当时的韩国在强调人权及和平的金大中总统执政时期,但是对人权教育的否定言论较多,学校也不具备实施人权教育的环境。此后,联合国重新提出 2005—2007 年的“人权教育计划”,再次强调各国学校应通过早期(低年级)人权教育繁荣人权文化。但是,韩国尚未对人权教育提出改善计划,联合国教科文组织又制定颁布了 2005—2014 年“联合国可持续发展教育十年计划”,使韩国政府的关注点转变为可持续发展教育,人权教育被“打入冷宫”。尤其是到李明博执政时期,可持续发展教育与绿色增长计划相合并,缩减为环境教育并获得政策支持。韩国的可持续发展教育没能实现宽容教育框架,只一味强调环境、经济的可持续性发展,忽略了社会、人的可持续发展的价值,和平与人权、文化多样性、公民教育更是饱受冷落。

1998 年《世界人权宣言》颁布 50 周年,在韩国自发的青少年团体——“韩国青少年团体协议会”的建议下,政府颁布了新的《新青少年宪章》[①](参

① 原有的《青少年宪章》是 1990 年由韩国体育部制定并颁布的,以确立青少年的权利和责任意识、加强价值观教育为目的,其内容包括青少年的权利和义务、家庭的功能、学校的使命、国家与社会的作用与责任等。1998 年,韩国青少年协议会建议文化观光部修订颁布《青少年宪章》,以强调青少年权益、增强青少年的社会参与意识为目的。

见表2.15)。很快,学生的自由化运动在韩国社会引起很大争论,反对强制性宗教教育等事件也受到全社会的关注,青少年人权问题浮出水面。2014年在韩国地方教育厅厅长选举之际,不少地方将实施和平教育、人权和平教育、“全球公民”教育、全球教育、国际理解教育、民主公民教育等作为竞选承诺。这些承诺的价值共性在于《世界人权宣言》。《世界人权宣言》第二十六条“教育权”第二项指出,“教育的目的在于充分发展人的个性并加强对人权和基本自由的尊重。教育应促进各国、各种族或各宗教集团间的了解、容忍和友谊,并应促进联合国维护和平的各项活动。”

表2.15 《新青少年宪章》原文

青少年是自己的主人。青少年作为人,有受到尊重的权利和作为公民有开启未来的权利。青少年作为主动思考、选择、活动的主体,享有自律和参与的权利。青少年尊重生命的价值,作为正义共同体的成员有责任地生活。家庭、学校、社会以及国家应根据上述精神切实保障青少年生活,保障环境和条件使青少年营造自身的幸福生活。 青少年的权利: 1. 青少年有权得到为其生存所必要的营养、居住、医疗、教育等保障,使其精神和身体均衡发展。 2. 青少年有权不因其出身、性别、宗教、学历、年龄、地域等的差异,以及身体、精神等残障为理由而受到任何歧视。 3. 青少年有权受到保护,使其免于承受物理性暴力以及包含恐吓和压迫在内的精神性暴力。 4. 青少年有隐私不被侵犯的权利。 5. 青少年有自由表达自己思想和感受的权利。 6. 青少年有根据自由意识创建健康的集会,根据正确信念进行活动的权利。 7. 青少年有做事和选择职业的权利。 8. 青少年有享受休闲(假日)的权利。 9. 青少年有参与丰富而健康的文化活动、艺术活动的权利。 10. 青少年有权通过各类媒体,接收自己生活所必要的信息。 11. 青少年有权通过民主程序参与与其自身生活相关的政策制定。 青少年的义务: 12. 青少年要珍惜自己的生命,对自己的选择负责。 13. 青少年有传承智慧的责任。 14. 青少年作为家庭、学校、社会、国家、人类共同体成员,要懂得尊重与自己不同的生活方式。 15. 青少年要珍惜生命之源的大自然,要与所有的生命共同生存。 16. 青少年作为统一时代的主力,要掌握和平共生的方法。 17. 青少年要学习男女平等的价值,并在生活中实践其价值。 18. 青少年要对家庭尽责,要营造和谐平等的家庭文化。

续表

19. 青少年不对彼此施加精神和身体上的暴力行为。
20. 青少年要与包括残疾人在内的弱势群体共同生活。

资料来源:한국청소년단체 . 한국청소년헌장[S]. 1998-10-25 발표 .

韩国基于人权的和平教育强调,为了和平的人权教育是教育的基本精神。在这样的脉络中,和平教育和人权教育既是不同的,又是统一的。寻求通过国家间的理解和协作,增进相互的理解从而达到世界和平。

4. 文化多样性与国际理解教育

近年来,韩国的文化多样性概念有两大脉络:一是联合国教科文组织国际理解教育理念下的文化间理解,强调不同国家的文化理解;二是韩国政府针对移民急剧增加带来的社会问题提出的"多元文化教育"。两个概念的内涵、边界各不相同,但其共性在于都试图解决韩国社会面临的问题。

(1) 文化间理解与文化多样性教育

作为国际理解教育的主要内容,文化间理解自20世纪60年代开始就得到韩国的推崇。韩国甚至将国际理解教育等同于"文化理解"。直至21世纪初,在中央政府政策推行下,各地纷纷制订该地区国际理解教育实施计划时,就有不少地方的政策文献中出现将国际理解教育概念等同于文化理解的现象。例如江原道教育厅提出的"国际文化理解教育",京畿道教育厅提出的国际理解教育目标——"与国外学校的相互交流、访问以及外国文化体验活动",庆尚南道提出的国际理解教育计划——"体验各国文化活动、姊妹校等国际交流活动"等。①

全球化的进一步渗透,改变了韩国对文化理解内涵和意义的定位,文化理

① 유네스코아시아•태평양국제이해교육원 . 국제이해교육의 동향 - 미국, 일본, 호주, 한국 - [M]. 서울:정민사,2003:430-436.

解也发展成为囊括更多含义的“文化多样性”概念。“文化多样性”是21世纪联合国教科文组织酝酿并推出的国际理解教育概念。从联合国教科文组织关于文化的宣言、建议、公约等可以看出该组织关于文化多样性的观点和主张。例如,1966年颁布的《国际文化合作原则宣言》,1970年颁布的《关于禁止和防止非法进出口文化财产和非法转让其所有权的方法的公约》,1972年颁布的《保护世界文化和自然遗产公约》,1976年颁布的《关于大众参加文化生活并对之做出贡献的建议书》,1978年颁布的《种族与种族偏见问题宣言》,1982年的《墨西哥城文化政策宣言》,1989年颁布的《保护传统文化与民俗的建议案》,1995年的《我们具有创造力的多样性》,1997年的《经济、社会及文化权力国际公约》,1998年的《文化政策促进发展行动计划》,2001年的《联合国教科文组织世界文化多样性宣言》,2005年的《保护和促进文化表现形式多样性公约》等。在联合国教科文组织的这些公约和建议中,文化多样性是指既要认同本民族文化,又要尊重其他民族文化,相互借鉴,求同存异,尊重世界文化多样性,共同促进人类文明繁荣进步。但是,这些理念在制定实施过程中因各国对文化的不同视角和利益定位引起不少争议。例如,2005年颁布的《保护和促进文化表现形式多样性公约》中争论的焦点:文化商品和文化服务在国家间交易和贸易协定中应处于怎样的位置;发达国家应为发展中国家的文化力量发展提供支持;文化多样性相关协议和其他协议并存时应以文化多样性协议中的内容为优先考虑原则。经过对这些问题的争论和思考,该公约在宣布之时提出了以下四个原则:文化多样性是人类的重要属性,能够创造出多样、丰饶的世界,进一步扩展人类的选择范围,培育人的能力与价值;文化多样性理念的出发点在于《世界人权宣言》中明示的基本自由和人权,是人类的共同关注;应从国际社会合作的角度思考文化和发展之间的关系,由国际社会来促进文化的发展;文化多样性体现在超越时空的人类认同和文化表达的多元性上,即与创造、传播和表达文化的能力一样,文化表达的固有属性及其多样性也是人类的基本属性。

韩国社会开始关注文化多样性问题正是2005年签署公约以后,韩国国内就该问题进行了长久争论。学者批评韩国的文化多样性理论是文化全球化推动下的产物,无法从反省韩国社会内部文化环境的问题意识出发,保护韩国人赖以生存的文化生态。[①] 例如,在文化多样性后续协议中,美国在与

① 한건수. 한국사회와 문화다양성: 유네스코 문화다양성 협약의 의미와 과제[J]. 국제이해교육연구,2015(12):163-199.

各国间协议过程中要求文化市场的相互开放，而韩国的诸多市民团体主张"韩国人的文化逻辑"，要求政府实施电影配额制度，当时著名的导演、演员都作为这些市民团体的一员参加呼吁活动，最终达成电影配额制，要求韩国各大影院上映本国电影必须达到146天/年。该运动造成韩国社会对文化多样性问题的否定看法，以及对文化多样性的理解集中在"电影配额制"等文化产业保护和缩小文化市场等层面，无法全面认识文化多样性的意义。韩国国际理解教育学会现任会长韩建树批评这样的认识窄化了文化多样性的概念和意义。①

韩国社会尚未对文化多样性理论进行系统梳理，21世纪以来愈加明显的移民增加以及由此导致的各类问题，使多元文化理论很快替代文化多样性成为韩国国际理解教育的重要议题。

(2) 多元文化教育

全球化时代人口流动的增加改变了韩国的国民结构，韩国社会出现"多民族"特征。20世纪80年代后期，为了缓解3D职业（Dirty，Difficult，Dangerous职业的统称）劳动力紧缺问题，韩国政府通过研修生、培训生制度从国外吸纳低薪劳动者。这些劳动者逾期未归，成为非法劳动者，也有从周边国家或地区以非法形式移居韩国的"非法滞留者"。20世纪90年代由于大量农村女性移居城市导致农村男青年结婚困难，引起国际婚姻剧增现象。21世纪以后则出现从朝鲜移民而来的"新乡民"大量增加的问题。因此可以说，韩国社会的移民主流是国际婚姻移民、脱离朝鲜的移民、非法劳工。这些人在韩国社会得不到劳动保障且备受歧视。韩国国民具有较为强烈的单一民族认同，面对不同层次和性质的移民进入自己生活领域显示出排他情绪，造成一系列社会问题，亟待韩国政府提出对策。韩国政府于2005年颁布《外国人政策基本方向及实施体制》、2006年颁布《婚姻移民家庭支援综合措施》、2007年颁布《在韩外国人待遇基本法》，并在政府内设立了外国人政策委员会。在教育领域，韩国政府的政策集中在对国际婚姻家庭子女的支援

① 한건수. 한국사회와 문화다양성: 유네스코 문화다양성 협약의 의미와 과제[J]. 국제이해교육연구，2015(12)：189.

上,因为国际婚姻家庭子女的17.6%表示由于外表和语言差异无法适应学校生活。[①] 韩国教育部在2006年第一次称这些家庭为“多元文化家庭”,颁布实施以这些家庭子女为对象的多元文化教育政策。该称呼虽然在帮助国际婚姻家庭子女尽快适应韩国教育上有积极意义,但意味着更多的排斥和圈界,把劳动移民家庭子女、“新乡民”子女、留学生家庭子女等多种身份的学生排除在外。另外,即使多元文化家庭子女在韩国社会尤其是在学校仍无法避免遭受歧视的事实,但是无论怎样,韩国的多元文化教育开始如火如荼地发展起来。金永信认为,多元文化教育是韩国转向多民族社会过程中不可或缺的教育内容[②],金敏浩则从政策角度提出多元文化教育的内容包括以下六个方面:①加强父母能力培养:向多元文化家庭的父母提供子女教育的多种知识,以外国人家长为对象实施韩国语教育,为韩国人家长尤其是父亲提供支持,向那些从小在外国人母亲的母语环境中长大的子女提供教育,使他们肯定和积极接纳母亲国家的文化等。②加强对学校教师能力的培养。提高教师对多元文化家庭的认识,扩大相互交流的机会,增加教师培训,减少他们的顾虑和精神负担,提供各类多元文化教育信息、学生咨询方法、教学方法等多方面的教育信息。③创造机会,加强多元文化背景下与同龄孩子的交流。④提高传媒力量,积极宣传成功融入韩国社会的多元文化家庭,加强对各国社会经济文化的介绍等。⑤从人权保护角度保障移民的学习权利,促发中学生志愿者活动,加强市民团体的教育力量。⑥加强多元文化家庭子女当事人之间的联系与合作。[③]

2008年韩国多元文化教育学会成立,致力于研究韩国社会由于移民增加导致的社会问题,尝试寻找解决途径。多元文化教育学会深受美国影响,不仅每年与美国合作召开年会,而且在理论建构上与美国一脉相承。而国际理解教育学界则呼吁多元文化教育应回归国际理解教育的人权、和平教育脉络。

对于多元文化教育的上述发展趋势,金喜贞却认为,多元文化教育政策的“官本位”特征,无法从根本上解决韩国社会的文化冲突问题。[④] 韩国国际

---

① 한국교육부 . 다문화가정자녀 교육지원대책[R]. 교육부보고서,2006:12.

② 김용신,한국사회의 다문화교육 지향과 실행전략[J]. 사회과교육,2009(1):13-14.

③ 김민호 . 다문화가정 자녀의 교육[R]. 법무부 출입국・외국인 정책 본부,2010:619-644.

④ 参见김희정 . 한국의 관주도형 다문화주의 [M]// 오경석 외 . 한국에서의 다문화주의:현실과 쟁점 . 서울:한울사,2007.

理解教育学会前会长韩敬九批评现有的多元文化教育政策，指出为了应对急剧增加的国际婚姻移民被动提出多元文化教育政策的韩国政府，来不及思考一直以来在单一民族幻象下建构国民认同基础的韩国社会对多元民族时代的排斥心理，而韩国社会近年兴起的多元文化教育理论只热衷于反对单一民族论，未能充分勾勒单一民族幻象解体之后的价值模式。①

韩国政府推行多元文化教育政策，并未能缓解国际婚姻家庭子女、非法滞留劳工子女、“新乡民”子女的教育问题。不仅如此，由于多元文化教育政策的惠及对象只是国际婚姻家庭子女，反而造成给他们贴标签的后果，来自校内环境的歧视未减反增，政府政策与社会反应冲突的现象愈加严重，无法从根本上解决韩国社会的文化冲突问题。在缺乏对文化、国民、民族等概念进行深入、系统讨论的前提下实施多元文化教育政策，混淆了“多民族”社会与“多元文化”社会的区别，体现出韩国社会从单一民族变成多民族社会的转型过程中出现的矛盾。韩敬九甚至对多元文化主义持质疑立场，指出韩国学界和政府存在对多元文化主义的“政治正确”式推崇，仿佛任何质疑多元文化主义的声音都是历史的倒退，这是十分不合理的。他认为，对于韩国来说，多元文化主义存在诸多问题，应摆脱将问题着眼点仅限于特定移民文化权利的做法，而应着力于教育学生认可和接纳国家内部的文化多样性，在国际理解教育的和平、人权、文化间理解、可持续发展等价值框架下看待和思考多民族问题。②

姜淳媛也批评韩国社会存在的“解决问题型”多元文化教育只会助长本文化中心主义，只会使作为弱势群体的移民更加边缘化、标签化，没有任何益处。相反，真正应该被改造的潜在的加害者——多数群体的韩国原住民却不能出现任何改变。③ 对于韩国学界将国际理解教育和多元文化教育割裂的做法，她认为应看到二者本质上的共性。姜淳媛分析目前韩国学界的多元文化教育内容框架，认为多元文化教育内容主要包括“公民权、人权和性别平等、脱殖民主义、文化多样性 / 文化权利、正义 / 民主主义、认同、和平 / 废除歧视”等，从价值构成上未曾脱离国际理解教育框架④，因此应该回归人权教育来定位多元

---

① 한경구 . 다문화주의를 넘어서 문화다양성과 국제이해교육으로[J]. 국제이해교육연구，2011(6)：6.

② 한경구 . 다문화주의를 넘어서 문화다양성과 국제이해교육으로[J]. 국제이해교육연구，2011(6)：1–31.

③ 강순원 . 다문화교육의 세계적 동향을 통해서 본 국제이해교육의 상보성 연구[J]. 국제이해교육연구，2009(6)：5–46.

④ 강순원 . 다문화교육의 세계적동향을 통해서 본 국제이해교육과의 상보성연구[J]. 국제이해교육연구，2009(6)：41.

文化教育,而不是将韩国社会的移民歧视问题与世界各国的种族歧视割裂开来。①其他学者如韩健树、韩敬久则主张,韩国从古至今都是多元文化社会,不是近几年特有的现象,因此应该从国际理解教育原有的文化多样性语境中思考怎样解决目前的问题而不是另外开辟多元文化教育的分支。②总之,在韩国国际理解教育学会的学者看来,多元文化教育应归入国际理解教育范畴,在国际理解教育的人权、和平框架内进行定位。

多元文化社会的形成,是包括信息化、全球化等在内的21世纪社会的特征之一。多元文化教育是为了解决时代问题而出现的对策。韩国的多元文化教育理论缺乏长远的目标,实施对象偏狭,造成多元文化政策流于形式、短视等问题。③也许正如韩国国际理解教育学会学者所主张的,唯有针对多数人实施的、基于和平共生理念的国际理解教育才是解决问题的根本途径(见图2.4、图2.5)。

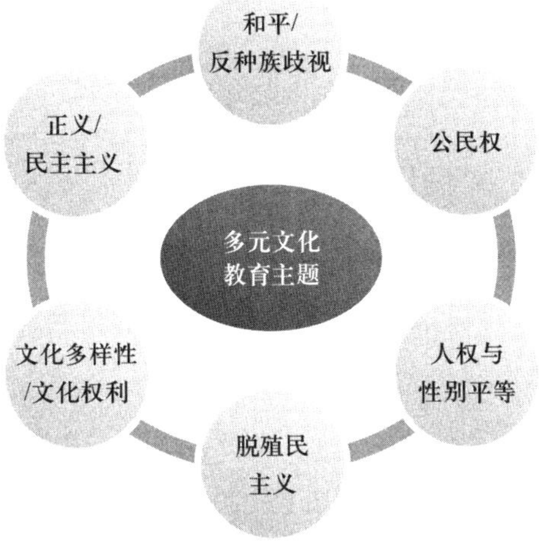

图2.4 多元文化教育主题

资料来源:강순원 다문화교육의 세계적 동향을 통해서 본 국제이해교육의 상보성 연구[J]. 국제이해교육연구,2009(6):41.

① 강순원. 영국 융합교육정책에 근거한 한국 다문화교육의 과제[J]. 국제이해교육연구,2008(3):5-42.

② 한건수, 한경구. 다문화주의를 넘어서 문화다양성과 국제이해교육으로[J]. 국제이해교육연구,2011(6):1-33.

③ 이민경. 한국사회의 다문화 교육 방향성 고찰:서구 사례를 통한 시사점을 중심으로[J]. 교육사회학연구,2008(2):87.

图 2.5 国际理解教育核心主题

资料来源:강순원. 다문화교육의 세계적 동향을 통해서 본 국제이해교육의 상보성 연구[J]. 국제이해교육연구,2009(6):42.

5. 可持续发展教育与国际理解教育

与很多国家一样,韩国可持续发展教育的产生和发展是国际组织影响和韩国国内发展需要相结合的产物。20 世纪 70 年代开始出现的可持续发展理念发展至 1992 年联合国环境与发展会议上的《里约宣言》也未能引起韩国全国范围内的重视。2002 年可持续发展世界首脑会议上的《约翰内斯堡宣言》宣布世界领导者的一种许诺——建立一个人道的、平等的国际社会,理解人类所有关于尊严的需要。宣言颁布以后,韩国政府开始将可持续发展作为国家战略,在 2007 年、2010 年相继颁布《可持续发展法》《环境教育振兴法》等,大力实施可持续发展教育。基于政府的这些政策而兴起的可持续发展教育,自然受到不同时期政府政策的影响。

在韩国,与可持续发展教育有关的概念有环境教育、绿色成长教育、可持续发展教育等。韩国 2007 年颁布的《可持续发展法》第二条将可持续发展定义为:“可持续,是指避免为满足现一代的需要浪费或降低下一代所要使用的经济、社会、环境等资源,实现协调均衡发展。可持续发展,是指在持续可能性的前提下使经济的成长、社会的稳定整合、保全环境三要素实现均衡发展的状况。"① 而关于可持续发展教育,韩国的部分研究遵循《联合国可持续发展教育 10 年计划》的定义:"通过教育建设理想社会,使所有人接受高质量的教育,并形成可持续的未来与社会变革所必要的价值、行为、生活方式。"② 而 2010 年联合国教科文组织韩国委员会在全面推行可持续发展教育之时,将其概念重新定义为:"认识到作为可持续性基础的社会、环境、经济领域的相互关联性、不同年代的协调性、全球正义等,形成对现有社会的反省态度,并以价值与实践为基础,促使学生从个人、地区、国家、全球层面展望可持续的未来并引领行动的教育。"③

环境教育,曾是可持续发展的主流。韩国于 2008 年颁布的《环境教育振兴法》将其定义为:"以国家和地区社会可持续的发展为目标,培养和实践国民改善和维护环境所需要的知识、技能、态度、价值观。"④ 环境教育的主要内容为环保知识、学校中的环境保护意识的提高、爱惜有限资源、解决贫困、经济增长、提高人的生命质量等。

绿色成长教育是为了应对政府 2008—2010 年"绿色低碳成长"政策而实施的、可持续发展教育的另一种形式,其定义为:"旨在建设经济发展与环境保护和谐共存的国家,实现社区社会的进取性增长,通过教育培养主导未来绿色成长社会的绿色人才,以及从全球角度认识和实践绿色生活价值的全球绿色公民。"⑤

上述可持续发展教育相关名称的出现,显示出韩国在可持续发展教育的本土化过程中经历的认识变化和因此带来的政策变化。韩国的可持续发展教育经历了三个发展时期。第一个时期为 2005—2008 年,联合国于 2005 年启动《联合国可持续发展教育十年计划》,韩国国内成立"总统咨询可持续发展委员会"并以该机构为中心与环境部联合实施联合国

---

① 한국국회 . 지속가능발전법 제 2 조[S].2007.

② UNESCO. United Nations Decade of Education for Sustainable Development. International Implementation Scheme [R]. Paris:UNESCO,2005.

③ 정우탁,강상규,김명신,김희웅,서현숙,신종범,윤병순,이선경,정용시 . DESD 후반기 유네스코 한국위원회 지속가능발전교육 사업 추진방안[R]. 유네스코한국위원회,2010:7.

④ 한국국회 . 지속가능발전법 제 2 조[S].2007.

⑤ 녹색성장위원회,교육과학기술부,환경부,행정안전부 . 녹색성장교육 활성화 방안[R]. 2009:1.

可持续发展教育。2007 年 8 月制定颁布《可持续发展基本法》,2008 年制定颁布《环境教育振兴法》。构建可持续发展教育的法律基础以后,联合国教科文组织韩国委员会致力于在世界文化遗产教育、联合国教科文组织学校活动等传统活动中纳入可持续发展的教育理念。第二个时期为 2008—2010 年,该时期政府成立绿色成长委员会替代总统咨询可持续发展委员会,并在中小学开展绿色成长教育。2009 年 7 月韩国政府制定“低碳绿色成长”国家战略,同年 12 月颁布《低碳绿色成长基本法》。该法案颁布以后,诸多绿色成长相关项目得到推行,也相应增加了绿色成长教育预算。该时期联合国教科文组织韩国委员会成立“联合国教科文组织可持续发展教育韩国委员会”作为韩国国内的可持续发展教育政策制定、实施机构,并以此为依托积极开展开发可持续发展教育课程、编写教材以及其他教育活动。第三个时期为 2011—2013 年,随着政府换届开始用可持续发展概念替代绿色成长教育,根据教育部与韩国科学创意财团的支援以中小学教师为对象实施了教师培训、校长及干部培训,向全国征集可持续发展相关课程,资助可持续发展教育研究会,完善可持续发展的教师环境,资助可持续发展领导力学校建设等。2011 年以后,不少地方政府纷纷颁布环境教育振兴条例,进行以环境教育为中心的可持续发展教育。该时期联合国教科文组织韩国委员会的教育项目更加丰富、深入,例如 2011 年与首尔市教育厅合作进行教师培训,随后与京畿道、忠清南道等教育厅也开始合作实施可持续发展教育教师培训,同时与亚太地区合作共同开发项目,选取优秀案例进行宣传等。

学校中的可持续发展教育与这些政策与项目是密切相关的。2005 年韩国中小学开始通过总统咨询可持续发展委员会实施可持续发展教育之时,学校教师普遍感到茫然,因此联合国教科文组织可持续发展教育韩国委员会实施了大量的教师培训。

2010 年由联合国教科文组织可持续发展教育韩国委员会对全国的可持续发展教育现状进行调研并提交中期报告,总结出该时期可持续发展教育的总体特征。首先,在实施形式方面,可持续发展教育通过一般教课、特别活动、裁量活动(综合活动课)来实施,或由示范校贯穿全校各类教育教学活动来实施。在正规国家课程中实施可持续发展教育的,只限于联合国教科文组织合作学校等特别重视可持续发展教育的机构和个体教师。其次,从内容上看,大部分集中在环境相关课程,尤其集中在初中阶段的环境相关课程内容中。教师和学生对可持续发展教育的理解尚不够深入,其理念也未能扎根中小学实践。因此,需要全方位、进一步开发可持续发展教育的优秀个案,丰富理论并引领实践。①

此外,也要看到,韩国的可持续发展教育实施已十多年,获得了诸多成绩,例如 2009 年的初中等教育课程中就将可持续发展教育作为 30 多个跨学科主题活动中的一个内容,中学社会课、环境课都要求将可持续发展教育作为其中的重要内容。自 2013 年开始,韩国教育部和韩国科学创意财团共同合作,指定可持续发展教育先进学校,通过各类活动营造可持续发展教育的实施环境(见图 2.6、图 2.7)。

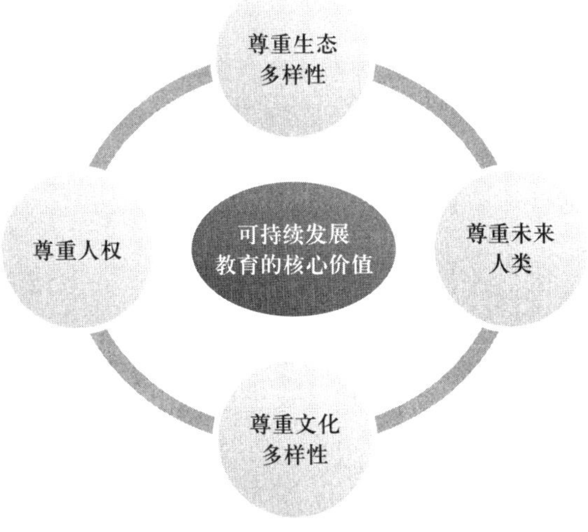

图 2.6 可持续发展教育的核心价值

资料来源:유네스코한국위원회 . 지속가능한 발전교육이란[EB/OL]. [2016-09-08].http://www. unesco. or. kr/business/sub_01_02. asp?sKind=B.

① 参见이선경 . 한국 학교에서의 지속가능발전교육의 현황과 쟁점 . 지속가능한 미래를 위한 교육:유엔 지속가능발전교육 10 년을 향하여[R]. 유네스코한국위원회,2008.

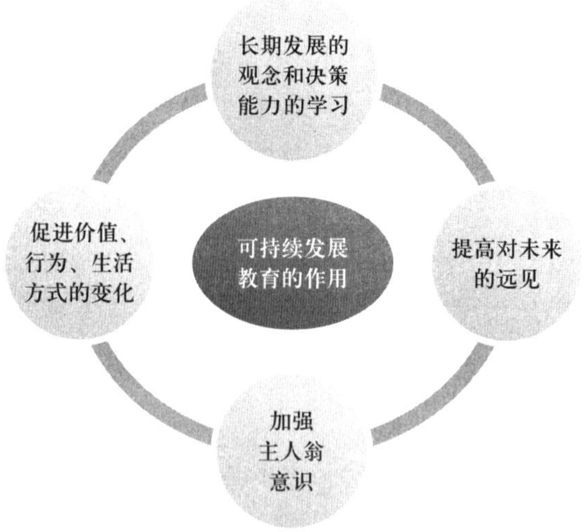

图 2.7 可持续发展教育的作用

资料来源:유네스코한국위원회. 지속가능한 발전교육이란[EB/OL].[2016-09-08]. http://www.unesco.or.kr/business/sub_01_02.asp?sKind=B.

V 韩国国际理解教育的政策与理论特征

1. 鲜明的政府推动色彩

韩国国际理解教育的最大特征就是带有鲜明的政府推动色彩。国际理解教育的政策制定、理论研究、实践指导、教师培训等所有推行环节中都有政府的影子,这使韩国的国际理解教育带有明确的政治目的。20 世纪 60 年代开始的国际理解教育就是由韩国政府积极推动的,目的就是早日摆脱日本殖民地时代遗毒,作为独立国家早日进入国际社会。20 世纪 80 年代重开国际理解教育也是为了适应全球化时代国家发展的需要，甚至建立亚太地区国际理解教育研究院、创立国际理解教育学会也是政府推动的结果。20世纪 90 年代以后，为了应对移民增加导致的文化不适应及冲突问题导入多元文化教育政策，也大大影响了国际理解教育的走向，而其实施主体仍然是韩国政府。这个特征使韩国国际理解教育虽然在表面上宣扬“全球公民”教育，但事实上始终将出发点放在国民培养的前提下。从亚太地区国际理解教育研究院所编写的国际理解教育系列教材内容上、韩国各地方教育厅推行的相关教育活动上都可看出，韩国的国际理解教育十分注重韩国传统文化的弘扬与继承，培养学生的国家认同感以及民族传统文化的传承责任意识。正如时任会长姜淳媛在 2012 年召开的第十三届韩国国际理解教育年会上指出的，“国家间的界限变得越来越模糊，在多数情况下国家之间一边强调超越国家的合作，一边却以国家利益为先。在这样的情况下，同时追求二者利益为目标的国际理解教育或可解决这样的矛盾”①，韩国的国际理解教育正是呈现出这样的特色，试图在二者之间找到平衡点。

2. 多元文化理念本土化过程中的困境

单一民族语境下建构国家概念的韩国，由于不同主体对文化概念的理解不同，在多元文化教育理论的接纳过程中存在诸多问题，成为阻碍国际理解教育进一步发展的瓶颈。近年来新移民的不断增加以及新移民身份的复杂化，导致近几年韩国地方政府对“多元文化融合”教育的需求急剧增加，但韩国的国际理解教育学者对该问题未能进行长期系统的研究，使多元文化教育理论停留在西方语境的尴尬中，无法解决韩国的现实冲突。韩国近几年来移民数量剧增，包括大量国际婚姻、来自朝鲜的移民、外籍劳工移民、学习移民和工作移民等。这些移民在适应韩国社会的过程中出现诸多困难，而习惯于单一民族认同的韩国社会，对移民多出现排斥反应，导致歧视、欺骗、不

① 강순원 . 국제이해교육의 맥락에서 본 한국의 평화교육[A]. 한국국제이해교육학회연례학술대회논문집[C]. 13 차한국국제이해교육학회，2012. 42.

公正待遇等现象。韩国政府采用“建构多元文化社会”理念,试图解决由于具有不同文化背景和种族背景的人们混居带来的矛盾,但多年来一直未彻底解决,这也成为韩国国际理解教育的重要议题。其结果,忽略了国际理解教育与多元文化教育之间的共性,有取而代之的倾向。近年又由于多元文化教育学会的成立,使国际理解教育出现身份认同危机,有必要重新回归国际理解教育的起点思考其发展方向。

3. 国际理解教育的三大理论来源

韩国的国际理解教育在长期发展过程中形成三大类实施主体。

一是包括教育部、保健福利部、女性家族部在内的韩国政府,二是联合国教科文组织韩国委员会、亚太地区国际理解教育研究院在内的半官方国际组织;三是韩国国际理解教育学会、多元文化教育学会等民间组织。这三大主体对国际理解教育的关注点不同,对其内涵及外延、教育目标的界定都有所不同。例如,政府虽然近几年也在强调国际理解教育,但在朝鲜半岛没有统一的现实面前,无法抛开政治对立去空谈全球公民和国际理解,因此始终坚持“合格国民前提下的全球公民”。亚太地区国际理解教育研究院则带有双面性,作为国际组织积极从事难民救助、推广联合国教科文组织教育精神等活动,但是由于其经费支持和政策都来自政府,因此在对国际理解教育定位过程中强调“具有韩国民族认同的全球公民”。韩国国际理解教育学会作为民间机构,多年来承袭联合国教科文精神,同时扎根韩国国内问题,判断、评价和关注韩国问题,并将和平、人权理念作为解决问题的方法。目前,韩国社会进入了空前复杂的时期,需要思考站在怎样的立场和视角去建构新时期的国际理解教育概念,包括怎样定位与国际组织的关系、怎样解决国内的多元文化问题、怎样诠释全球化时代国际组织理念与国家发展理念之间的冲突等。韩国实施国际理解教育的历史并不长,但其特殊的国情使其面临的问题与我国存在相似之处,系统梳理韩国全球公民教育的发展过程、分析其内容体系和立场,有助于我国在此问题上进行更为深入、缜密的思考。

第三篇　中国国际理解教育的政策与理论

中国正式开展国际理解教育理论与实践探索始于20世纪90年代。与深受联合国教科文组织影响的日本、韩国不同，中国的国际理解教育从一开始就是在教育国际化语境中产生发展起来，并试图探索中国独特的发展道路。自《国家中长期教育改革与发展规划纲要(2010—2020年)》第十六章明确提出要实施国际理解教育以来，国际理解教育在全国各地迅速兴起，成为教育热点，尤其是中小学教育实践更是呈现出方兴未艾的繁荣景象。

I 中国国际理解教育的概念边界

1. 国际理解教育

我国国际理解教育的概念有两类不同诠释，一类为以联合国教科文组织全球责任意识为主线的国际理解教育，另一类则为以“文化理解”为中心的国际理解教育。

王远美、李晶为代表的北京教育学院国际理解教育研究课题组定义国际理解教育的内涵为：我们理解的国际理解教育(Education for International Understanding)是在促使学生熟悉本族、本土的文化历史的基础上，自尊自信，了解并欣赏其他民族与国家文化历史，养成积极对待其他文化的民主态度，消除性别、种族、宗教、社会阶层、年龄、特殊性等方面存在的偏见与歧视，使每位学生都能具备‘地球村’的概念，养成‘包容差异’的世界公民胸怀，勇于追求社会正义、平等，竭力维持人际和谐、生态安全以及世界和平。[①]东北师范大学实验学校的熊梅、李水霞有相同立场，遵循联合国教科文组织理念进行界定：“国际理解教育作为一个富有根基的教育理念，它以促进不同文化背景、不同

---

① 王远美，李晶.北京市实施国际理解教育的回顾与思考[J].北京教育学院学报，2010(2):49-53.

种族、不同宗教信仰，以及不同区域、国家、地区人们的相互理解为目标，加强人们之间的相互理解与合作，共同认识和处理全球社会存在的重大问题。具体到学校实际的教育教学活动中，要培养学生尊重他人，理解世界的多元性，学会共处，学会合作，具有国际责任感和全球意识。以‘公正’和‘共生’为目标的国际理解教育强调，‘共生’在于尊重人间的差异性，‘公正’在于追求人间的平等性。”[①] 上述定义试图从联合国教科文组织的“和平文化”理念来界定国际理解教育。我国《国家中长期教育改革和发展规划纲要（2010—2020年）》第十六章指出：“加强国际理解教育，推动跨文化交流，增进学生对不同国家、不同文化的认识和理解。”[②] 可见，这两类概念显示的是国际视角和国家民族视角的不同。王远美、熊梅关注到联合国教科文组织定义下的国际理解教育，而我国政府则从教育国际化背景下的国家发展角度关注到国际理解教育。

2. 教育国际化

长期以来，我国的国际理解教育是在教育国际化的语境中被诠释和定位的。不少地方政府的国际理解教育政策就是基于教育国际化大框架制定的。因此，虽然不直接属于国际理解教育主题范畴，但本书仍试图从国际理解教育的角度定义教育国际化概念。周满生从我国基础教育阶段留学生剧增、学生出入境明显增多的现象出发，试图定义基础教育阶段的教育国际化：“国内学者对教育国际化的定义不尽相同，但普遍认为，教育国际化指通过与不同国家的教育机构或国际教育组织进行合作交流、合作研究、合作办学、合作培训以及开展国际理解教育或国际援助等途径，在理念与目标、课程与教学、评价与管理等方面实现融合并有所创新，从而提高国际化人才培养能力的教育发展过程。”[③] 而申超则从高等教育角度出发界定其概念，认为：“可以将高等教育的国际化界定为使高等教育在关系、影响或范围上成

① 熊梅，李水霞．国际理解教育校本课程开发与设计［J］．教育研究，2010（1）：50.

② 国务院．国家中长期教育改革和发展规划纲要（2010—2020年）［R/OL］．（2010-07-29）［2016-03-12］．http://www.moe.edu.cn/publicfiles/business/htmlfiles/moe/moe_838/201008/93704.html.

③ 周满生．基础教育国际化的若干思考［J］．教育研究，2013（1）：67.

为国际性的活动或过程。如果再具体一点,高等教育的国际化就是使高等学校(或高等教育机构)的教育在关系、影响或范围上成为与两个或两个以上国家间交流有关的活动或过程。"[①]这两个站在不同教育层次上进行的界定表明,教育国际化是指跨越国境的教育交流产生的各种影响。我国的国际理解教育正是从全球化所带来的人、财、物的跨境流动变得频繁的20世纪90年代以后兴起的,体现出教育国际化语境对国际理解教育的影响。

3. 跨文化教育

跨文化教育在很多国家被作为国际理解教育的重要组成部分,其目的是"要通过教育促进理解人类文化间的差异,重视人权,尊重差异,承认文化差异的价值,促进理解对生活方式的选择,主张各种文化的融合共处"[②]。跨文化教育是我国现阶段国际理解教育的主要内容。

4. 可持续发展教育

可持续发展教育与可持续发展理念一样,是通过国际组织的各种建议、宣言传到我国的。在1992年联合国环境与发展会议上第一次提出可持续发展教育概念,参加会议的各国签署《里约宣言》;2002年可持续发展世界首脑会议上各国首脑再次签署《约翰内斯堡宣言》并做出承诺:"建立一个人道的、平等的国际社会,理解人类所有关于尊严的需要",联合国大会宣布2005—2014年为"联合国可持续发展教育十年计划",这些都推动了我国可持续发展教育的积极开展。可持续发展教育的主题有消除贫困、良性平等、健康促进、环境保护、农村改革、人权、不同文化间的理解与和平、可持续生

① 申超.高等教育国际化概念辨析[J].全球教育展望,2014(6):46.

② 黄志成,魏晓明.跨文化教育——国际教育新思潮[J].全球教育展望,2007(11):61.

产与消费、文化多样性、信息与通信技术等,与国际理解教育概念也有诸多交集。目前有将可持续发展教育纳入国际理解教育理念的分类方法,同时也有将国际理解纳入可持续发展教育的做法。

5. 民族教育

本书假设国际理解教育的根本目的不在于"国际"而在于"理解"。那么国际理解教育不止包括国际的文化理解,更包括国内各民族间的文化理解。因此,我国国际理解教育应将民族教育纳入其中,并将民族教育的诸多问题置于国际理解教育的大背景下进行诠释。我国的民族教育是在中华民族多元一体格局的理念前提下实施的,包括对少数民族学生和汉族学生的教育,旨在增进各民族间的团结合作。而在国际理解教育视野下的民族教育更具有文化间的相互理解、接纳等特征。

Ⅱ 中国国际理解教育的相关政策:教育国际化与全球共生力

1. 与改革开放政策同步的国际理解教育

(1)"三个面向"教育发展方向的提出

我国国际理解教育政策的端倪可追溯到20世纪80年代。1983年9月,邓小平为景山学校题词，指出“教育要面向现代化，面向世界，面向未来”，1985年5月27日，《中共中央关于教育体制改革的决定》颁布时再次提到该内容，指明了教育发展的战略方向。但是，该时期我国还没有放开改革开放的步伐，与包括联合国教科文组织在内的国际组织也没有频繁的交流，国际理解教育理念未能进入大众视野。

(2)“扩大改革开放步伐”政策下的国际理解教育萌芽

我国1993年颁布的《中国教育改革和发展纲要》第二部分第十四章指出：“进一步扩大教育对外开放，加强国际教育交流与合作，大胆吸收和借鉴世界各国发展和管理教育的成功经验。出国留学人员是国家的宝贵财富，国家要给予重视和信任。根据‘支持留学，鼓励回国，来去自由’的方针，继续扩大派遣留学生；认真贯彻国家关于在外留学人员的有关规定，支持留学人员在外学习研究，鼓励他们学成归来，或采用多种方式为祖国社会主义现代化建设做出贡献。改革来华留学生的招生和管理办法，加强我国高等学校同外国高等学校的交流与合作，开展与国外学校或专家联合培养人才、联合进行科学研究。大力加强对外汉语教学工作。”① 从中可以看出，政府政策中开始考虑由于出国、留学、接收留学生带来的种种问题，并指出了对策和建议。从《中国教育改革和发展纲要》中可发现，我国进入20世纪90年代以后出国人员和来华留学生的双向性增多，成为我国加深对国外的了解、加快对外交流步伐的契机。

(3)“进一步扩大改革开放”政策对国际理解教育的影响

1995年，中共中央第十四届五中全会宣布将进一步扩大改革开放、发展市场经济，这自然成为我国教育将目光转向国门外的契机，也成为国际理解教育导入我国的外部条件。20世纪末，北京教育学院、上海福山外国语小学等地方教育机构开发出国际理解教育的相关教材并尝试了国际理

① 中国教育改革和发展纲要[EB/OL].(1993-02-13)[2016-11-12].http://www.moe.edu.cn/jyb_sjzl/moe_177/tnull_2484.html.

解教育实践。但是该时期的国际理解教育大多停留在对外国文化的知识性了解层面,未能进行有体系的深度开发。进入21世纪以来,我国迅速进入全球市场,全球化所带来的人口跨境移动迅速增加,我国在国际上的影响力也逐渐增强。随着社会主义市场经济的进一步发展,也随着改革开放步伐的快速迈进,东部地区的一些大中城市开始注意到国际理解教育在教育国际化方面的特殊功能。例如,福山外国语学校作为上海市的先锋,于2002年提出培养"具有国际视野的中国人",由此设计出世界文化节等学校活动,其主要目的就在于加强学生对外国文化的理解,从而成为具有国际沟通能力之人。再如,2008年的北京奥运会成为北京市大力推行国际理解教育的契机,扩大了北京市的国际影响。该时期也有东北师范大学附属学校、郑州中学附属小学等中小学的实践。再如,2007年北京师范大学出版社出版翁文艳主编的《国际理解教育》教材。2008年,笔者在北京师范大学开设国际理解教育课程,并于2010年在国际与比较教育研究院设立了国际理解教育研究中心。这些实践,可以说都在试图寻找中国特色的国际理解教育发展道路。

2. 教育国际化政策下的国际竞争意识培养

2010年颁布的《国家中长期教育改革和发展规划纲要(2010—2020年)》第一次在国家政策文本中明确提出要实施国际理解教育。《国家中长期教育和发展规划纲要(2010—2020年)》第十六章提出,面对国际化,我国应做到"借鉴国际上先进的教育理念和教育经验,促进我国教育改革发展,提升我国教育的国际地位、影响力和竞争力。适应国家经济社会对外开放的要求,培养大批具有国际视野、通晓国际规则、能够参与国际事务和国际竞争的国际化人才"①。从该段内容中可以看出,我国政府推行国际理解教育的重要目的在于培养国际型人才,以呼应全球化时代对国家发展的

① 国家中长期教育改革与规划发展纲要(2010—2020年)[EB/OL].(2010-07-29)[2016-11-12]. http://www.moe.edu.cn/publicfiles/business/htmlfiles/moe/moe838/201008/93704.html.

需要。而中央政府的政策导向直接促进了地方政府的政策制定。2010年上海举办世界博览会之际，上海市教育委员会在普陀区、浦东新区等地选定国际理解教育实验学校，规定小学每学年要开设40节、初中开设30节、高中开设20节国际理解教育课。教育内容上，小学要求包括国际交往基础知识与世界文化知识、国际沟通能力培养等；初中要求包括理解和平、发展、文化理解、环境等概念和基本理论体系，培养国际沟通能力和行动力；高中则强调正确理解个人与世界的关系，理解和平、正义、责任等理念。从上海市教育委员会的政策措施中可以看出，上海市教育委员会推行的国际理解教育主要目的在于"培养具有国际竞争力的人才"。上海市闵行区于2012年开展了"多元·共生·融合"区域推进基础教育国际化的路径与策略研究①，浦东新区则出版了《世纪名片·国际理解教育市民读本》。该时期其他地区的国际理解教育政策也纷纷出台，2012年5月，山东省淄博市教育委员会下发《关于实施中小学国际理解教育的指导意见》；同年10月江苏省常州市教育委员会下发了《关于加强中小学国际理解教育的意见》；2014年9月，广东省东莞市教育委员会宣布全面实施中学阶段的国际理解教育；四川省成都市颁布《关于加强中小学国际理解教育的指导意见》，宣布自2016年开始在中小学普及国际理解教育；2012年深圳市宝安区教育委员会下属研究机构——教育科学研究中心编写的《国际理解》读本出版，成为全区的国际理解教育实验学校教材。

该时期我国的国际理解教育政策多是在国际竞争力和教育国际化两大语境下提出的，虽然各类国际理解教育实践不少，但多停留在"国际了解"阶段，中小学实践停留在介绍国外文化标签——"食物、服装、节日"（Food，Fation，Festival，简称3F）。

3. "全球共生"核心素养框架下的行政助推

2016年颁布的《中国学生发展核心素养》是我国国际理解教育政策出

① 孙成. 上海市闵行区专题研讨"国际理解教育"［J］. 上海教育科研，2012(9)：36.

现多样化特征的标志。由六大素养十八个基本要点组成的核心素养体系,体现的是作为一个全面发展的人所应具备的素养,同时也是作为未来社会一员和国家成员的我国学生所应具备的各种素养。在"人文底蕴""科学精神""学会学习""健康生活""责任担当""实践创新"六大素养中,"国际理解"被归入"责任担当"素养中的"国际理解"要素(见图 3.1)。至于什么是国际理解教育要素的内涵,核心素养体系规定:"具有全球意识和开放的心态,了解人类文明进程和世界发展动态;能尊重世界多元文化的多样性和差异性,积极参与跨文化交流;关注人类面临的全球性挑战,理解人类命运共同体的内涵与价值等。"① 从对国际理解要素的上述解释也可看出,其内容与强调"国际竞争力"的《国家中长期教育改革和发展规划纲要(2010—2020年)》不同,开始更加关注人类和谐共生的一面。

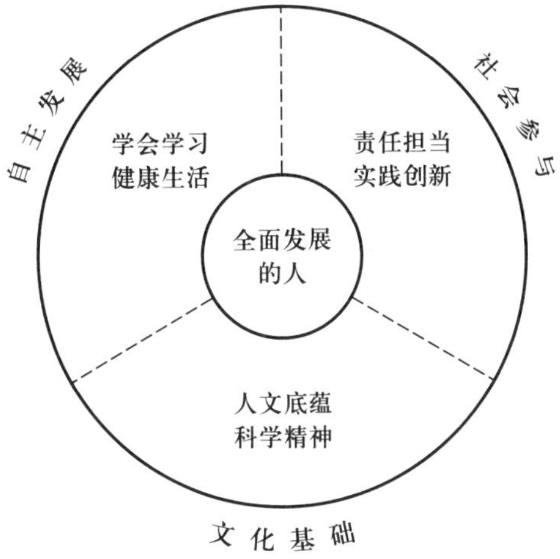

图 3.1 中国学生发展核心素养框架

资料来源:《中国学生发展核心素养》正式发布,孩子这 6 种素养最重要[N/OL].(2016-09-14)[2016-11-12]. http://learning.sohu.com/20170117/n478979399.shtml.

① 《中国学生发展核心素养》正式发布,孩子这 6 种素养最重要[N/OL].(2016-09-14)[2016-11-12]. http://learning.sohu.com/20170117/n478979399.shtml.

Ⅲ 中国国际理解教育的理论发展:本土探索中的困顿与希冀

1. 联合国教科文组织理念的接纳与承袭

20 世纪 90 年代国际理解教育开始进入我国教育研究者的视野,中央教育科学研究院的周南照、华东师范大学的赵中建等人开始进行国际理解教育相关研究。学者徐辉和王静在《国际教育研究》中将国际理解教育纳入“国际教育”范畴,并试图解释其概念:国际理解教育,是加深对不同文化、种族、宗教信仰、不同地区和国家的相互宽容与理解,为解决全球化社会中人类共同面临的问题而进行的教育。[①] 徐辉认为,与国际教育相关的、可以交替使用的术语有国际研究、国际项目、跨文化计划、跨国项目、外国区域研究、非西方研究、全球发展研究、国际关系、世界公民教育、国际理解教育、世界研究、和平教育。[②]1999 年,北京教育学院以参加联合国教科文组织价值教育中心组织的价值教育活动为契机,开发出国际理解教育的系列教材,2007 年由翁文艳撰写的《国际理解教育》教材也由北京师范大学出版社出版。

① 徐辉,王静 . 国际理解教育研究[J]. 西南师范大学学报(人文社会科学版),2003(6):85-90.

② 徐辉 . 比较教育的新进展——国际教育初探[M]. 四川教育出版社,2001:42.

2. “扩大教育开放”语境下的本土理论探索

《国家中长期教育改革和发展规划纲要(2010—2020 年)》颁布以后,我国的国际理解教育实践开始蓬勃发展的同时,有不少学者提出了关于国际理解教育理论的主张和看法。例如,熊梅提出全球化的特殊语境下与国际理解教育相关的概念包括“相互依存性”“文化多元性”“社会公正性”“纠纷性”“变化性”“稀少性”等,并在此基础上提出民族文化理解、异文化理解、人权教育、和平教育和环境教育五大学习领域。[①] 赫栋峰、梁珊则提出国际理解教育具有民族主义、国际主义、国际参照系三个维度,并试图分析国际理解教育之重心(见图 3.2)。[②] 该时期笔者对国际理解教育的相关研究也开始增多,包括对美国、日本、韩国等国家“全球公民”教育理论的梳理,散见于《比较教育研究》《中国教育报》等期刊、报纸中。

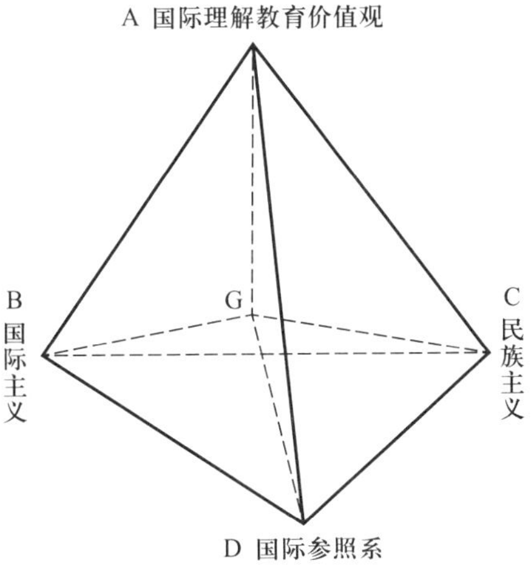

图 3.2 国际理解教育的三元结构示意图

注:国际理解教育价值观是 A 点,国际主义是 B 点,民族主义是 C 点,国际参照系是 D 点,由此构成 A 为顶点的四面体 ABCD,其三元结构的重心在 G 点上,即代表国际理解教育之重心。

资料来源:赫栋峰,梁珊 . 国际理解教育的结构与重心[J]. 外国教育研究,2009(4):16.

3. 国际理解教育课程框架建构

我国的国际理解教育借助《国家中长期教育改革和发展规划纲要

① 熊梅,李水霞 . 国际理解教育校本课程开发与设计[J]. 教育研究,2010(1):51~52.

② 赫栋峰,梁珊 . 国际理解教育的结构与重心[J]. 外国教育研究,2009(4):16~20.

(2010—2020年)》的助力在全国范围内得以推行,其目的在于培养具有国际竞争力的人才,但其在源头上既不否定联合国教科文组织推出的以世界和平为宗旨的实施模式,又深受全球合作的大趋势影响。因此,要厘清理论来源,并在此基础上设计本土化甚至本地化的国际理解教育课程体系。本书认为,从我国的国际理解教育视角可将其理论来源归纳为以下四种类型:一是遵循联合国教科文组织理念的、以实现全球和平、解决人类共同面临的问题为宗旨的国际理解教育;二是我国政府推行的、以培养学生国际规则意识、提高学生国际竞争力为宗旨的国际理解教育;三是各地方政府和学校推行的、以全球化对策为宗旨的国际理解教育(包括留学问题、地方经济发展问题等);四是国际组织、世界各国和我国联合推行的、以可持续发展为宗旨的国际理解教育。

这些类型当然不是截然分开的,根据实施主体的理解会有诸多交集和异同点。以下为笔者根据以上理论来源以及我国国际理解教育的发展阶段特征,为中小学设计的国际理解教育课程开发体系。

(1) 国际理解教育的课程目标

本书主张国际理解教育应以"培养全球化时代共生之人"作为目标。而关于共生的含义,可从全球、国家、地区、自然四个维度进行思考,通过培养学生作为全球社会、国家、地区、自然中的一员所应具备的知识、能力和态度,使学生关注全球化状态下人与人、人与自然的相互依赖性愈加明显的事实,思考人类共同面临的问题,同时具备国家公民之责任感,力求解决全球化带来的国内问题,为建设可持续发展的世界和国家做出应有贡献。

① 培养"全球社会中的一员"。使学生具有全球视野、胸怀和责任感,关心人类共同面临的问题;培养学生主动、积极参与国际事务的能力和态度。

② 培养"国家中的一员"。使学生关注全球化带来的各类国内问题,培养学生解决这些问题的能力,在复杂的国际国内形势中形成鲜明的国家认同感和国民意识。

③ 培养"地区中的一员"。使学生认识到所在地区与世界的广泛联系,培养"立足脚下、放眼世界"的胸襟和态度。

④ 培养"自然中的一员"。使学生思考在地球生活的居住环境越来越受到威胁的今天,人与自然、人与人应通过什么样的途径才能达到可持续

发展。

(2) 国际理解教育本土化的内容框架

在明确目标之后,可按照不同的目标维度建立国际理解教育的内容框架。“全球社会中的一员”维度主要的教育目标是培养具有全球视野、胸怀和责任感的人,因此“对不同文化的理解”“培养全球责任意识”“锻炼解决全球冲突的能力”“培养世界和平的理想”等都可作为该维度的教育内容;“国家中的一员”的维度不同于单纯的爱国主义教育或公民教育,其主要目的是解决由于全球化带来的移民、少数族裔和其他人群之间的矛盾、全球化导致的价值多元化和国家认同之间的矛盾等,因此“全球化影响”“各民族文化理解”“公民责任”“移出、移入移民”等都可作为该维度的内容;“地区中的一员”维度的主要目标是从世界视角培养学生“积极参与社会建设”的素养,因此可以设计“家乡与世界的联系”“积极参与社会事务”“维护社会安全”“学会与地区中的外国人、外地人和谐共生”等内容;“自然中的一员”维度思考的是全球化时代人与人、人与自然的可持续发展问题,因此可以设计“环境保护”“对生物多样性的理解”“对自然的敬意”“人与自然的共生”等内容。总之,从国际理解教育的目标维度,本文设计出适于不同地方、不同年级的国际理解教育内容(见表 3.1)。

表 3.1 中国中小学国际理解教育课程内容框架设计

	1	2	3	4
全球社会中的一员	解决全球冲突	不同文化的理解	全球责任意识	世界和平
国家中的一员	全球化影响	各民族文化理解	公民责任	国家认同
地区中的一员	家乡与世界的联系	参与社会事务	社会安全	与地区中的外国人、外地人和谐共生
自然中的一员	环境	生物多样性	对自然的敬意	人与自然的共生

资料来源:姜英敏.国际理解教育≠对外国、外国文化的了解[J].人民教育,2016(21):65.

在表 3.1 基础上,本书选出目前比较适合中小学开发的国际理解教育主题(见表 3.2):

表 3.2 近年来国际理解教育的可开发主题

全球社会中的一员	宽容、同情、和平、热爱人类、未来定向、批判性思考、相互依赖、合作、积极的非暴力、世界和平、文化理解、国际组织、非物质文化遗产
国家中的一员	创造性、和谐、尊重法律和规则、平等积极、负责的公民、全国各民族共生、对全球化的警惕、行动力
地区中的一员	家乡物产及人文特点、社会责任、参与
自然中的一员	环境、资源、安全、物质文化遗产

4. 国际理解教育理论新探索:"'异己'共生"国际理解教育模式

笔者在十余年的国际理解教育研究过程中,结合多年国际对话课程的经验,提出"'异己'共生"国际理解教育理论,以探索国际理解教育的新模式。"'异己'共生"是中国学生和外国学生围绕相互冲突的价值观进行对话,从而增加对彼此、对自己的理解,达到包容"异见"、寻求共生的对话课程模式,是近年来我国国际理解教育相关学者对国际理解教育实施模式的新探索,也是对国际理解教育本质问题的新思考。

(1) 对话课程的探索背景

自 1946 年提出国际理解教育概念以来,联合国教科文组织一直将世界和平作为其目标,通过传播"全球公民"的培养力求达到该目标。例如在《联合国教科文组织法》中就强调了这个使命:"既然战争是起始于人的思想的,就必须在人们的思想中树立起保卫和平的信念。"[①] 作为建构和平的途径,联合国教科文组织长年推行"人权、民主、自由、和平"等价值的传播。这些努力体现在联合国教科文组织于 1948 年发布的《世界人权宣言》、1974 年颁布的《1974 年建议》、1994 年通过的《为和平、人权和民主的教育综合行动纲

① 赵中建.联合国教科文组织国际理解教育:一个富有根基的理念[M]//赵中建.全球教育发展的研究热点——90 年代来自联合国教科文组织的报告.北京:教育科学出版社,2003:255.

领》等数十个相关宣言、建议和纲领性文件中。联合国教科文组织强调“培养和平、人权和民主的具体实施过程中所依赖的价值观念……学作世界公民,是以把共同的价值观念和知识应用于实践……”①

然而,2001 年“9·11 事件”的发生使全世界触目惊心地看到威胁人类和平的价值冲突与对立依然根深蒂固地存在,随之反省“传播共同价值”是否能够真正消除或缓解人与人、国家与国家、文化与文化间的冲突与纷争。“‘异己’共生”国际理解教育对话模式的提出正是基于这样的问题意识。

在国际理解教育语境中,“不同”是指世界各种文化及价值所具有的独特性和不可替代性。“不同”有两层含义:一是各种文化和价值之间彼此承认对方与自己的差异;二是在承认差异的基础上尊重对方的文化和价值。一直以来,联合国教科文组织认为不同文化和价值之间和平共处的途径就是“理解”。至于达到彼此“理解”的方法,21 世纪之前的国际理解教育采用认识论的观点,认为学习关于他文化的知识,将其纳入自己的认识图式即可达到理解之境界。但是,正如日本学者永田佳之所指出,“9·11 事件”的硝烟暴露出认识论基础上的“理解”方式的局限性,从而使国际理解教育开始转向倡导“与不可理解的他者共生的意义”,即从“可理解”为前提转向“无法理解”为前提的国际理解教育,具体表现在“学习面对不可理解或无法接受的问题时所应采取的态度”“承认不可理解的事物之不可理解性”“认识到知与不可知之间的界限”等。②

另外,全球化时代,各国人民面对不同文化背景的“他者”的概率急剧增加,那些“异质性他者”不再只是远远观望、只能通过学习知识来理解的对象,而成为日常生活中不可回避的邻人。日本学者奥村隆关注到,在国民成分越来越复杂的日本社会,面对那些外国移民、外国劳动者、留学生等具有“价值观相悖的他者”时,人们往往会采取排斥、歧视、同情等态度,认为这是面对“不可用自己的认知图示解释的他者”时会有的反应,主张在承认“他者的不可理解性”前提下通过对话谋求和谐共生之路。③

① 赵中建.联合国教科文组织国际理解教育:一个富有根基的理念[M]// 赵中建.全球教育发展的研究热点——90 年代来自联合国教科文组织的报告.北京:教育科学出版社,2003:299.

② 永田佳之.国際理解教育をとらえなおす―グローバリゼーション時代における国際理解教育の再構築に向けて[J].国際理解,2005(9):98.

③ 奥村隆.他者といる技法:コミュニケーションの社会学[M].東京:日本評論社.1998.

(2) "'异己'共生"对话课程模式的哲学基础

近几年来,一种新的国际理解教育探索悄然兴起,强调在承认他文化的不可理解性和国家间利益冲突的前提下,探索与"冲突的他者"(conflict others)沟通合作的途径与方法,即"'异己'共生"。该理念由笔者于2008年在韩国国际理解教育学会上首次提出,并在2011年的韩国《国际理解教育研究》学刊上刊载相关文章。用以强调在全球化时代人与人之间、国家之间联系越来越紧密的情形下培养学生与价值观相悖的不同文化背景群体——"'异己'共生"的能力和态度。[①]

《后汉书》中就有关于"异己"的记载[②],现代汉语中"异己"概念也并不陌生,主要指政治上对立或意见相左的政治派别、势力和利益集团。在我国,"异己"历来被视作"排斥""铲除"的对象,事实上"异己"虽然对立,却不可简单归入"敌人",它所具有的辩证性特点恰恰可以说明目前不同文化和价值群体并存的状况。

首先,"异己"具有集团性。异己多指对立团体间对彼此的称谓。如果只是个人恩怨,很少归类为"异己",如个人之间互为"异己",则说明他们代表不同的政治利益和主张。其次,互为"异己"的状态指同一集团内部小团体之间的对立,价值观、利益、政治立场虽然对立,却区别于"外敌""敌人",是指彼此身处同一环境、不可回避的状态。最后,"异己"互为存在条件。在相互冲突的争斗过程中,"异己"完全被铲除意味着对立、冲突势力的消失,而这种结果对优势团体来说是非常危险的,因为没有敌对势力的绝对统治是非自然状态,势必不可长久。本书以为,在全球化的今天,国际理解教育语境中的"异质性他者"正呈现出"异己"之特点。

随着全球范围内的人口的移动,人们将与越来越多的"异质性他者"共享生活空间与生存资源。首先,全球范围内的人员流动使"地球人"越来越成为一个整体,原有的在民族、国家框架内具有相对固化的文化及民族认同感的状况被国民成分的急剧复杂化所代替,人们处处看到获得国籍成为新

---

① 강영민 . 異己와의 공생 – 중국 국제이해교육의 새로운과제[J]. 국제이해교육연구,2011(12):131–141.

②《后汉书·朱俊传》有这样的记述:"卓虽恶俊异己,然贪其名重,乃表迁太仆,以为己副。"

国民的外国人、具有永久居留权的外国人、非法滞留劳工、难民、留学生、观光客等“异质性他者”,同时自己也通过上述身份成为他人眼中的“他者”。跨境移民将不可理解的文化现象和无法接受的价值观带入原国民(原住民)的生活圈内,谋求与之共生的空间。其次,不同文化背景的人们之间共存成为常态的情况下,不可避免地存在文化冲突。这种冲突源自文化差异和价值对立的时候,产生的隔阂是很难消除和解决的。最后,在“他者的异质性”与由此导致的“冲突”无法回避的情况下,合作与共生势在必行。全球的连带性和人类的相互依赖性凸显,国际组织、跨国企业、跨文化团体的蓬勃出现要求人们具备各种合作的能力,全球化的大背景更要求各国共同担负全球的未来。在这样特殊的时代,寻找与“异质性他者”和谐共生的模式成为摆在每个人面前的课题。

总之,鉴于全球化时代“异质性他者”所具有的上述特点,本书将其界定为“异己”。今天的“异己”不再是铲除对象,而是共同生活在“地球村”,必须与之合作共生的对象,这也是国际理解教育语境下的“异己”与中国传统文化中的“异己”概念最大的区别,也是“‘异己’共生”教育所追求的目标。

(3) 中日大学生“‘异己’共生”对话课程案例

近年来,以“‘异己’共生”为目标的国际理解教育模式的探索成为新的趋势。笔者或企划、或参与的项目包括:由中、日、韩、越四个国家的学者与大学生合作,分别于2003—2005年[①]、2006—2008年[②]实施的对话项目;更有日本早稻田大学—北京师范大学的本科生围绕“私有”和“共有”关系所进行的价值观差异讨论[③];日本中央大学—北京师范大学的研究生在2007—2009年所进行的、以“共有”“赠予”为主题长达三年的对话项目[④]等。这些

① 山本登志哉,伊藤哲司.アジアの映画をアジアの人々と愉しむ[M].京都:北大路書房.2005.

② 山本登志哉,伊藤哲司.日韓傷ついた関係の修復－円卓シネマが紡ぎだす新しい対話の世界2[M].京都:北大路書房,2011.

③ 山本登志哉,姜英敏.ズレの展開としての文化間対話[M]// 山本登志哉,高木光太郎.ディスコミュニケーションの心理学―ズレを生きる私たち.東京:東京大学出版会,2011:17-48.

④ 王荣.中日国际理解教育实验课程的个案研究——基于错位沟通的视角[D].北京:北京师范大学硕士学位论文,2012.

对话并不以课程形式存在,只作为"'异己'共生"模式的前期研究。在此基础上,关注该问题的中日学者开始尝试合作开发有目的、有计划的国际理解教育相关课程,包括北京师范大学—日本青山学院大学本科生关于"金钱的共有"主题的对话课程①、河南省郑州中学附属小学与日本北海道江别市大麻小学五年级学生进行的关于"还礼"的对话课程②,还包括即将启动的、日本国际理解教育学会国际委员会成员与笔者共同策划、由中日两国中小学师生共同参与的"与'异己'共生对话课程"③。

中日国际理解教育对话课程由笔者和日本中央大学森茂岳雄(以下简称森茂)设计并实施,课程主要采用群体对话的方式,以讨论会的形式定期开展,从2007年开始至2009年结束,每年一期,共历时三年。

由于空间距离、经费、语言等客观条件的限制,有关国际理解教育实践个案的研究较少,因而对于研究方式、研究内容等,设计者事先缺乏可借鉴的经验。在该对话课程实施之前,设计者没有进行完整的三年设计,而是在实施过程中根据阶段性的研究结果,不断调整课程实施方式和内容。课程以观看电影或填答问卷引出主要内容,以讨论会的对话活动为主要形式。由于日本中央大学对于出国研究有经费补助,因而三年都是由日方参与者来中国,笔者担任主持人和现场口译。对话课程自2007年开始至2009年结束,每年一期对话课程,共历时三年。前两期对话课程以电影作为引子,从电影的观后感入手开展对话,对话课程第三期则以根据前两期对话课程的结果而编制的调查问卷为基础来进行。三期对话课程的流程相似,首先是笔者介绍对话课程的意义、参与者介绍自己的基本信息,随后双方就电影或调查问卷内容进行对话,最后参与者每人以一段话总结感言作为评价。设计者通过现场录音和录像收集课程实施过程的相关资料。三期对话课程的概况见表3.3:

① 课程名称为:日本学术交流振兴会平成22年度~25年度(2010~2012)科学研究費助成金基盤研究(B):[東アジアの大学授業を結ぶ対話共同体への参与過程として生成される集団間異文化理解].

② 姜英敏,王燕玲,草野友子."お返し"をめぐる日中共同授業－価値基準の異なる他者理解の試み[J].国際理解教育,2009(6):76-86.

③ 釜田聡,姜英敏.日本·中国『異己』共同授業プロジェクトの概要[J].国际理解教育,2015(6):96-100.

表 3.3 中日两国大学生三期对话课程概况

	时间	参与人员	材料	进行形式	主要话题
第一期	2007 年 11 月(5 小时)	中方 15 人 日方 7 人	中国电影《和你在一起》	无干预 (组织参与者现场看电影,自由写感想;将感想内容归类作为讨论话题)	金钱观
第二期	2008 年 11 月(4 小时)	中方 13 人 日方 12 人	日本电影《大家的家》	半干预 (中日会前各自在本国看电影、写感想或填问卷;从感想中选择分歧点作为讨论话题)	人际冲突
第三期	2009 年 11 月(8 小时)	中方 12 人 日方 9 人	调查问卷 (基于前两期的讨论焦点)	干预 (要求参与者会前填写问卷;以问卷内容作为讨论话题)	金钱观、 人际冲突

对话课程第一期自 2007 年 11 月 3 日下午 1 点开始至当天下午 6 点结束,用时 5 小时。对话课程参与者沿课桌围成长方形落座,以便于任意成员之间面对面交流。对话内容第一步为共同观看中国电影《和你在一起》,该影片由笔者选择,主要考虑电影中所表现的钱物赠予关系等能够反映中日间的文化差异。双方现场观看影片后写下感想,按照要求尤其对不可理解的、令人感动的场面进行评价。笔者将参与者的电影感想归类,作为对话课程的话题。在感想中,影片人物角色之间短时间内建立起来的金钱借贷关系让日本参与者深感诧异,而中国参与者对日本参与者对待金钱的看法也感到惊讶,中日双方主要就金钱问题交换了看法。对话课程第一期使日方参与者首先感受到中日文化的差异,对话过程中主要由中方参与者向日方参与者解释电影内容。在对话课程进行过程中,笔者使参与者的讨论围绕电影感想进行,但并不干预讨论内容。对话课程结束后,笔者在反思对话课程第一期时发觉,采用不干预的方式会使对话活动的方向不明,对话主题比较分散,从而导致对话活动处于低效的状态,因而调整对话课程第二期的设计方案。

对话课程第二期自 2008 年 11 月 2 日下午 1 点至 5 点进行,用时 4 小时。参与者围着课桌拼成的长方形落座。在日方参与者在第一期通过中国电影对中国文化有所了解后,对话课程第二期以日本电影《大家的家》为讨论材料,以使中方参与者了解日本文化。这部电影由日方参与者共同挑选,他们认为这部电影能够反映现代日本的日常生活。为了提高对话课程的效率,对话课程第二期的中日参与者在对话课程之前就各自组织观看了这部影片。中方参与者于10月31日一起观看电影,之后写下电影感想,主要对感人的、不可理解、不可认同的情节进行评价。日方参与者在来中国之前也一起观看了这部电影,并填写相关的调查问卷,问卷涉及的具体内容包括:关于电影的感想、评论,应该在北京进行的讨论主题,能够展现日本文化的场面和台词以及从这部电影联想到的东西。中日双方参与者所完成的电影感想和问卷集中到笔者处,笔者从中挑选出双方分歧比较大的问题作为对话课程的话题,就这些主要问题请双方参与者分别发表看法,进而交流意见。这部日本影片中的日本男女家庭角色、人际冲突的表现及冲突处理方式等问题使中国参与者感到疑惑,双方就这些话题交流看法。对话课程第二期的内容相对比较集中,双方对对方的想法有所了解,试图理解彼此间的差异。

对话课程第三期于2009年11月1日上午9点至下午18点进行,除去中午休息时间,共用时8小时,对话课程地点及参与者的落座形式与往期相似。对话课程依据笔者制定的调查问卷展开。经过前两期对话课程,笔者发现中日参与者认识到彼此在金钱、人际冲突处理方式等问题上的观点分歧,对话课程第三期的目的在于了解中日双方对待这些差异的态度,即双方能否包容差异达成理解。中日参与者在对话课程之前填写了一份关于交流活动的调查问卷,问卷内容根据前两年对话课程的内容设计,具体包括:对对方国家国民不可理解的事或理解但不能认同的事、亲友间钱财物共有关系、人际冲突的处理方式、交流会的影响和意义。中日双方对调查问卷中的第二和第三个问题,即前两期对话课程中出现的金钱和人际冲突处理方式这两个话题,再次进行讨论,并最终在一定程度上实现相互理解;对问卷第一个问题的讨论,即有关不可理解或不可认同的事,使双方发现中日间更多的差异,为未来的交流活动提供了可参考的话题;对问卷最后一个问题的讨论促使参与者反思对话课程的意义和价值,为三年的中日国际理解教育对话课程画上了一个圆满的句号。对话课程第三期的重点非常明确,而且主要参与者对对话课程比较熟悉,因而进展顺利。

在对话课程实施的三年中,笔者根据前次的结果和反思调整下一步的方案。笔者在对话课程第一期开展过程中对对话课程的干预较少,对话课程的话题即参与者的电影感想，但在讨论过程中双方涉及的内容较广泛，影响了争议较大的金钱问题凸显出来成为主要话题；在开展对话课程第二期时，笔者从参与者的电影感想中挑选出双方分歧较大的问题作为主要话题，有意识地引导对话课程的走向，笔者选出的问题之一——人际冲突处理方式，因双方对此的观点分歧较大、讨论较多而成为主要话题；在对话课程第三期中，设计者在调查问卷中提炼出前两期对话课程中双方差异较明显的几个问题，对话课程紧紧围绕问卷内容进行。对话课程实施的三年间，笔者对课程的干预由少到多，课程实施过程受设计者和参与者两方面的影响，因而课程既能展现参与者的真实观点，又能有效地实现设计者的课程目的。

(4) 中法小学生"'异己'共生"对话课程案例

① 中法"'异己'共生"对话课程基本信息

对话学校：北京市东城区史家胡同小学 & 法国巴黎马纽埃尔双语国际学校。

授课对象：小学五年级学生。

所用课程：思想品德课。

授课时间：2016 年 9 月。

设计者：北京师范大学姜英敏。

实施者：史家胡同小学闫旭、李雪。

② 教学目标

认知目标：

• 了解不同国家间存在文化差异，学习与不同文化群体共生的能力。

• 了解中法学生价值观的异同点，思考这些差异产生的原因。

能力目标：

• 从不同角度，尝试探究文化差异产生的原因，增强探究学习能力。

• 通过小组合作学习，提高与人沟通合作的能力。

• 通过包容相反意见的过程，提高与不同文化群体共生的能力。

情感态度价值观目标：

• 结合自己的意见和对立意见，探索共同的结论情感态度价值观目标。

• 形成尊重文化多样性的态度，激发对世界不同文化的兴趣。

• 思考与不同价值观的个人和群体共生的途径与方法。

③ 教学过程

第一节

• 个别回答问卷阶段

师：同学们，通过这几天的交流，我们发现了中法小朋友的想法有很多有趣的差异，今天让我们一起来做一个小调查，来看看我们之间到底有哪些不一样。

下面，请同学们回答以下问卷。

出示问卷：中法学生中文问卷各 44 份。

问 卷 内 容

今年，小明去国外学习交流，住在国外接待家庭一个星期。他们家吃早餐的规矩是分餐制，每人一份早餐，不能剩。每到吃早饭的时候小明就很难受，因为他们的食物他实在吃不习惯。可留学的注意事项中有一项就是要尊重接待家庭的文化和生活习惯。于是小明每天努力把早餐吃完，然后告诉他们很好吃。

小明这样做，你怎么看？

(1) 赞同，理解他的做法，这样做是对的。

(2) 不赞同，他应该如实说出自己的感受，然后让他们按照自己的需要改变早餐内容。

(3) 其他。

选择理由：

• 集体回答问卷阶段

师：现在回收问卷，请各小组派一名代表收回大家的问卷，分别教给两位老师，中国学生交给 A 老师，法国学生交给 B 老师。问卷的结果我们会马上统计出来，这样我们就可以看到同学们的意见结果了。我想对于这个问题，同学们之间想法可能是不同的。下面，我们再通过小组讨论把这些意见摆到桌面上看到底会有哪些不同。

师：现在给大家 10 分钟时间，请和你的小组成员一起讨论，每组选出唯一的答案，并且用一句话写出理由，写在这张大纸上。如果你的意见和小组成员不一致,请和小组成员协商解决。

(10 分钟后)

师:好,讨论结束。刚才,老师发现大家讨论得非常热烈,那么现在让我知道大家在讨论过程中发生了什么。请告诉大家每组统一的意见是怎么得出的? 请同学在举手的同时,互相看看别人是怎样回答的。

A. 每个组员意见全部一致的小组。

B. 小组成员意见一半一致,有一半的想法不一致所以协商得出答案。

C. 因为大部分同学的意见一致,所以少数服从多数了。

D. 其他情况。

师:通过这个环节,我们可以发现,很少有小组的想法那么一致,总有不同的意见,而且不同意见的同学都是有各自的理由的。只是在讨论中,那些不同意见没有作为大家的统一意见显示出来而已。这就是个体和集体意见的差异。那么,现在请各组同学来把自己小组这样统一得来的结果发布出来,让我们看看集体的意见之间是不是有差异?

每组派一名代表分享结果。

(中国学生和法国学生分别成立小组,小组成员不超过 10 人。学生发表意见期间,辅助教师统计个人问卷,把问卷结果分成中、法两国分别写在两张 A3 纸上。)

师:刚才大家个人的问卷也统计好了。我们看到统计结果,中法两国同学的意见很相似,选 A 的同学最多了,说明大家都喜欢直接说出自己的感受。但是我看到理由陈述大家的回答是非常不一样,下节课我们进入深入讨论环节,听听咱们两国学生的理由有哪些是自己能接受和理解的,有哪些是不能接受的。

我们下节课,将进入深入理解“异见”的环节,听听这些与我们不一样的想法是不是自己能够理解和接受的。

第二节

教师把学生在上节课写出的各组意见录入 PPT 里,放给学生看。

• 提问环节

师:上节课,我们看到这么多不同的小组意见了,下面,我们进入深入了解不同想法的环节。现在,给大家 5 分钟,请各组选出一个在这些意见中最不能理解的意见,进行提问。提问可以重复提给小组,比如 1 组同学写得理由很奇特,就会受到更多提问,也是很有可能的。被提问的小组,派 1 名同学把问题记下来。

(讨论 5 分钟)各组分别提问。

师:好,同学们的问题都非常精彩。现在,再给大家 10 分钟,请被提问的各组同学想出回答,用简单的一句话,写到这张大纸上。等一会儿有说明的时间,所以请写得简短一点。

(讨论 10 分钟)各组分别回答。

师:请大家举手表决,你觉得他们的提问和回答是否解决了你对与你不同观点的不理解?

A. 完全解决。

B. 完全没有解决。

C. 改变了一部分原来自己的想法。

D. 其他情况。

教师把统计结果写到白板上。

• 异见融合环节

师:现在,请各小组挑出一个与自己小组意见不一样的小组的意见(指 PPT 上的各小组意见),结合这个不同意见的小组说出的想法,再重新写出你们小组的意见。注意,有个条件,要同时反映你们组的和意见相反的组的意见。

师:通过这次对话课程,我相信同学们一定有了一个神奇的体验,就是了解到面对同样一件事情,每个人的看法和想法可能有很大不同。有些不同是因为国家和文化的差异造成的,有些则是因为个人想法不一样造成的。但是,在我们必须和自己的想法不一样的人沟通的时候,就需要我们的理解能力、包容能力和合作能力了对不对?我们今天的社会是一个全球化的社会,世界上的人们都带着自己不同的想法,在世界各地生活、学习和工作。所以,我们比过去任何时代都有可能遇到跟自己想法、利益完全不同的人。中国历史上有一种说法,把这些人称为"异己",通过这次对话课程,尝试和"异己"对话,试图更好地理解他们,思考怎样与他们一起生活,这是我们课程设计者的目的。感谢法国同学和中国同学都这么认真地参加了这次对话,希望这个对话课程对同学们有意义!

下面,我们请各位同学对这个对话课程做一个小小的评价,填写这个小作业。

中法“‘异己’共生”对话课程评价 姓名（ ） 国籍（ ） 1. 你觉得这次对话课程怎么样？写出你的评价。   2. 这次对话课程有没有改变你对法国(中国)学生的看法？

(5) 探索“‘异己’共生”国际理解教育模式的意义

关注全球化时代背景下“异己”的存在及与“异己”共生的意义。“和而不同”模式下的国际理解教育多采用“你好我好大家好”的文化理解模式,回避冲突,强调不同文化之间的认识论性质的理解,通过共同价值的学习达到共生之目的,而“‘异己’共生”国际理解教育尝试承认不同文化间的不可理解性(有限理解)和价值冲突,以培养学生理解“异己”、与“异己”共生的能力。强调“异己”间可理解或不可理解前提都可作为“共生”之基础。“‘异己’共生”课程设计其目的不止是认识冲突,更重要的是在认识到冲突前提下探索共生模式,这是以往的国际理解教育甚少尝试的过程。“‘异己’共生”国际理解教育模式分为两个阶段:第一是“理解‘异己’”阶段,采用多种方法呈现价值冲突,寻找产生彼此冲突的深层原因;第二是“与‘异己’合作”阶段,通过陈述自己观点的同时接纳、包容彼此差异,达到共生的目的。例如在中日大学生之间曾进行过的关于“该不该向亲密的朋友借钱”的讨论中,在第一阶段“好朋友之间就该不分彼此,包括借钱”的中方参与者与“再好的朋友也该保持距离,更不应有金钱往来”的日方参与者之间进行了针锋相对的激烈讨论。双方发现,在“好朋友之间应互相友爱、帮助”这个前提下双方是相通的,但在“怎样做”的问题上持有完全相反的立场。在第二阶段,持有相反意见的双方合作出台关于"向好友借钱的共同原则",而这个过程恰是对话双方寻找合意点和合作模式的过程。在教育方法的选择上,强调以对话课程为主,结合多种实施模式和方法。王荣曾用错位沟通理论分析中日两国研究生对"不可理解的文化现象"进行对话的过程,认为学生在对话过程中经历"发现和质疑差异—了解原因—反思双方的异同点—再次反省本文化—选择对待冲突文化的态度"的过程,认为这样的过程不仅有利于参与者对异质文化的理解,更有利于将自身文化放在文化融合背景下进行更深层次的理解。①

"'异己'共生"不是通过理解异质文化和价值观达到接纳和内化的目的,而是在承认理解的有限性基础上探索合作、共生的模式,即理解差异的不可调和性和共生的必然性,以在将来的生活中实践这样的能力。

"'异己'共生"教育模式关注到全球化时代他者的"异己"性和与其共生的必要性。唯有指向共生,理解"异己"的过程才是国际理解教育摆脱困境、解决全球问题的正解。从教育目标上说,"'异己'共生"是人类在今天寻求共生之路的过程中必须达到的高点,也符合我国政府国际理解教育的实施目标——"国际对话能力的培养";从教育形式上说,迄今为止的"'异己'共生"教育模式采用合作课程、国际交流项目等形式,有利于学生不拘泥于既定的教育框架进行自由讨论;从教育内容上说,相悖的价值观之间、文化现象之间的对话将有助于拓宽学生思路,提高学生的交流能力。

Ⅳ 中国国际理解教育课程开发的实践案例:"国际了解"到"国际理解"

我国的中小学课程体系分为三大类:国家课程、地方课程和校本课程。

① 王荣. 中日国际理解教育实验课程的个案研究——基于错位沟通的视角[D]. 北京:北京师范大学硕士学位论文,2012.

国家课程为教育部制定颁布、要求全国中小学实施的、统一的教育课程;地方课程为由省、市级教育行政部门制定、要求本地区中小学实施的教育课程;校本课程则是由中小学自行设计实施的课程。由于国际理解教育是综合性课程,既可以在国家课程中渗透理念,也可以作为校本课程重新开发。本书以笔者受某地方教育研究部门的委托,于 2014 年 9 月—2015 年 7 月在国际理解教育实验学校所做的课程开发实验为例,说明中小学国际理解教育课程开发的过程、特点与问题。

本次参与国际理解教育课程开发实验的有三所学校,笔者与实验学校的教师沟通,分别设计出以课程渗透、校本课程开发、学校活动设计、国际交流活动为代表的国际理解教育课程模式供实验校所在区乃至其他学校教师参考。另外,为了避免在课程设计过程中陷入"国际了解"的误区,笔者制作了课程开发要素饼图,将国际理解教育的各要素融入饼图中,供教师在选择课程开发主题时参考(见图 3.3)。

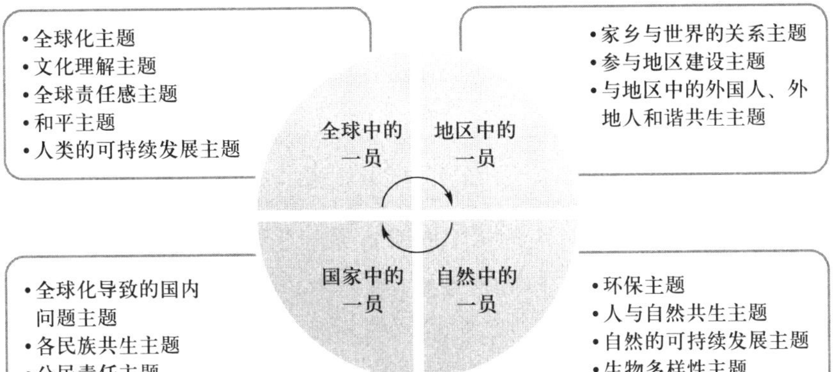

图 3.3 中小学国际理解教育课程开发主题框架

(1) 案例 1:既有课程中渗透国际理解教育理念

在本次课程开发中,教师认为最为有效的就是在国家课程中渗透国际理解教育理念的开发方式。以下就是在历史、地理、品德与社会、思想品德、语文五类课程中尝试渗透国际理解教育相关理念的开发结果(见表 3.4)。

表 3.4 国家课程中渗透国际理解教育的案例

课程名称	适用年级	课程主题	具体目标
历史	七	兔首观世界	全球公民责任感
地理	七	动物大迁徙	全球公民责任感
	八	全球化时代人的移动——留学	全球化对策
		全球化时代人的移动——旅游	全球化对策
品德与社会	六	文化冲突导致的……	异文化间理解
		战争中的儿童	和平及儿童权利
		和平时期对儿童的伤害	儿童权利
		儿童的权利及其保障	儿童权利
语文	七	《木兰诗》与电影《木兰》比较	不同文化间理解
		从孙悟空与超人比较中美英雄观	不同文化间理解
思想品德	二	认识传统玩具	警惕全球化影响
		怎样开发我们的传统玩具	警惕全球化影响
语文	六	什么是刻板印象	异文化理解
		怎样消除刻板印象	异文化理解
	七	真相离我有多远	全球化时代的信息解读能力
思想品德	七	世界上的法律	解决全球问题
		难民与国民之间的取舍	全球责任感

例如在六年级的“品德与社会”课“文化冲突导致的……”中，讨论的是不同文化间的理解相关主题。教师以印度曾作为英国殖民地时期发生的骚乱为例子，说明“文化冲突导致的战争”；以 1988 年韩国在奥运会期间为了避免爱犬协会和动物保护协会的抗议要求首尔市内的狗肉店搬家的例子，说明“文化冲突导致的妥协”；以中国企业到海外建厂后由于文化不同导致

冲突最后通过对话解决问题的例子,说明“文化冲突后的合作”。

再如,七年级历史课以“圆明园的兔首”为主题,讨论嘉士伯拍卖行拍卖圆明园兔首,中国民间机构试图阻止拍卖所做的行为是否合适的问题。学生分为嘉士伯拍卖行、中国民间组织成员、兔首拥有人、巴黎法院四个小组各自陈述自己的主张和理由,通过这个过程让学生在道义、法律和行规之间进行选择,更重要的是在课堂后半部分讨论“作为全人类遗产的文物,应该回归中国还是应该由最珍惜它的人保护”的两难问题。

表 3.5 中列出的是某小学六年级关于文化理解现象之一——“刻板印象”的讨论。通过中国和美国的传统文化中对老鼠的不同印象来使学生认识到刻板印象的形成原因,再从各类公主形象导致的印象中,思考人们对公主认识的刻板印象如何形成,有什么特点等。第二阶段则通过对“外科大夫”“保姆”“电脑黑客”“十字绣达人”等人物形象的挑选和实际人物的对照,思考刻板印象形成的来源。通过对美国警察射杀黑人青年导致全国种族抗议活动和骚乱的案例分析,认识刻板印象的危害。

表 3.5 某小学六年级语文课案例:认识“刻板印象”

单元目标	主题	课堂目标	实施过程
不同文化理解中怎样消除刻板印象式文化理解	什么是“刻板印象”	通过对“刻板印象”概念、内容的理解,反思自己生活中刻板看待事物的习惯,形成对刻板印象的初步理解	• 通过中、美对老鼠的不同印象和各类公主形象导致的印象,思考人们潜意识里的刻板印象如何形成,有什么特点 • 通过对“外科大夫”“保姆”“电脑黑客”“十字绣达人”等人物形象的挑选和实际人物的对照,思考刻板印象形成的来源
	“怎样消除刻板印象”	通过实际案例的讨论,思考怎样才能在日常生活中消除刻板印象	• 刻板印象的危害:美国警察射杀黑人青年导致全国种族抗议活动和骚乱的案例分析 • 我们潜意识里的刻板印象:对非洲的印象和实际去非洲旅游的学生汇报之间的差异,思考“这些刻板印象从哪儿来? 怎样克服? ”的问题

表 3.6 某中学二年级思想品德课案例

课程目标	主题	实施过程
使学生了解在全球化网络时代各类新闻横飞的情况下,怎样不失去判断力,客观看待事物	真相离我有多远	• 列出《每年有 8 000 名中国留学生被美国大学开除》的新闻原文,让学生分组阅读 • 请对美国大学招生负责人、企业负责人、中国教育部相关负责人、家长、打算留学的学生谈看到新闻后的反应 • 找出新闻的信息来源——白皮书原文,让学生思考新闻与真相之间的差异,讨论怎样客观看待网络新闻,从而思考全球化、信息化时代应具备的信息处理能力
通过案例思考各国法律之间的差异和不同法律之间怎样进行沟通的问题	世界各国的法律	• 举例说明各国法律体系的不同会导致同样的行为出现违法或合法的纠纷 • 讨论在无国境可依的情况下应制定怎样的原则来解决纠纷 • 思考国际法的制定所应遵循的原则
通过讨论地中海难民的处理方法,理解全球公民责任和国家公民责任之间的紧张关系,培养解决问题的能力	难民与国民之间的取舍	• 对最近备受关注的地中海难民现象进行思考 通过小组讨论,用对卡的方式,让学生解决问题:“解救难民,会给国内遗留诸多问题;不解救,会导致人道主义灾难”的两难境地下应做出怎样的选择 • 学生思考国际事务和国内情形不符合时应怎样解决问题

这些课程都是在既有国家课程中渗透国际理解教育案例的例子。除此以外,还有讨论难民问题、讨论世界不同规则的初二思想品德课,以及分析资讯可信度问题的语文“信息分析”课等。

(2) 案例 2:作为校本课程的国际理解教育

校本课程开发是近几年我国国际理解教育中最为常用的模式之一。表 3.7 所展示的,是以小学生日常接触的“面食”作为主题开发的三节校本课程,其主要目的是“使学生了解面食的各类变化,理解面食文化传承过程中的发展变化,培养学生解决问题的能力,和对他文化的宽容态度”。

第一节通过“当面食不再只是面食”主题,让学生理解长寿面、喜饼等所体现出的面食之象征意义,更通过对复活节、开斋节的等世界不同文化的节日面食,使学生学会尊重其他宗教、民族文化。第二节通过“面面大 PK”主题让学生了解世界各国之所以做出不同的面食,是由于气候、地理等原因,也因此形成了独特的面食文化。第三节则通过“面食变形记”,使学生了解面食从古到今都不断向其他地区传播,在传播的过程中会根据当地条件和特征产生变化,使其更适于当地的人们。

表 3.7 某小学六年级校本课程案例

单元目标	主题	课堂目标	实施过程
从国际视角解读“面食”,理解“文化理解”与“共生”的意义	当“面”不是“面”(施海潮)	使学生了解国内外各民族、宗教群体的主食具有主食以外的意义,认识到文化的多样性,培养对他文化的包容态度	• 举出日常生活中的面食(馒头、包子、饺子……) • 上述例子中挑出具有面食外意义的主食(祈福、庆贺、纪念……) • 基督教、伊斯兰教等世界不同文化中面食的特殊象征意义 • 学生分组,找出能够象征二十四节气的面食,赋予意义并进行说明
	面食变形记(孙燕)	了解“面食”在世界范围内流动的过程中产生的变化,了解世界饮食文化的差异和共性,培养沟通、解决问题的能力	• 举例说明肯德基所开发出的、成功和失败的“面食”,找出原因,讨论海外面食进入中国时的“变形” • 了解中国面食在传播到海外的过程中经历的变形及其原因 中国拉面、日本拉面;中国饺子、韩国馒头汤 • 分组讨论,要把中国的肉夹馍推销到汉堡、纽约、东京,应该进行怎样的变形

(3) 案例 3:探究型国际理解教育课程开发

图 3.4 为某实验学校坚持 11 年的、每年一度的访问印度活动被开发成为国际理解教育探究课程的经过。该选题来自在该校延续多年的学校互访活动,将其设计成国际理解教育探究课程,让学生在这个过程中不仅消除对印度文化的种种偏见,而且达到深度理解印度文化的目的。课程主题包括探秘印度宗教文化、分解印度服饰文化、零距离接触印度学校和学生、品味印度饮食文化,让学生通过访问印度的过程接触真实的印度文化,更通

印度文化探究课程

- 关于印度的宗教，我了解到这些……
- 对于今天的印度人，宗教意味着……
- 印度中学生眼中的宗教……
- 关于印度的服饰文化，我了解到这些……
- 对于今天的印度人，印度民族服装意味着……
- 采访一个印度学生……
- 今天的印度人都吃什么？
- 关于印度的饮食文化，我了解到这些……
- 印度中学生眼中的西餐……
- 选择一所参观的学校，描述其学校环境和学生

教育目的：使学生利用近距离接触印度文化的机会，深度了解个性、动态、发展着的印度文化，摆脱“刻板印象”式文化理解模式，透过表象体会更深层次的印度文化内涵。

课程形式：研究性学习

课程主题：
(1) 探秘印度宗教文化；
(2) 分解印度服饰文化；
(3) 零距离接触印度的学校和学生；
(4) 品味印度饮食文化。

图 3.4　国际理解教育实验学校的游学探究课程设计

过确立研究计划实施、发表、撰写研究报告等过程，体验探究式文化学习方法，也学习到文化理解的方式。

(4) 案例 4：依托国际交流的国际理解教育课程开发

作为中小学国际交流活动的新模式，笔者与实验学校还开发了“‘异己’共生”国际理解教育对话课程。近年来，该对话课程在中日两国的中小学生之间进行，并将进一步扩大到中国—澳大利亚、中国—法国等，不仅为中国的中小学生提供了学习机会，也为对话国家的学生提供深入认识中国学生和中国文化的机会。

V 中国国际理解教育的政策与理论特征

本书从国际理解教育的产生发展背景、政策思路和学术研究倾向三大角度总结我国国际理解教育的特征。

目前我国各地国际理解教育的大量实践是教育国际化政策推动的产物,无法承担培养学生全球责任感的重任。国际理解教育是随着教育对外开放政策引入我国的,因此往往被认为是归属于教育国际化的概念,与联合国教科文组织的全球和平理念交集较少。因此,不仅是地方教育行政机构,而且我国学界对国际理解教育必要性的认识也多停留在教育国际化层面,这不得不说是对国际理解教育的较大误解。即使不追随联合国教科文组织,世界各国实施国际理解教育的目的也绝不是、也不应该是为了推动“国际化”,而应是培养“全球化时代与世界共生之人”。国际理解教育有必要站在更加广远的角度划定理论边界,各地方政府出于推动本地教育国际化的需求实施的国际理解教育,短视而且形式化,无法承载培养全球责任感的国际理解教育真正使命。

缺乏系统的理论建构,教育实践多停留在“国际了解教育”甚至“国际误解教育”阶段。我国的国际理解教育借助《国家中长期教育改革和发展规划纲要(2010—2020年)》的助力迅速在全国范围内得以推行。在学界缺乏理论研究的情况下实践先行,使不少地方的国际理解教育停留在“国际了解”阶段,将国际理解教育简单归结为对外国文化的学习,更把“外国文化学习”视为对外国传统服装、食物、节日等固定、僵化的基本知识学习,甚至用自己的认识图示解构外国文化,形成刻板印象式文化理解,导致“国际误解教育”。

各地对国际理解教育的需求形成较大差异。地区差异大是我国教育的基本特征,在国际理解教育上也不可避免地出现因这个特征导致的困难。目前来看,内陆地区试图通过国际理解教育增加学生对外部世界的了解,沿海地区则提出培养学生国际沟通能力的目标,更有教育行政部门希望通过国际理解教育培养学生的爱国精神和国际竞争力。这类不同需要的国际理解教育都是我国教育的真实需求,需要不断探索适合不同地区、不同需求国际理解教育的理论和实践模式。

结　　语

I　国际理解教育必要性再考:"大同论"与"原罪论"

自联合国教科文组织从20世纪40年代开始提倡国际理解教育以来,或许更早,自狄奥根尼提出世界主义(Cosmopolitanism)思想以来,世界对国际理解的愿望和思考从未停止。只是今天在经济全球化的"魔手"推动下,原本作为被束之高阁的乌托邦"梦想"却迫近为人类不可回避的议题。不受时空阻挡的互联网技术正促使世界各角落的个体聚合形成庞大无边界的虚拟社会,日益迅捷的交通使人、财、物的跨境流动更加普遍。全球化使国家之间、人与人之间的联系越加紧密,环境污染、恐怖主义、难民、传染性疾病、跨国界犯罪、世界范围内的贫困等诸多问题的解决必须依赖世界各国的共同努力,任何试图袖手旁观、隔岸观火的做法最终只能招致自身的生存危机。"全球命运共同体""世界性社会""全球公民社会"这些词汇已不再陌生,在全球化的影响下,"全球公民"不再是脱离实际的抽象概念,而成为人类生存和发展所不懈追求的、一种新的公共秩序追求与生活信念,即一种集"生存""利益""命运"等多重含义为一体的、"全球公民社会共同体"意识的直接反映。应怎样看待这个变化,诸多观点莫衷一是。有学者认为:"目光敏锐的学者们的热烈探讨、开明的政治家的积极倡导、国际宗教团体的热心提倡,尤其是在关心全球事务的民间组织积极参与实际行动并呼吁下,全球公民教育思想逐渐发展并壮大而成为一种思潮"[①],这思潮将带来深刻的社会变革。而另一类学者则主张:"全球公民社会不是'世界政府',也不同于'国家联盟',它是一个非政府的、非经济性的全球性的社会组织及其活动,包括跨国非政府组织、跨国倡议网络、跨国的社会论坛、跨国的社会运动

① 陈以藏.全球公民教育思潮的兴起与发展[J].外国教育研究,2010(3):69.

等"[①]，对其影响可不必夸大其词。

在这样的背景下，作为全球社会之一员的学生应具备怎样的知识、能力和态度来应对这个世界性的变化，成为各国教育热议的课题，被视为培养"全球公民"主要途径的国际理解教育也正备受关注。如果把国际理解教育的视野框定为"全球化背景下培养学习者以形成适应并建构全球新公共秩序的能力为目的的教育活动"，就会发现教育界对这些问题的讨论已热火朝天，国际组织及世界各国的教育政策几乎都在做这方面的准备。联合国教科文组织、经济合作与发展组织都出台了一系列相关建议、宣言，中国的《国家中长期教育改革和发展规划纲要（2010—2020年）》、韩国的"核心素养"体系[②]、日本的"国际教育政策"[③]都在强调全球视野和胸怀的培养，并力求重构全球化视野下的人才培养模式。

值得关注的现象是，与包括联合国教科文组织在内的国际组织和各国民间学术团体在实施国际理解教育时高调提出"全球公民"的教育目标不同，各国政府尤其是东亚三国政府在国际理解教育的实施过程中尽量避免使用"全球公民"一词，也甚少将这些政策冠名"全球公民教育"。这是由于"全球公民"属性中的固有矛盾并未因全球化的到来而迎刃而解，相反更凸显了这些矛盾。东亚三国国际理解教育自产生以来所经历的各种争议和困惑也正因这些矛盾而起，本书将其归结为以下三点。

1. 国际理解教育是否消解"国家认同"

自近代以来，"民族国家"逐渐成为现代国家形态主流，将确定的国家疆域及其主权、稳定的国民经济和市场、统一的语言和国民的国家认同作为其根本特征。但是，随着全球化的发展，出现"立足于全球和人类发展的共同

① 冯建军．全球公民社会与全球公民教育[J]．高等教育研究，2014(3)：7.

② 姜英敏．"核心素养"成为韩国教改主调[N]．光明日报，2016-06-05(8).

③ 文部科学省．初等中等教育における国際教育推進検討会報告－国際社会を生きる人材を育成するために[R/OL]．(2006-08-03)[2015-07-12]．http://www.mext.go.jp/b_menu/shingi/chousa/shotou/026/houkoku/05080101/001.htm.

利益，超越国家利益，把重点放在国家以外的人类共同因素上，培养具备全球视野和人类观念，能创造公平正义的全球社会的‘全球公民’”[①]之需要，这对“民族国家”不能不说是一种冲击和威胁。在国民认同和全球认同并存于教育系统内的时候，担负统一语言和国家认同教育使命的公共教育系统面对全球化下的“超国家利益的”价值自然会存有疑虑。王卓君将国家认同分为“制度认同”“利益认同”“文化认同”“非国家共同体认同”四大要素，并警惕地认为全球化下的“非国家共同体认同”与国家认同价值不符的情况下会起到消解国家认同的作用。[②]例如，从横向上包括“双重公民”身份的出现，从纵向上则包括“亚国家公民”身份（如联邦公民）、超国家公民身份（如欧盟公民）、“世界公民”身份。[③]因此，怎样定位这些非国家认同问题是关乎民族国家生存的重大问题，这也是不少国家警惕国际理解教育的重要原因。美国 20 世纪八九十年代围绕国际教育展开的旷日持久的论争正是基于这样的认识。[④]

2. 联合国教科文组织理念的合理性及问题

联合国教科文组织自 1946 年第一次提出国际理解教育理念以来，至今通过各种宣言、建议指出各时代国际理解教育的发展方向，还通过联合国教科文组织合作学校计划的实施、教师培训、教育资料开发等形式向世界各国传播国际理解教育理念，其宗旨就是通过教育培养具有全球责任意识的“全球公民”。本书将联合国教科文组织国际理解教育的发展分为四个阶段：第一阶段为 1946—1974 年，以联合国教科文组织在 1946 年第一届大会上正式提出“国际理解教育”概念为标志，强调各民族国家间的相互了解和理解；第二阶段为 1974—1990 年，以联合国教科文组织在 1974 年第十八届大会上通过《1974 年建议》为标志，呼吁各国培养青年一代的全球视野和责任感；第

① 冯建军 . 全球公民社会与全球公民教育[J]. 高等教育研究，2014(3):9.

② 王卓君，何华玲 . 全球化时代的国家认同：危机与重构[J]. 中国社会科学，2013(9):16-27.

③ 王卓君，何华玲 . 全球化时代的国家认同：危机与重构[J]. 中国社会科学，2013(9):21.

④ 姜英敏，王雪颖 . 20 世纪 80~90 年代美国国际理解教育论争刍议[J]. 比较教育研究，2010(1):61-64，86.

三阶段为1990—2005年，以1990年《世界全民教育宣言》和1994年《为和平、人权和民主的教育之行动纲领》的发布为标志，以和平、人权、民主等为其理念。第四阶段为2005年至今，以2005年《联合国可持续发展教育十年计划》的启动为标志，以关注人类共同命运，促进世界的可持续发展为其理念。[①] 在这些不同理念阶段中，联合国教科文组织始终以"人权""民主""可持续发展""文化间理解"等理念贯穿其中，坚持"全球公民"培养下的世界和平教育目标，呼吁学生跨越国家和民族之疆界来实践这些价值。但是联合国教科文组织的国际理解教育虽然以各国的教育系统作为依托，但甚少对超国家认同与国家认同之间关系进行解明。这与联合国教科文组织作为国际组织不具有与国家权力同等的约束力有关，但是也导致各国在联合国教科文组织理念的本土化过程中经历不同主张和观念之间的博弈。因此在不少国家，联合国教科文组织是国际理解教育精神的鼻祖，但又在实施过程中不免出现对其疏离，或对其精神进行本土化改造的过程。

3. 何谓"全球中的一员应具有的能力"

即便不受联合国教科文组织影响，在世界经济全球化趋势凸显的今天，作为在全球社会生存的一员应拥有怎样的品质和能力，是各国教育都会考虑的问题。包括国际学生学业评估项目（Program for International Student Assessment，PISA）等国际学业测评项目事实上也是对国际劳动力素养提供了一种可目测的方向，对世界各国教育政策的制定产生了较大影响。目前各国实施国际理解教育的一个重要目的也在于培养学生在世界竞争中的生存能力。此外，作为人类命运共同体的全球成员应具有的，包括合作、共生、责任等品质也是不可忽略的教育内容。将这两个看似彼此矛盾的内容在一个教育系统内兼顾到，也是各国国际理解教育在实施过程中出现矛盾和困难的原因所在。

① 参见联合国教科文组织．联合国教科文组织报告、宣言、建议（EB/OL）.［2016-09-01］. http://www.unesco.org/new/zh/education/global-education-first-initiative-gefi.

总之,以上矛盾是不少国家国际理解教育政策制定、理论体系建构和教育实践过程中都会遇到并且必须做出回答的内容。东亚三国对该问题的不同探索,形成了今天这三个国家国际理解教育的不同模式。

II　东亚三国国际理解教育的共性与特征分析

1. 东亚三国国际理解教育政策的共性

在完成向现代国家的蜕变过程中,东亚三国经历了坎坷的发展道路。在第二次世界大战结束之际,三国共同面临建设独立国家,重拾国民信心的重任,在这种背景下接受联合国教科文组织的国际理解教育理念,使三国的国际理解教育一直无法摆脱国民教育的大框架,呈现出对抗与接纳交替、排斥与融合并存的复杂样态,形成三类模式特点。

(1) 联合国教科文组织理念下的国际理解教育政策模式

众所周知,东亚三国是世界上不多的一直秉承“国际理解教育”名称的国家,联合国教科文组织的影响是不言而喻的。而20世纪40年代的日本和韩国政府,与其说是出于对“人类和平”国际理解教育理念的认同,不如说是为了摆脱当时的政治困境,得到国际社会的认可。中国实施国际理解教育的时间虽然后推至20世纪90年代,但在实施初期也经历联合国教科文组织理念的引进过程,目的是为了应对国际化趋势的到来。这样的共性使三国政府对联合国教科文组织的国际理解教育理念采取若即若离的态度。日本经历了20世纪40—60年代的积极接纳、20世纪70—90年代的疏离、21世纪以来重新回归的过程,且在这三个阶段中完成了第一阶段的完全、积极接纳到第三阶段有限接纳的转变。韩国经历了 20 世纪 40—60 年代的积极引进和学习、20 世纪 70—80 年代的停滞、20 世纪 90 年代的与教育国际化政策的融合以及 21 世纪以来的重新接纳过程。韩国特别设立联合国教科文组织亚太地区国际理解教育研究院，该院同时作为联合国教科文组织和韩国政府的代言机构，在国内积极推广以培养“全球公民”为目的的国际理解教育，对外则通过彩虹桥项目等积极开展韩国青年的对外援助活动，使这样的接纳融合特征尤为明显。中国受国际理解教育理念影响可谓最少，在 20 世纪 90 年代对外开放政策下作为“了解世界”的一环开始介绍和引进联合国教科文组织理念，但是很快被教育国际化政策所替代，在各地方政府国际理解教育政策实施过程中已几乎看不到联合国教科文组织世界和平理念的痕迹。

(2) “全球竞争力”与“全球共生力”并存的国际理解教育政策模式

东亚三国国际理解教育在近年来备受瞩目的原因就在于全球化导致的国际竞争的加剧。在全球化影响下，三国政府都在强调全球竞争力的培养。与此同时，三国政府都关注到全球化大趋势下国际社会对共生能力培养的呼吁，力求在教育政策中同时体现两者的结合。例如，日本的国际理解教育政策同样体现出这样的趋势。文部科学省于 2005 年颁布的政策报告《初中等教育国际教育实施研讨会报告——培养国际社会中生存的人才》是近十年来日本国际理解教育政策制定的依据，也是日本中小学开展国际理解教育的参考性理念。报告分“国际教育的意义与实施模式”“国际教育面临的现状与课题”“国际教育具体政策方案”三部分。在国际教育实施意义方面指出，“在国际化进一步加剧的社会中，不只意味着简单理解国际关系和不同文化，而是有必要更清楚地认识和形成自己作为国际社会的一员怎样生活的主体意识，在初中等教育阶段，应使所有学生能够：首先，培养接纳异文化和具有异文化背景的人，并与其共生的态度和能力；其次，形成扎根本国传统、文化基础上的自我认同感；最后，能够发出自己的声音，表达自己的想法与意见，并付诸具体行动的态度和能力。”[①] 为此，“应将和平、人权、环境、

① 文部科学省 . 初等中等教育における国際教育推進検討会報告 ~ 国際社会を生きる人材を育成するために ~ [R]. 文部科学省 . 2005-08-03:2.

发展等全球规模的课题和今天人类随时面临的课题作为学生身边熟知的主题纳入学校教育活动中，通过调查、体验、交流等活动让学生在自身的交流过程中体验这些主题，加深学习深度与学生的参与度。”①《初中等教育国际教育实施研讨会报告——培养国际社会中生存的人才》的颁布，说明日本政府兼顾到全球化时代对人才的复合性需要，由此强调两个方面的均衡政策。韩国在 2015 年颁布的核心素养中对第六大素养“共同体素养”规定：“具有作为地区、国家、世界共同体成员所应具备的价值和态度，积极参与共同体发展的‘共同体素养’。”②而在核心素养体系下设计的道德课教育内容中则通过“与社会、共同体之间关系”领域，明确指出基于“社会正义”理念强调“人的尊严和文化多样性的道德基础地位，作为一个国家共同体的道德市民，贡献社会正义，促进和平统一的实现，同时作为全球公民致力于解决地球共同体的道德问题”③。中国在《国家中长期教育改革和发展规划纲要(2010—2020 年)》中强调，“适应国家经济社会对外开放的要求，培养大批具有国际视野、通晓国际规则、能够参与国际事务和国际竞争的国际化人才。”④同时，又在 2015 年制定的《中国学生发展核心素养》六大素养中作为“责任担当”素养中提出“共同体意识”，标志着从国际竞争力的关注转向国际竞争力与全球共生力的共同强调。总之，东亚三国的国际理解教育政策体现出诸多共性，这是由于东亚特殊的地缘共性和文化共性所决定的，也是第二次世界大战以来东亚文化、政治、经济发展局势所决定的。

2. 东亚三国国际理解教育的语境差异

东亚三国国际理解教育发展过程中，学者一直密切注意其发展动向，反思发展的步伐，关注发展中的问题，这些研究的足迹形成了日本、韩国和中

① 文部科学省．初等中等教育における国際教育推進検討会報告～国際社会を生きる人材を育成するために～［R］．文部科学省．2005-08-03：4.

② 한국교육부．초중등학교 교육과정 총론［S］．교육부고시 2015-74 호，2015.1.

③ 한국교육부．초중등학교 도덕과 교육과정［R］．한국교육부공시자료，2015(9)：7.

④ 国务院．国家中长期教育改革和发展规划纲要(2010-2020)［R/OL］．(2010-07-30)［2016-11-17］．http://edu.ifeng.com/news/detail_2010_07/30/1859314_17.shtml.

国国际理解教育的独特语境。

(1) 冲突与融合、容纳与排斥:日本的国际理解教育语境

日本国际理解教育的研究队伍主要有国际理解教育学会、多元文化教育学会、异文化间教育学会,三大学会都宣称秉承以培养"全球公民"为目标的联合国教科文组织理念,同时又密切关注全球化带来的国内问题。三方研究多有交集,学会人员之间也彼此互为会员,形成了极为多样的国际理解教育理论样态。例如,在怎样确定国际理解教育边界问题上,三大学会都认为本学会的研究边界囊括了其他两个,但是在彼此交融的过程中,围绕国际理解教育的一些核心问题却存在针锋相对的争论,又不介意遥相呼应提出相同观点。例如,在什么是"全球公民"问题上,三大学会都有不同的概念边界和内容主张,形成三足鼎立局面[①],然而随着20世纪八九十年代"全球教育"概念的出现,这些概念和主张又逐渐出现融合的趋势。

日本国际理解教育另一个值得一提的特征是政府始终聚焦内需式国际化发展以及由此带来的社会问题,而这些问题反映了日本国内因全球化带来的社会变化和困境。日本国内不少学者也在关注这些问题,思考解决的途径与方法,与主张"全球公民"培养而反对内需式国际理解的学者产生意见分歧。由此总结日本国际理解教育的理论发展可以梳理三大主线:一是立足本国内需的国际理解教育,关注多元文化教育、回国人员子女教育、留学生教育等问题,以解决实际问题为主要研究使命的"立足国内,放眼世界"型;二是主张官民融合,同时兼顾本国需要和国际组织理念,以同时培养国际竞争力与国际共生力为主要研究使命的"融合"型;三是以联合国教科文组织和平文化以及超越国家框架的全球公民培养论为出发点的"和平文化"型。

(2) 官民合作:韩国的国际理解教育语境

由于经历民族分裂的惨痛历史,韩国的国际理解教育并没有产生过国

① 佐藤郡衛.国際化と教育日本の異文化間教育を考える[M].東京:放送大学教育振興会,1999:160.

家、民族认同与全球公民认同之间的明显矛盾。韩国的国际理解教育一直在官民合作的模式中展开,例如韩国国际理解教育学会年会的召开都有亚太地区国际理解教育研究院作为后援,而韩国多元文化学会召开则有韩国女性家族部等部委作为后援,这也从另外一个角度说明韩国的研究语境中始终密切联系韩国国内的问题。在韩国,国际理解教育语境的建构主体有包括教育部在内的韩国政府,亚太地区国际理解教育研究院在内的半官方国际组织,包括韩国国际理解教育学会、多元文化教育学会在内的民间组织等。这三大主体之间对国际理解教育的关注点不同,其内涵及外延、教育目标等都有所不同。政府推动的国际理解教育因朝鲜半岛分裂的政局、意识形态斗争等问题的影响,无法抛开政治对立空谈"全球公民"培养;亚太地区国际理解教育研究院则一方面体现"全球公民"的理念,另一方面却强调韩国民族认同;韩国国际理解教育学会作为民间机构,多年来承袭联合国教科文理念,同时扎根韩国国内问题。这三类不同主体形成韩国目前国际理解教育的语境。

(3) 教育国际化:中国的国际理解教育语境

中国的国际理解教育除了前述两大政策文献以外,就是地方政府颁布的国际理解教育具体政策。而在地方政府的政策语境中,国际理解教育几乎都被视为提高教育国际化水平、提高国际竞争力的重要途径。这是中国国际理解教育的发展阶段所决定的。从目前看,对国际理解教育的相关概念和理论的理解存在多元、多样、混沌并存的局面。例如,由于中国幅员辽阔,地区差异明显,西部欠发达地区就存在以了解国外文化知识为主体内容的"国际了解教育"需要;中部地区虽然资讯比较发达,但是在观念更新上还没有完全接受国际理解教育的各种理念,出现将国际理解教育单纯看作理解外国文化的"国际误解教育"的倾向;在东部经济发达、国际交流频繁的地区则出现在高度国际化状况下,接纳世界最新"国际理解教育"理念并与国际社会进行对话与交流的需要。了解中国国际理解教育的这些发展特征,有利于更有针对性地建构本土化的理论框架和实施模式。

Ⅲ 三国国际理解教育的发展趋势:与不可理解之“异己”的共生

今天的国际理解教育深受时代影响,大有被“全球教育”“全球素养教育”等替代的危险。东亚三国都感到有必要重新定义国际理解教育的功能与使命,并在此基础上重新确立国际理解教育的发展方向。受此影响,21世纪以来东亚三国的国际理解教育正悄然发生变化。首先,东亚三国都认为有必要重新确定联合国教科文组织理念在本国国际理解教育体系中的坐标。作为发起者,联合国教科文组织提出国际理解教育的目的在于增进国家间、文化间的联系,培养具有全球责任感的公民,实现世界和平。但是在全球化的今天,即使不是联合国教科文组织,也有本国政府和民间力量、国家间合作机构都在提出和实施以“人类间合作与共生”为目的的教育,有必要重新定位联合国教科文组织国际理解教育的功能与意义。2016年6月在日本上越教育大学召开的日本国际理解教育学会第二十六届年会上,在韩国的发起下,由中国、日本和韩国的学者共同讨论了后联合国教科文组织时代国际理解教育概念重建的必要。其次,东亚三国国际理解教育近年来都面临全球化导致的移民与国内原住民之间由于价值观、文化、生活方式的差异造成的冲突和隔阂,解决这些文化摩擦和矛盾,实现国家范围内的理解与合作,成为国际理解教育的新使命。针对这些问题,东亚三国都提出“与不可理解的他者共生论”。这是基于对国际理解教育的核心内容——“文化理解”概念的重新诠释而提出的。在过去的文化理解模式中,我们以“可理解的他文化”为前提进行教育内容的设计,但新的文化理解论却主张培养与不可理解的他者共生的能力。最后,东亚三国正通过密切的合作和交流寻找新的、东亚特有的国际理解教育理念和实施框架。例如近几年笔者和日本国际理解教育学会合作的“中日‘异己’共生国际理解教育课程开发”,再如由日本国际理解教育学会于2007年发起，在中日韩三国进行的国际理解教材开发等。这些合作使东亚三国能对国际理解教育进行更广泛、更有深度的合作研究，有利于在东亚这个地缘中建立独特的国际理解教育目标体系和内容框架。

Ⅳ　对本书的省察和反思

在本书进入尾声之际反思写作过程，仍然有不少遗憾。虽然笔者十几年来与日本、韩国的国际理解教育学界同仁保持着较为密切的来往，不仅担任两个学会（日本国际理解教育学会国际委员会委员、韩国国际理解教育学会会刊编委）的社会工作等，还参加两国每年召开的学术年会，更参与过日本国际理解教育学会的诸多课程开发和学术著作的撰写工作，自认为对两国的国际理解教育理论和政策脉络较为熟悉，但是一经写成，发现挂一漏万，还是有很多问题未能论及。例如，作为日本国际理解教育学会的一个领域，可持续发展教育在本书中几乎没能进行系统分析，对韩国国际理解教学学会的前期理论缺乏深入的挖掘等。这些未尽的工作，只有等待在后续的研究中尽量弥补了。

参考文献

日文部分

著作类

[1] 天野正治．多文化共生社会の教育[M]．東京：玉川大学出版社，2001.

[2] 新井郁男．異文化間リテラシー育成のための教育課題[M]//異文化間教育学会．異文化間教育 No. 11. 京都：アカデミア出版会，1997.

[3] 石板和夫．国際理解教育事典[M]．大阪：創友社，1993.

[4] 石坂和夫．研究会から学会へ—学会誌創刊のことば—[M]//日本グローバル教育学会紀要編集委員会．グローバル教育創刊号．京都：日本グローバル教育学会，1998.

[5] 石坂和夫．21世紀の多次元のグローバル教育—欧州評議会（CE）の動向を踏まえて—[M]//日本グローバル教育学会紀要編集委員会．グローバル教育 VOL. 6. 京都：日本グローバル教育学会，2004.

[6] 魚住忠久．グローバル教育—地球人·地球市民を育てる[M]．東京：黎明書房，1995.

[7] 魚住忠久．グローバル教育のめざすもの[M]//日本グローバル教育学会紀要編集委員会．グローバル教育 VOL. 2. 京都：日本グローバル教育学会，1999.

[8] 魚住忠久．共生の時代を拓く国際理解教育[M]．名古屋：黎明書房，2000.

[9] 魚住忠久．21世紀地球社会の可能性とグローバル教育[M]//日本グローバル教育学会紀要編集委員会．グローバル教育創刊号．京都：日本グローバル教育学会，1998.

[10] 魚住忠久．グローバル教育の理論と展開—21世紀を拓く社会科教育[M]．名古屋：黎明書房，1987.

[11] 魚住忠久．グローバル教育の新地平—「グローバル社会」から「グローバル市民社会」へ[M]．名古屋：黎明書房，2003.

[12] 内山知一. グローバル問題を効果的に学ぶ社会科の授業実践一米国のNPOプログラムに着目して一 [M]// 日本グローバル教育学会紀要編集委員会. グローバル教育 VOL. 16. 京都:日本グローバル教育学会,2014.

[13] 内海巌. 国際理解教育の研究—ユネスコ国際理解教育協同学校計画を中心として[M]. 東京:第一法規,1973.

[14] 江淵一公. 異文化間教育研究入門[M]. 東京:玉川大学出版部,1997.

[15] 江淵一公. シンポジウム—異文化間教育学と日本の教育の国際化 - 主題設定の趣旨と提案・討議の総括[M]// 異文化間教育学会. 異文化間教育 No. 1. 京都:アカデミア出版会,1987.

[16] 江淵一公. 在日留学生と異文化間教育[M]// 異文化間教育学会. 異文化間教育 No5. 京都:アカデミア出版会,1991.

[17] 江淵一公. 異文化間教育学の可能性—学会十五年の回顧と展望[M]// 異文化間教育学会. 異文化間教育 No. 10. 京都:アカデミア出版会,1996.

[18] 大橋直樹. グローバルな人権意識と相互依存認識を育成する授業構想[M]// 日本グローバル教育学会紀要編集委員会. グローバル教育 VOL. 4. 京都:日本グローバル教育学会,2001.

[19] 奥村隆. 他者といる技法:コミュニケーションの社会学[M]. 東京:日本評論社,1998.

[20] 大津和子,溝上泰. 国際理解教育重要用語300の基礎知識[M]. 東京:明治図書出版,2000.

[21] 大津和子. 社会科=一本のバナナから [M]. 東京:国土社,1987.

[22] 大津和子. 国際理解教育—地球市民を育てる授業と構想— [M]. 東京:国土社,1992.

[23] 大野連太郎,鴨川小学校. 開かれた社会科教育を求めて—グローバル教育への挑戦[M]. 東京:中教出版,1984.

[24] 小川彩子. 共生の教育と“文化のカプセル” [M]// 日本グローバル教育学会紀要編集委員会. グローバル教育 VOL. 4 [M]. 京都:日本グローバル教育学会,2001.

[25] 開発教育の教材を作る会. 援助と開発[M]. 東京:開発教育協議会,1995.

[26] 加藤幸次,浅沼茂. 国際理解教育をめざした総合学習[M]. 名古屋:黎明書房,1999.

[27] 金谷敏郎. 国際理解のための教育の目的・目標についての史的検討[M]//. 金谷敏郎. 国際理解教育・環境教育などの現状と課題[M]. 東京:図書教材センター,1994.

[28] 川端末人,多田孝志. 世界に子どもひらく [M]. 大阪:創友社,1990.

[29] 小島勝. 在任期間の活動と本学会の特長・課題[M]// 異文化間教育学会. 異文化間教

育 No. 27. 京都:アカデミア出版会,2008.

[30] 小林哲也 . 国際化と教育—日本の教育の国際化を考える— [M]. 東京:日本放送出版協会,1995.

[31] 小林哲也 . 異文化間教育学会の設立を回顧して [M]// 異文化間教育学会 . 異文化間教育 No. 27. 京都:アカデミア出版会,2008.

[32] 佐藤郡衛 . 国際理解教育—多文化共生社会の学校づくり [M]. 東京:明石書店,2001.

[33] 佐藤郡衛 . 国際化と教育—日本の異文化間教育を考える— [M]. 東京:放送大学教育振興会,1999.

[34] 佐藤郡衛 . 私と異文化間教育学とのかかわり [M]// 異文化間教育学会 . 異文化間教育 No. 27. 京都:アカデミア出版会,2008.

[35] 佐藤郡衛,林英和 . 国際理解教育の授業づくり [M]. 東京:教育出版,1998.

[36] 鹿野敬文 . グローバル社会にふさわしい 2 つの対話力育成方法[M]// 日本グローバル教育学会紀要編集委員会 . グローバル教育 VOL. 8. 京都:日本グローバル教育学会,2006.

[37] 田中治彦 . 南北問題と開発教育[M],東京:亜紀書房,1999.

[38] 田渕五十生 . 国際理解・人権を考える社会科授業[M]. 東京:明石書店,1990.

[39] 永井滋郎 . 国際理解教育—地球的な協力のために [M]. 広島:第一学習社,1989.

[40] 永井滋郎 . 国際理解教育に関する研究—国際的協同研究を通して— [M]. 広島:第一学習社,1985.

[41] 西村公孝 . グローバル社会時代における児童生徒の発信能力の育成[M]// 日本グローバル教育学会紀要編集委員会 . グローバル教育 VOL. 2. 京都:日本グローバル教育学会,1999.

[42] 西村公孝等 . 国際理解教育への道[M]. 名古屋:中部日本教育文化会,2002.

[43] 日本国際理解教育学会 . グローバル時代の国際理解教育—実践と理論をつなぐ [M]. 東京:明石書店,2011.

[44] 日本国際理解教育学会 . 国際理解教育ハンドブック—グローバル・シティズンシップを育む [M]. 東京:明石書店,2015.

[45] 中西晃 . 国際教育論[M]. 大阪:創友社,1993.

[46] 藤原孝章 . 外国人労働者問題をどうおしえるか—グローバル時代の国際理解教育 [M]. 東京:明石書店,1994.

[47] 松尾知明 . 多文化教育がわかる事典—ありのままに生きられる社会を目指して—

[M]. 東京:明石書店,2013.

[48] 水野英雄 . グローバル教育としての経済教育ーグローバル経済の理解と持続可能な国際社会の形成ー [M]// 日本グローバル教育学会紀要編集委員会 . グローバル教育 VOL. 16. 京都:日本グローバル教育学会,2014.

[49] 水野英雄 . グローバル教育としての経済教育ーグローバル経済の理解と持続可能な国際社会の形成ー [M]// 日本グローバル教育学会紀要編集委員会 . グローバル教育 VOL. 11. 京都:日本グローバル教育学会,2009.

[50] 嶺井明子 . シティズンシップと国際理解教育[M]// 日本国際理解教育学会 . グローバル時代の国際理解教育—実践と理論をつなぐ . 東京:明石書店,2010.

[51] 宮本光雄 . グローバル教育のめざすもの [M]// 日本グローバル教育学会紀要編集委員会 . グローバル教育 VOL2. 京都:日本グローバル教育学会,1999.

[52] 宮原悟 . グローバル教育への一考察—グローバル経済教育とその必要性[M]// 日本グローバル教育学会紀要編集委員会 . グローバル教育 VOL. 3. 京都:日本グローバル教育学会,2000.

[53] 山岸みどり . 異文化間リテラシーと異文化間能力[M]// 異文化間教育学会 . 異文化間教育 No. 11. 京都:アカデミア出版会,1997.

[54] 山本登志哉,伊藤哲司 . アジアの映画をアジアの人々と愉しむ [M]. 京都:北大路書房,2005.

[55] 山本登志哉,伊藤哲司 . 日韓傷ついた関係の修復 – 円卓シネマが紡ぎだす新しい対話の世界 2 [M]. 京都:北大路書房,2011.

[56] 山本登志哉,高木光太郎 . ディスコミュニケーションの心理学—ズレを生きる私たち [M]. 東京:東京大学出版会,2011.

[57] 米田伸次,大津和子,田渕五十生等 . テキスト国際理解[M]. 東京:国土社,1997.

论文类

[1] 天城勲 . 国際理解教育の基本概念としての「国」を問う [J]. 国際理解教育,2000(6).

[2] 大津和子 . 総合的な学習における国際理解教育の構想カリキュラム [J]. 北海道教育大学教育実践総合センター紀要,2005(6).

[3] 大野連太郎等 . カリキュラム構成の今日的課題 2—グローバルと社会科[J]. 社会科教育,1979(1).

[4] 釜田聡,姜英敏 . 日本・中国『異己』共同授業プロジェクトの概要[J]. 国際理解教育 2015(6).

[5] 黒田則博.日本における国際教育開発·協力研究の動向と課題(1)—『国際教育協力論集』掲載の論文等の分析から—[J].広島大学教育開発国際協力研究センター国際教育協力論集,2007(3).

[6] 姜英敏,王燕玲,草野友子."お返し"をめぐる日中共同授業–価値基準の異なる他者理解の試み[J].国際理解教育,2009(6).

[7] 戸田清子.グローバル教育における地域学の可能性[J].国際理解教育,2008(3).

[8] 永井滋郎.国際理解教育の現状と課題[J].広島平和科学,1984(7).

[9] 永田佳之.国際理解教育をとらえなおすーグローバリゼーション時代における国際理解教育の再構築に向けて[J].国際理解,2005(9).

[10] 中村耕二.多文化共生社会を目指す国際理解教育:21世紀に求められる地球市民教育[J].言語と文化,2001(5).

[11] 日本ユネスコ国内委員会.日本ユネスコ国内委員会第25回会議議事録[J].ユネスコ資料,1961(7).

[12] 松田哲.途上国における教育開発—統合型教育から変革型教育へ—[J].群馬大学留学生センター論集,2006(6).

[13] 嶺井明子.国際理解教育の理念に関する一考察(その一)——ユネスコ一九七四年勧告と国内教育政策の対比をとうして[J].筑波大学比較·国際教育学研究室比較国際教育,1994(2).

[14] 嶺井明子.ユネスコ勧告と日本の国際理解教育の課題[J].国際理解教育,1996(6).

政府报告类

[1] 文部科学省.文部科学白書[R/OL].(2004-02-01)[2016-02-11].http://www.mext.go.jp/b_menu/hakusho/html/hpab200301/hpab200301_2_305.html.

[2] 文部科学省.初等中等教育における国際教育推進検討会報告~国際社会を生きる人材を育成するために~[R/OL].(2005-08-03)[2016-06-11].http://www.mext.go.jp/b_menu/shingi/chousa/shotou/026/houkoku/05080101/001.htm.

[3] 文部省.後期中等教育の拡充整備について[R/OL].(1966-10)[2016-03-11].http://www.mext.go.jp/b_menu/shingi/chuuou/toushin/661001.htm.

[4] 文部省中央教育審議会.21世紀を展望した我が国の教育の在り方について(第1次答申)[R].文部科学省報告書,1996.

[5] 文部科学省.初等中等教育における国際教育推進検討会報告~国際社会を生きる人材を育成するために~[R].文部科学省,2005-08-03.

网站类

［1］日本法务省．出国入国者統計一1970［R/OL］.(2016-10-12)［ 2016-10-12］. http://www.e-stat. go. jp/SG1/estat.

［2］文部科学省．我が国の文教施策［R/OL］.(2004-06-10)［2015-11-10］. http://www. mext. go. j/b_menu/hakusho/html/had200001/index. html.

［3］文部科学省．文部科学白書．［R/OL］.(2004-02-01)［2015-11-10］. http://www. mextgoj/b_menu/hakusho/ html/hab200401/hab200401_2_260. html.

［4］日本ユネスコ共同学校．ユネスコ共同学校について［R/OL］.(2016-11-10)［2016-11-10］. http://www. unesco-school. mext. go. jp.

［5］文部科学省．学習指導要領(小学校篇)［S/OL］.(2012-01-17)［2016-03-11］. http://www. mext. go. jp/a_menu/shotou/new-cs/information/1290361. htm.

［6］文部科学省．学習指導要領(中学校篇)［S/OL］.(2013-02-01)［2016-03-11］. http://www. mext. go. jp/a_menu/shotou/new-cs/information/1290361. htm.

［7］日本国際理解教育学会．日本国际理解教育学会设立宗旨［R/OL］.(1991-01-26)［2015-12-28］. http://www. kokusairikai. com/jsetsuritu10. php. 2016-01-09.

［8］日本全球教育学会会长．学会宗旨［EB/0L］.［2016-01-09］. http://www. global-educa. org/?page_id=10.

［9］日本异文化间教育学会．異文化間教育学会の趣旨［EB/0L］.(1981-01-15)［2016-01-09］. http://www. intercultural. jp/.

［10］日本開発教育協会．開発教育とは［EB/OL］.(2016-10-17)［ 2016-10-17］. http://www. dear. or. jp/de/qa01. html.

韩文部分

著作类

［1］김희정．한국의 관주도형 다문화주의［M］// 오경석 외．한국에서의 다문화주의:현실과 쟁점．서울:한울사,2007.

［2］한국국제이해교육학회．모두를 위한 국제이해교육［M］. 서울:살림터,2015.

［3］유네스코아시아•태평양국제이해교육원．지구시민을 위한 국제이해교육［M］. 서울:유네스코아시아•태평양국제이해교육원,2003.

［4］유네스코아시아•태평양국제이해교육원．국제이해교육의 동향 – 미국,일본,호주,한국 –［M］. 서울:정민사,2003.

［5］정두용．세계시민을 위한 국제이해교육［M］. 서울:정민사,2003.

论文类

[1] 강순원. 국제이해교육의 맥락에서 본 한국의 평화교육[A]. 한국국제이해교육학회 연례학술대회보고서[C],13 차한국국제이해교육학회,2012(11).

[2] 강순원. 영국 융합교육정책에 근거한 한국 다문화교육의 과제[J]. 국제이해교육연구,2008(3).

[3] 강순원. 다문화교육의 세계적 동향을 통해서 본 국제이해교육의 상보성 연구[J]. 국제이해교육연구,2009(6).

[4] 강순원. 국제이해교육은 탈북청소년문제에 어떻게 대응할수 있는가?[J]. 국제이해교육연구,2012(6).

[5] 강순원. 인간안보 관점에서의 세계시민교육[J]. 국제이해교육연구,2016(6).

[6] 강영민. 巽己와의 공생-중국 국제이해교육의 새로운 과제[J]. 국제이해교육연구,2011(12).

[7] 김다원. 공간능력 기반 세계시민교육 학습모듈 개발 연구-초등 고학년 사회과 수업을 중심으로[J]. 국제이해교육연구,2016(6).

[8] 김용신,한국사회의 다문화교육 지향과 실행전략[J],사회과교육,2009(1).

[9] 이민경. 한국사회의 다문화 교육 방향성 고찰: 서구 사례를 통한 시사점을 중심으로[J]. 교육사회학연구,2008(2).

[10] 한건수. 한국사회와 문화다양성: 유네스코 문화다양성 협약의 의미와 과제[J]. 국제이해교육연구,2015(12).

[11] 한경구. 다문화주의를 넘어서 문화다양성과 국제이해교육으로[J]. 국제이해교육연구,2011(6).

研究报告类

[1] 한경구,김종훈,이규영,조대훈. SDG's 시대 세계시민교육 추진 방안[R]. 유네스코아시아태평양국제이해교육연구원,2015.

[2] 정우탁,강상규,김명신,김희웅,서현숙,신종범,윤병순,이선경,정용시. DESD 후반기 유네스코 한국위원회 지속가능발전교육 사업 추진방안[R]. 유네스코한국위원회,2010.

[3] 녹색성장위원회,교육과학기술부,환경부,행정안전부. 녹색성장교육 활성화 방안[R]. 2009.

[4] 이선경. 한국 학교에서의 지속가능발전교육의 현황과 쟁점[A]. 유네스코한국위원회. 지속가능한 미래를 위한 교육: 유엔 지속가능발전교육 10 년을 향하여[R].

유네스코한국위원회,2008.

政府报告及文件类

[1] 교육부고시 . 초중등학교 교육과정 총론[S]. 교육부고시 2015-74 호 . 2015.

[2] 한국교육부 . 초중등학교 도덕과 교육과정[S]. 한국교육부공시자료,2015.

[3] 한국교육부 . 초중등학교 도덕과 교육과정[S]. 한국교육부공시자료,2015.

[4] 한국교육부,다문화가정 자녀 교육지원대책[R]. 교육부자료,2006.

[5] 김민호 . 다문화가정 자녀의 교육[R]. 법무부 출입국 · 외국인 정책 본부,2010.

[6] 교육부 . 세계시민교육,학교현장으로 확산 - 전국 교사 대상 세계시민교육 사례 공모전 시상식 개최[EB/OL]. (2016-03-21) [2016-06-11]. http://blog. naver. com/moeblog/220733086384.

[7] 통일부,2016 업무계획[R/OL]. (2016-01-12) [2016-11-12]. http://www. unikorea. go. kr/content. do?cmsid=3742&mode=view&page=&cid=471.

[8] 유네스코한국위원회유네스코학교현황[EB/OL].[2016-10-21]. http://asp. unesco. or. kr.

中文部分

著作类

[1] 徐辉 . 比较教育的新进展——国际教育初探[M]. 成都:四川教育出版社,2001.

[2] 赵中建 . 全球教育发展的研究热点——90年代来自联合国教科文组织的报告[M]. 北京:教育科学出版社,2003.

论文类

[1] 董向荣 . 美国对韩国的援助政策:缘起、演进与结果[J]. 世界历史,2004(6).

[2] 赫栋峰,梁珊 . 国际理解教育的结构与重心[J]. 外国教育研究,2009(4).

[3] 黄志成,魏晓明 . 跨文化教育——国际教育新思潮[J]. 全球教育展望,2007(11).

[4] 姜淳媛,姜英敏 . 后殖民主义视角下的韩国多元文化教育[J]. 比较教育研究,2012(5).

[5] 姜英敏 . 东亚国际理解教育的价值冲突探析[J]. 比较教育研究,2007(5).

[6] 姜英敏 . 别具一格的国际理解教育[J]. 教育,2007(17).

[7] 姜英敏 . 韩国"全球公民教育"的发展及其特征 . 比较教育研究,2013(10).

[8] 姜英敏 . 国际理解教育≠对外国、外国文化的了解[J]. 人民教育,2016(21).

[9] 姜英敏,于帆 . 日本"全球公民教育"模式的理论分析[J]. 比较教育研究,2013(12).

[10] 兰婷 . 日本高中地理科目课程改革前后的比较[J]. 外国教育研究,2001(4).

[11] 申超 . 高等教育国际化概念辨析[J]. 全球教育展望,2014(6).

[12] 石鷗平,张倩苇 . 战后日本中小学德育课程的改革及其特色[J]. 比较教育研究,

1995(5).

[13] 孙成.上海市闵行区专题研讨“国际理解教育”[J].上海教育科研,2012(9).

[14] 太田满.20世纪90年代以来日本教育国际化的动向——以国际理解教育为中心[J].外国教育研究,2003(8).

[15] 王远美,李晶.北京市实施国际理解教育的回顾与思考[J].北京教育学院学报,2010(2).

[16] 熊梅,李水霞.国际理解教育校本课程开发与设计[J].教育研究,2010(1).

[17] 徐辉,王静.国际理解教育研究[J].西南师范大学学报(人文社会科学版),2003(6).

[18] 杨丽宁.国际理解教育——学会理解和共存的教育[J].基础教育参考,2003(1).

[19] 赵玉池,陈时见.国际教育援助及其对世界教育发展的影响[J].比较教育研究,2010(10).

报告类

[1] 国务院.国家中长期教育改革和发展规划纲要(2010—2020年)[R/OL].(2010-05-05)[2016-03-12].http://www.moe.edu.cn/publicfiles/business/htmlfies/moe/moe 838/201008/93704.html.

学位论文类

[1] 王荣.中日国际理解教育实验课程的个案研究——基于错位沟通的视角[D].北京:北京师范大学硕士学位论文,2012.

报刊类

[1] 姜英敏.“核心素养”成为韩国教改主调[N].光明日报,2016-06-05(8).

英文类

[1] UNESCO International Bureau of Education. Learning to Live Together: Have We Failed?: A Summary of the Ideas and Contributions Arising from International Conference on Education. *The Forty-sixth Session of UNESCO* [R]. Geneva: UNESCO, 2001.

[2] UNESCO. United Nations Decade of Education for Sustainable Development. *International Implementation Scheme* [R]. Paris: UNESCO, 2005.

索　引

后　　记

2003年10月，在日本筑波大学人间综合科学研究科A栋5楼的研究室里，岭井明子教授对刚刚来到筑波大学的我单刀直入地问有没有意向“一起做国际理解教育”。那是我与国际理解教育结缘的开始。2004年，日本国际理解教育学会的米田伸次会长找到我，问能不能联系中国学界开一次学术会议，这是他的毕生愿望。2005年4月，日本国际理解教育学会的十余位学者来到北京，在北京师范大学召开中日国际理解教育研讨会。在会上，米田伸次会长提出在日本国际理解教育数十年的发展过程中始终缺失历史认识教育的问题，认为如果不能教育下一代正确认识历史，再说多少国际理解也是枉然。还记得他经常半开玩笑地对我说：“中国哲学那么博大精深，从中找到能够指明东亚国际理解教育发展方向的思想，那才是姜老师的使命吧？”这是我反省联合国教科文组织国际理解教育理念的开始。2007年，在日本国际理解教育学会的主持下正式启动的中日韩三国国际理解教育课程开发现场中，时任会长大津和子教授提醒我可以用插图法设置讨论场景，那一次的合作课程开发经历，是我思考国际理解教育如何进入中国课堂的开始。2008年，在森茂岳雄教授的邀请下，我到日本中央大学做一个月的访学，并有机会和中日韩三国的学者探讨是否有可能建构东亚共同的公民素质。2007—2009年，森茂岳雄教授连续三年带领日本中央大学的研究生来到北京师范大学开展中日研究生对话活动，成为我探索“‘异己’共生”论宝贵的契机，从此也开始了森茂岳雄教授与我近10年你来我往的交流。2013年，我第一次在日本国际理解教育学会国际委员会的成员会中提出“‘异己’共生”论，建议做合作研究，该委员会主任永田佳之教授很感兴趣且大力支持,开启了中日"'异己'共生"国际理解教育合作课程开发的序幕。作为日方负责人与我接洽的釜田聪教授在这三年来不厌其烦与我讨论课程预案和实施细节。主张国际理解教育"对话论"的多田孝志前会长、提出新时代国际理解教育磁场概念的渡部淳教授、长年做国际理解教育课程开发的宇土泰宽教授、研究夏威夷移民多年的中山京子教授等,都曾在我学习国际理解教育的道路上给予我有益的指引。除了他们,我还有幸见到鱼住忠久、千叶杲弘、佐藤郡卫这些日本全球教育学会、异文化间教育学会的引领人。这十余年来,我几乎参加了每次的日本国际理解教育年会,参与了各类研讨会,也做过不少相关讲座、会议发言,可是今天梳理日本的国际理解教育脉络,仍感到捉襟见肘。除了我个人的才疏学浅以外,日本国际理解教育学界的浩瀚积累也是我无法完全把握其全貌的原因之一。在本书即将付梓之际,我向日本国际理解教育学会现任会长藤原孝章请教国际理解教育的边界问题,我们都感到在全球化冲击下国际理解教育边界的模糊性和理论、立场的庞杂性,给研究增加了诸多难度。而他本人则刚写就的《全球教育内容建构研究》(《グローバル教育の内容編成に関する研究》,风间书房 2016 年 11 月版)一书在"全球教育"框架下梳理了日本国际理解教育的发展。

相比之下,韩国的国际理解教育由联合国教科文组织亚太地区国际理解教育研究院和韩国国际理解教育学会两大机构主推,人员构成简单,概念边界也明晰得多。至今记得已故的联合国教科文组织亚太地区国际理解教育研究院第二任院长姜大根先生在 2004 年就任不久,因为见到同样姓姜的我十分高兴,说我是本家妹妹,还以自己的短箫相赠,这位一生从事世界青年志愿者活动并担任国际组织负责人的老人,却同时有着强烈的民族、国家情结。他的这些特点仿佛也代表了联合国教科文组织亚太地区国际理解教育研究院的性质和特征。另有韩信大学的姜淳媛教授,喜欢着一袭韩服,在我 2010 年建立国际理解教育研究中心之际与联合国教科文组织亚太地区国际理解教育研究院时任会长李承焕先生一同赶来祝贺并发言,成就了这些年的缘分。韩国国际理解教育学会中主张可持续发展教育囊括国际理解教育的郑斗荣前会长、从人类学角度诠释国际理解教育的韩敬久前会长,不管观点异同,其最大的特点就是关于国际理解教育的着眼都是基于韩国国内的实际问题。这一点与日本确有本质不同。

不管怎样,研究国际理解教育十余年来,日本和韩国的学者对我产生了深远影响。梳理东亚三国国际理解教育政策和理论框架的想法酝酿已久却迟迟不敢下笔,是觉得这纷繁复杂的脉络不好把握。这次终于鼓起勇气写出这本尚有诸多疏漏的书,是由于我国的国际理解教育研究亟待丰富,目前还不见对其他国家国际理解教育的系统分析。我的这本书,就算是给相关研究者提供一个可资批评的材料,亦作为我后续研究的基础吧。

姜英敏

于北京

2016 年 11 月

反盗版举报电话 （010）58581999 58582371 58582488

反盗版举报传真 （010）82086060

反盗版举报邮箱 dd@hep.com.cn

通信地址 北京市西城区德外大街4号

高等教育出版社法律事务与版权管理部

邮政编码 100120